# GUIDE DU
# MARKETING DIRECT
# NON-ADRESSÉ

Imprimés publicitaires – Publicité en boîte à lettres –
Géomarketing – Consumer magazine

Éditions d'Organisation
1, rue Thénard
75240 Paris Cedex 05

Consultez notre site :
www. editions-organisation.com

## Collection « Pratique du Marketing Direct »

*La collection « Pratique du Marketing Direct », dirigée par Bernard SIOUFFI, regroupe des ouvrages de référence sur les méthodes, les applications et l'environnement du marketing direct et de la vente par correspondance et à distance.*

*Écrits par des professionnels et universitaires faisant autorité dans ces matières, les ouvrages apportent une connaissance essentiellement pratique de médias et de modes de distribution dont l'efficacité est unanimement reconnue dans le monde de la communication et de la vente.*

### Chez le même éditeur, dans la même collection

D. DU CHATELIER, A. NOGRET-CARREGA, *Guide du marketing direct*, 1999.

D. PEPPERS, M. ROGERS, *Le One to One*, 1998.

D. PEPPERS, M. ROGERS, *Le One to One en pratique*, 2000.

A. MICHEAUX, *Marketing de bases de données*, 1997.

S. DE MENTON, *Du centre d'appels au téléservice*, 2e éd., 2000.

© Éditions d'Organisation, 2001

ISBN 978-2-708-12549-0

**Régine Vanheems**

# GUIDE DU MARKETING DIRECT NON-ADRESSÉ

Imprimés publicitaires – Publicité en boîte à lettres –
Géomarketing – Consumer magazine

Éditions
d'Organisation

*À Christophe et à Valentine*

# Préface

À l'heure où le « One to One » s'impose au monde de la communication et où le « tout personnalisé » devient la règle, le marketing non-adressé semble faire figure de contresens.

C'est mal connaître ce média de marketing direct si riche, si créatif, si modulable, à l'évidence facile à cibler et donc si efficace.

Adapté à toutes les stratégies multimédia, il s'est imposé comme média de communication de masse comme la télévision ou la presse régionale dont il est parfois le complément.

Nul doute qu'il sera bientôt un média clé dans la communication « push » des sites internet.

Média par trop discret malgré une efficacité qui n'est plus à prouver, il était temps qu'un ouvrage complet lui soit consacré.

C'est maintenant chose faite avec l'ouvrage de Régine Vanheems publié aujourd'hui par les Éditions d'Organisation dans la Collection « Pratique du Marketing Direct ».

À ma connaissance c'est le seul ouvrage sur ce sujet, en France et dans le monde.

C'est dire le mérite du travail réalisé par Régine Vanheems, brillante universitaire, qui s'est passionnée pour ce média, souvent utilisé mais rarement mis en perspective.

Méthodiquement, Régine Vanheems a analysé les stratégies, les différents utilisateurs, les applications et même donné certaines clés pour la création des messages.

Génération de trafic, création des bases de données, couponing, échantillonnage, tout est analysé et illustré par de nombreux exemples qui renforcent encore l'image du média.

À cet égard, il convient de remercier les responsables de Médiapost qui ont mis à disposition leurs archives et leur expérience irremplaçable du domaine. Sans leur aide il est clair que cet ouvrage n'aurait jamais vu le jour.

On l'a compris, enrichi de données « terrain » de plus en plus sophistiquées, appuyé sur les plus récentes analyses du géomarketing, le marketing non-adressé, qui n'est pas seulement, comme on l'entend souvent, la première étape du marketing adressé, est un média moderne.

Cet ouvrage sera donc utile pour tous les responsables de marketing ou de la communication, quelle que soit la taille de leur entreprise ou leur stratégie « de proximité », soucieux d'avoir à la disposition de leur talent une couleur de plus à leur palette de médias de marketing direct...

**Bernard Siouffi**

*Délégué Général de la Fédération des Entreprises de Vente à Distance*
*Maître de Conférences Associé Paris-I-Panthéon-Sorbonne*

Le marketing direct non-adressé représente une part importante des investissements publicitaires réalisés en marketing direct par les entreprises[1]. Par ailleurs, les secteurs utilisateurs du marketing direct non-adressé sont nombreux et les objectifs qui peuvent être associés à cette technique publicitaire sont variés. Ce vecteur de communication, aux facettes multiples, peut être un outil fondamental de la stratégie de communication d'une entreprise ou être un complément judicieux à la panoplie de ses outils habituels de communication.

En dépit de l'intérêt que manifestent les praticiens pour cette technique de communication, il n'existe aucun ouvrage, en France, permettant de faire le point sur cet outil, ni de servir de cadre de réflexion à son utilisation.

L'objectif de cet ouvrage est de :
- présenter l'importance, les champs d'application et les différentes techniques de marketing direct non-adressé ;
- analyser les objectifs qui peuvent être associés à cette technique de marketing direct ainsi que la façon dont cette dernière est susceptible d'interagir avec les principales décisions marketing et de communication de l'entreprise (marketing direct adressé, communication, promotion des ventes) ;
- proposer un cadre pour la mise en œuvre et la gestion d'une opération de marketing direct non-adressé. Il s'agit de réfléchir à l'intégration du non-adressé dans la stratégie marketing, aux étapes de sa mise en œuvre, à la conception de l'opération et au contrôle des résultats ;
- aborder le marketing direct non-adressé d'un point de vue pratique, en présentant le marché du non-adressé, son mode de fonctionnement, ses différents intervenants, son évolution.

---

1. Selon une estimation effectuée par l'Union française du marketing direct, le marketing direct non-adressé représentait en 1998 (uniquement pour les imprimés distribués en boîte à lettres) environ 34 % des investissements publicitaires effectués en marketing direct.

# SOMMAIRE

**VII**

## PARTIE II – LE MARKETING DIRECT NON-ADRESSÉ DES ENSEIGNES DE DISTRIBUTION ET DES FABRICANTS

### Chapitre 3
### LA STRATÉGIE DE MARKETING DIRECT NON-ADRESSÉ DES ENSEIGNES DE DISTRIBUTION

# REMERCIEMENTS

L'auteur tient vivement à remercier la société Médiapost, filiale du groupe La Poste, spécialisée dans la publicité en boîtes à lettres et le géomarketing.

Grâce à cette société qui fut la première à appliquer les techniques du géomarketing à la publicité en boîte à lettres, l'auteur a rapidement pu accéder aux informations relatives à ce marché et rencontrer des équipes spécialisées dans le domaine de la publicité en boîtes à lettres. Par ailleurs, cette société a mis à sa disposition l'ensemble des travaux et outils qu'elle a développé dans le domaine de la publicité en boîtes à lettres :
• des études réalisées sur l'opinion et le comportement des consommateurs envers le média boîtes à lettres,
• un outil de mesure d'audience du média boîte à lettres : l'Isamétrie,
• le palmarès annuel des campagnes de publicité en boîtes à lettres qu'elle organise à travers le Grand Jury de la Boîte à lettres.

L'esprit d'ouverture des équipes de Médiapost, leur fond documentaire ont grandement facilité le travail de l'auteur, soucieux de décrire et d'expliquer de manière approfondie les nombreux champs d'intervention possibles ainsi que les multiples objectifs qui peuvent être associés au marketing direct non-adressé.

Notes

Notes

Notes

Notes

# PARTIE I

# Qu'est-ce que le marketing direct non-adressé ?

Présentation du marketing direct non-adressé
Les principaux supports de marketing direct non-adressé

# CHAPITRE 1

# Présentation du marketing direct non-adressé

## 1. Du marketing direct au marketing direct non-adressé

### 1.1. Définition du marketing direct non-adressé

Selon la Direct Marketing Association, le marketing direct « *est un système de marketing **interactif** qui utilise un ou plusieurs médias publicitaires pour obtenir **des réponses mesurables** et/ou des **transactions** quel que soit l'endroit* ».

Cette première définition met l'accent sur trois aspects du marketing direct :

➢ L'interactivité. Le marketing direct permet une relation interactive avec le prospect ; en ce sens, il constitue un outil de dialogue avec le client potentiel.

➢ L'obtention d'une réponse ou la réalisation d'une transaction. Le marketing direct cherche à obtenir du prospect une réponse positive et immédiate.

➢ Un moyen de communication dont les retombées peuvent être mesurées.

La définition du marketing direct proposée par Pierre Desmet[1] est la suivante : le marketing direct est « *une démarche marketing qui consiste à collecter et à exploiter systématiquement dans une **base de données** des*

---

1. Desmet P., *Marketing direct, concepts et méthodes*, Nathan, 1995.

**3**

*informations individuelles* sur une cible et **à gérer une transaction personnalisée** ».

Différents éléments ressortent de cette seconde définition : la base de données, support d'une collecte d'informations individuelles, la gestion d'une transaction personnalisée.

La définition que nous proposons du marketing direct non-adressé s'inspire des deux définitions précédentes. Elle met en évidence les principaux traits caractéristiques du marketing direct non-adressé et ses principales distinctions par rapport au marketing direct adressé.

Le marketing direct non-adressé est une démarche marketing qui utilise **un ou plusieurs médias publicitaires** pour obtenir un **comportement ou une préférence**. Sa spécificité par rapport au marketing direct classique réside dans **l'absence de base de données nominative**, comme outil de collecte et d'exploitation de l'information individuelle et support de la communication.

Le marketing direct non-adressé offre, cependant, des possibilités de ciblage : il peut être destiné à un segment d'individus et s'intégrer dans une stratégie différenciée. Le non-adressé peut être utilisé comme point de départ à la construction d'une relation interactive et personnalisée avec le prospect. Les techniques développées en marketing direct non-adressé permettent, désormais, une analyse et une gestion rigoureuse des opérations réalisées.

### L'absence de base de données marketing

L'une des principales particularités du marketing direct non-adressé par rapport au marketing direct adressé réside dans l'absence de base de données marketing nominative. En effet, la publicité non-adressée ne parvient pas de façon nominative à son destinataire. L'imprimé sans adresse (ISA), également appelée publicité non-adressée (PNA), ne comporte, comme son nom l'indique, aucune adresse relative à son destinataire. Sa diffusion ne nécessite donc pas la constitution d'un fichier ou d'une base de données dans lequel serait stockée l'adresse des prospects ou des clients de l'entreprise.

Néanmoins, un annonceur qui utilise le marketing direct non-adressé, peut « localiser » sa cible de communication et lui faire parvenir de façon directe, mais non nominative, une offre adaptée qui correspond le mieux à ses attentes. Dans ce cas, la collecte d'informations, nécessité préalable à l'adaptation de l'offre commerciale au segment visé, est effectuée grâce aux techniques du géo-marketing, par un rapprochement avec des informations géographiques, socio-démographiques, comportementales ou provenant d'un fichier annonceur.

Le marketing direct non-adressé peut s'inscrire dans une communication de masse sans ciblage particulier ou au contraire être destiné à un segment de consommateur particulier. Une distinction est opérée en fonction du niveau de ciblage retenu dans le cadre de l'opération. Par exemple, la publicité ciblée en boîte à lettres constitue un intermédiaire entre le mailing nominatif et le « toutes boîtes » distribué de façon indifférenciée dans toutes les boîtes à lettres quelles que soient les caractéristiques des personnes auxquelles ces boîtes à lettres « appartiennent ».

Le marketing direct non-adressé permet donc, grâce aux techniques du géo-marketing, de cibler les prospects les plus réactifs à une offre déterminée sur la base de critères géographiques, socio-démographiques. Une distinction est ainsi opérée entre *le marketing direct non-adressé ciblé* et le *marketing direct non-adressé non ciblé*.

Le niveau de ciblage utilisé détermine le niveau d'adaptation des messages envoyés aux prospects. Ainsi, un ciblage précis permet-il une adaptation du discours à la cible de communication. La distribution d'un imprimé sans adresse à une cible particulière permet d'envisager la conception d'un imprimé publicitaire bien adapté aux besoins et aux attentes de celle-ci.

● Un ou plusieurs supports publicitaires

Les supports du marketing direct non-adressé sont multiples. Pour toucher le prospect de manière directe, différents supports sont habituellement utilisés :
- l'imprimé publicitaire, qui prend différentes formes dont, notamment, les prospectus (d'une page), les dépliants (de quatre, six ou huit pages) et les catalogues (d'au moins dix pages) ;
- l'échantillon, qui est une reproduction miniature du produit qu'il est supposé représenter, aussi bien au niveau du contenant que du contenu ;
- Le bus-mailing ou mailing groupé qui est un « paquet » de cartes remis à des prospects et présentant l'offre de plusieurs annonceurs ;
- Le bon de réduction ou le carnet de coupons de réduction.

Les supports publicitaires en non-adressé sont multiples, l'acheminement du message de l'entreprise vers son destinataire prend également de nombreuses modalités pratiques. Ainsi, l'imprimé publicitaire peut-il être déposé dans la boîte à lettres (BAL) du prospect. La boîte à lettres constitue le mode le plus important de diffusion des imprimés publicitaires.

Mais, l'imprimé peut également être acheminé vers son destinataire par d'autres moyens : la distribution des imprimés publicitaires, des échantillons, des bus-mailing ou des bons de réduction peut avoir lieu « in store », dans les gares, les maternités… Les modalités de distribution du non-adressé sont nombreuses et elles offrent des opportunités de ciblage plus ou moins étendues.

### ● Un comportement ou une préférence de la part de la cible

Pendant très longtemps, il semble que l'objectif du marketing direct non-adressé était de déclencher immédiatement un comportement spécifique de la cible : faire venir au magasin, faire acheter, déclencher une demande de documentation…

L'objectif du marketing direct non-adressé était ainsi essentiellement de faire réagir rapidement le prospect. Le non-adressé reposait ainsi, en grande partie sur des techniques promotionnelles : la proposition commerciale comportait alors un élément exceptionnel et non durable qui obligeait le prospect ou client à réagir rapidement s'il souhaitait pouvoir profiter d'une offre limitée dans le temps. Ainsi, le non-adressé constituait-il un moyen de communiquer une réduction de prix, la possibilité de participer à un concours, de bénéficier d'un échantillon ou d'une prime en cas d'achat d'un produit.

Mais, aujourd'hui, le marketing direct non-adressé semble ne plus uniquement s'inscrire dans le court terme comme simple vecteur d'actions promotionnelles de la part d'une enseigne ou d'une marque désireuse de créer immédiatement du trafic ou de déclencher des achats. En effet, si cette tendance a longtemps été observée, elle semble évoluer : de simple support à la promotion des ventes, le non-adressé est devenu un moyen de communication permettant de véhiculer une image ou les valeurs de l'entreprise. Ainsi, de plus en plus, constitue-t-il un outil de différenciation de l'enseigne ou de la marque et tend à s'intégrer dans la politique de communication de l'annonceur, à l'instar des médias plus « classiques » de communication. L'évolution de la forme des prospectus, dépliants, catalogues et de leur contenu témoigne de l'importance stratégique croissante du non-adressé qui n'est plus simplement appréhendé comme un outil de stimulation de la demande à court terme.

Ainsi, l'objet du marketing direct non-adressé peut-il être d'induire, non pas un comportement immédiat de la cible, mais une préférence de celle-ci vis-à-vis d'une marque ou d'une enseigne. Il s'agit de « faire aimer » la marque ou l'enseigne, de « créer une image » favorable de celle-ci. Une image favorable accentue l'attachement du consommateur à la marque ou à l'enseigne, renforce sa fidélité en réduisant les risques de transfert vers les marques ou les enseignes concurrentes.

En témoigne le développement des *consumer magazines*, ou des dépliants thématiques. Cette intégration du non-adressé dans la politique de communication de l'annonceur montre le rôle du marketing direct non-adressé dans la stratégie de l'entreprise. En effet, les objectifs du marketing direct non-adressé peuvent être multiples et sont parfois stratégiques.

* *Le marketing direct non-adressé, point de départ à une relation interactive et personnalisée avec le prospect*

Si le marketing direct non-adressé permet de mettre en place un marketing ciblé tout en n'exigeant pas la constitution d'un fichier ou d'une base de données, il constitue, à l'inverse, un moyen de collecter des informations sur les prospects et donc de développer une base de données marketing. Il représente, à cet égard, une première étape dans la construction de la relation entre l'entreprise et le prospect. Il permet ainsi la mise en œuvre d'un marketing relationnel et s'inscrit dans une relation de long terme avec le client.

Une opération de non-adressé est parfois à l'origine d'un échange bi-directionnel[2] : ainsi une entreprise peut-elle envoyer un coupon de réduction à un prospect que celui-ci lui renverra par la suite. L'entreprise doit alors être capable de gérer les éléments du non-adressé, tant en émission qu'en réception. La mise en place par l'entreprise de supports logistiques pour le traitement des remontées apparaît dès lors essentielle.

Par ailleurs, une opération de non-adressé peut être à l'origine d'un échange simple ou d'une succession d'échanges qui prennent place à différents moments dans le temps : bus-mailing ⇒ renvoi de la carte de bus-mailing pour demander de la documentation ⇒ envoi de la documentation ⇒ commande du client. L'entreprise aura alors à gérer un ensemble d'échanges dont l'objet est de mener le prospect à l'acte d'achat. Elle doit instaurer un dispositif capable d'assurer une multiplicité d'échanges avec un même partenaire et s'intéresser aux aspects logistiques de la relation.

---

2. Desmet P., « Objets de recherche traditionnels, mais en pleine évolution : promotion et échange, renouveau du prix, marketing direct », dans *Faire de la recherche en marketing ?* Vuibert FNEGE, 1999.

● *Une analyse et une gestion rigoureuse des opérations*

Le non-adressé offre aujourd'hui, comme nous le verrons dans le cadre de cet ouvrage, des outils et des techniques qui permettent une analyse et une gestion rigoureuses des opérations réalisées. Les outils d'aide à la décision et d'analyse participent largement à l'amélioration de la performance des opérations de marketing direct non-adressé. Par ailleurs, il devient possible de mesurer les retombées des actions commerciales mises en place.

## 1.2. Les caractéristiques du marketing direct non-adressé

Le marketing direct non-adressé présente certaines caractéristiques[3] qui le différencient des autres moyens d'action commerciales à la disposition de l'entreprise : il permet l'instauration d'une relation directe avec le marché. C'est un outil concurrentiel « discret » qui est, par ailleurs, rapide à mettre en œuvre. Enfin, c'est un vecteur de communication peu onéreux.

### ● *Une relation directe entre l'entreprise et son marché*

Le marketing direct non-adressé permet d'établir une relation directe entre l'entreprise et son marché. Le non-adressé constitue un moyen pour l'entreprise de communiquer « directement » avec ses prospects et/ou de vendre « en direct » ses produits et ses services. Instaurer une relation directe est d'autant plus séduisant que l'accession à certains marchés est devenue, dans certains cas, particulièrement difficile. Une relation directe permet de contourner certains obstacles liés à l'état actuel des marchés.

Ainsi, lorsque le marketing direct non-adressé est utilisé comme vecteur de communication, il représente un moyen pour l'entreprise d'éviter le recours aux médias traditionnels que sont la télévision, l'affichage, la presse, la radio et le cinéma. Ces médias dont les coûts sont parfois prohibitifs sont, en effet, inaccessibles à certaines entreprises. La réalisation d'un imprimé publicitaire qui sera remis directement à son destinataire permet une communication directe entre l'entreprise et ses prospects ou clients. Cette communication directe peut non seulement être utilisée comme substitut, mais également comme complément aux médias traditionnels de communication : une communication de proximité en boîte à lettres, par exemple, renforce l'impact d'une

---

3. Certaines de ces caractéristiques ne sont pas spécifiques au non-adressé mais sont le fait du marketing direct, de manière générale.

campagne publicitaire nationale ou régionale effectuée par le biais des médias classiques. Les stratégies de couplage sont, à ce titre, fréquemment utilisées.

Comme support de vente, le marketing non-adressé contourne la nécessité d'un référencement en magasin. Le non-adressé est un moyen de commercialiser des produits à distance, en évitant des négociations difficiles avec des structures de distribution devenues très puissantes. Ainsi, certaines entreprises diffusent-elles des imprimés publicitaires présentant des produits que le consommateur pourra se procurer à distance.

Par ailleurs, en ce qui concerne les entreprises dont les produits sont référencés dans les grandes et moyennes surfaces, l'instauration d'une relation directe entre l'entreprise et son marché, grâce au non-adressé notamment, constitue un moyen de modifier la nature des relations et le pouvoir de force qui s'établit entre producteur et distributeur[4].

* Le marketing direct non-adressé, un outil concurrentiel discret

Le marketing direct non-adressé est un support de communication plus discret que les moyens de communication média. En effet, la distribution d'imprimés publicitaires dans les boîtes à lettres ou dans d'autres lieux est moins visible que des opérations de communication réalisées par le biais de la presse, l'affichage, le cinéma, la radio ou la télévision. Cette plus grande discrétion vis-à-vis de la concurrence est bien réelle, même si un observatoire des imprimés peut être mis en place par les annonceurs ou par des organismes spécialisés chargés, par exemple, de collecter les messages déposés en boîte à lettres.

* Rapidité et souplesse de mise en œuvre du non-adressé

Une opération de marketing direct non-adressé offre le double avantage d'une souplesse et d'une rapidité de mise en œuvre. En effet, cette forme de communication (ou de vente) ne suppose pas de délai de réservation, comme c'est le cas pour les autres médias. Dans le cadre du non-adressé, il convient simplement de prévoir un délai de production des messages (impression notamment) et un délai nécessaire pour faire parvenir le message à la cible (délai d'acheminement de l'imprimé publicitaire vers la cible). La rapidité de la

---

4. Cet aspect sera traité dans les chapitres qui sont respectivement consacrés au distributeur et au producteur.

mise en œuvre permet de surprendre la concurrence. À l'inverse, elle accroît également leur capacité de ripostes.

### ● Le marketing direct non-adresse : un support de communication peu couteux

Le marketing direct non-adressé possède un coût moyen plus faible que la plupart des autres supports de communication, qu'ils soient média ou hors média. En particulier, le coût du marketing direct non-adressé est inférieur à celui du marketing direct adressé. En effet, des économies substantielles peuvent être réalisées sur deux postes importants par rapport au marketing direct adressé : l'affranchissement du courrier et le coût d'une adresse (coût de location, d'achat ou de collecte de l'adresse).

Si le non-adressé possède, à la place du coût d'affranchissement, un coût d'acheminement du message vers le prospect (coût de distribution des imprimés publicitaires), ce coût est inférieur à celui de l'affranchissement, même s'il est, en partie, déterminé par le niveau de ciblage exigé par l'annonceur. Ainsi, le coût de distribution des imprimés publicitaires « en toutes boîtes » est-il inférieur au coût de distribution dans des boîtes à lettres qui auraient été sélectionnées sur la base de critères d'habitat ou d'autres critères plus fins.

Les tableaux suivants présentent une estimation du coût moyen d'un mailing et d'une opération de publicité en boîte à lettres. Si le coût moyen d'un mailing était estimé à 5,13 francs en 1998, le coût d'un imprimé déposé en boîte à lettres était évalué à 0,92 francs, soit plus de cinq fois moins.

| Estimation du coût d'un mailing en francs (source UFMD) | | | | | | |
|---|---|---|---|---|---|---|
| | 1993 | 1994 | 1995 (*) | 1996 | 1997 | 1998 (**) |
| Coût d'affranchissement | 1,61 | 1,69 | 1,84 | 1,88 | 1,93 | 2,01 |
| Coût de location d'une adresse | 0,50 | 0,50 | 0,50 | 0,52 | 0,52 | 0,52 |
| Coûts de fabrication | 2,00 | 2,20 | 2,20 | 2,31 | 2,40 | 2,60 |
| Coût moyen d'un mailing | 4,11 | 4,39 | 4,54 | 4,71 | 4,85 | 5,13 |

(*) : Depuis 1995, l'évolution du dispositif contractuel (contrats techniques entre la poste et les grands déposants de Postimpact) ne permet plus la comparaison du coût d'affranchissement avec les années précédentes.
(**) : Rupture d'historique

| Estimation du coût d'un ISA (hors journaux gratuits) (source UFMD) | | | | | | |
|---|---|---|---|---|---|---|
| | 1993 | 1994 | 1995 | 1996 (*) | 1997 | 1998 |
| Coût moyen de distribution | 0,22 | 0,23 | 0,23 | 0,233 | 0,204 | 0,201 |
| Coût moyen de fabrication | 0,52 | 0,58 | 0,58 | 0,64 | 0,67 | 0,72 |
| Coût moyen d'un ISA | 0,74 | 0,81 | 0,82 | 0,87 | 0,88 | 0,92 |

(*) Rupture d'historique

En fait, le marketing direct non-adressé ne comporte pas certains coûts fixes, coûts qui doivent, en revanche, être supportés par l'annonceur dans le cadre d'un opération de marketing direct adressé. À ce titre, Pierre Desmet[5] identifie trois principaux types de coûts fixes dans le marketing direct adressé : le coût de l'information, le coût des communications et le coût de l'analyse (cf. le tableau suivant).

| Les principaux coûts fixes dans le cadre du marketing direct adressé (P. Desmet 1995) | |
|---|---|
| Coûts d'information | **Coûts directs d'information :**<br>♦ Coût d'obtention de l'information recherchée : location d'un fichier d'adresses ou collecte de l'information par le biais d'un questionnaire ou d'un coupon, par exemple.<br>♦ Coût de traitement de l'information : saisie de l'information, stockage sur base de données, mise à jour de l'information.<br>♦ Coût de sécurité de l'information : sauvegardes, stockage anti-feu…<br>**Coûts indirects d'information** (coûts des moyens associés à la base de données) :<br>♦ Matériel informatique.<br>♦ Coût d'acquisition et de développement des programmes.<br>♦ Coût du personnel (centre informatique, formation du personnel). |
| Coûts de communication | **Coûts de la connexion pour le traitement des informations en provenance des consommateurs :**<br>♦ Ordinateurs dédiés par le service informatique au traitement des informations reçues.<br>♦ Accueil téléphonique.<br>♦ Service courrier.<br>**Coût du support :**<br>♦ Coût d'affranchissement. |
| Coûts de l'analyse | **Coûts liés à la structuration et à l'analyse de l'information reçue :**<br>♦ Coûts de l'utilisation des ressources humaines qualifiées pour analyser l'information (en interne ou en externe), par le biais de consultants ou d'agences spécialisées.<br>♦ Coûts des moyens mis à la disposition des hommes : logiciels d'analyse statistique. |

---

5.  Desmet P., option citée, 1995.

Le marketing direct non-adressé permet de réduire, voire d'éviter un certain nombre de coûts, et notamment ceux **d'information et de communication**. Ces économies s'expliquent essentiellement par l'absence de base de données marketing comme support de la transaction. Ainsi l'annonceur n'a-t-il pas à supporter des coûts d'information, que ceux-ci soient directs (coût de collecte de l'information, coût de traitement de l'information, coûts de sécurité de l'information) ou indirects (coût d'acquisition ou de développement des programmes, coûts de formation du personnel). Par ailleurs, certains coûts permettant l'instauration d'une communication entre l'entreprise et le prospect sont plus faibles. C'est notamment le cas, comme il l'a été dit précédemment, de l'acheminement du message vers le destinataire, le coût de distribution des imprimés publicitaires en non-adressé étant inférieur au coût de l'affranchissement de l'adressé.

En ce qui concerne **les autres coûts de communication** (ordinateurs, accueil téléphonique, service courrier), ils sont fonction des objectifs qui sont poursuivis par l'annonceur. Lorsqu'il est envisagé dans une perspective de constitution de base de données marketing, le marketing direct non-adressé suppose la mise en place de moyens humains et technologiques (en internes ou sous-traités) afin de traiter les informations reçues, c'est-à-dire les éléments de réponse renvoyés par le lecteur de l'imprimé (coupon-réponse, cartes de bus-mailing, numéro vert…). L'utilisation d'outils informatiques, la présence d'un accueil téléphonique, d'un service courrier entraînent un accroissement du coût associé à la mise en œuvre du marketing direct non-adressé.

De façon générale, le désir de l'annonceur de développer une relation interactive avec son prospect entraîne des coûts supplémentaires de communication. Notons que cette communication interactive peut être envisagée dans le long terme, la constitution de la base de données marketing servant alors de support à plusieurs transactions ou, de manière ponctuelle, en étant associée à une opération spécifique de marketing direct non-adressé. Par exemple, un annonceur peut mettre sur un imprimé publicitaire un numéro vert, une adresse, afin que le prospect puisse entrer en contact avec l'entreprise de manière ponctuelle, c'est à dire dans le cadre de l'action commerciale mise en place.

En ce qui concerne **les coûts d'analyse**, il convient de noter, comme nous le verrons dans le cadre de cet ouvrage, que des techniques et des outils sont désormais disponibles pour mesurer la performance d'une opération de marketing direct non-adressé. Le désir de l'annonceur d'évaluer les retombées de son action de communication entraîne des coûts supplémentaires d'analyse, dont il doit tenir compte lors du chiffrage du coût de l'opération. En effet, une telle analyse nécessite (en interne ou en externe) le recours à des ressources humaines spécialisées et à des techniques et outils de mesure spécifiques.

## 2. Les chiffres du marketing direct non-adressé

### 2.1 La place du non-adressé dans le marketing direct

* Les chiffres du marketing direct

Le marketing direct représentait en 1998 un peu plus de 30 % des dépenses de communication. Ainsi, France Pub Havas estime-t-elle que les sommes consacrées au marketing direct (en adressé et en non-adressé) étaient d'environ 51,85 milliards de francs en 1998, sur les 166 milliards de francs dépensés en communication. Une comparaison précise (cf. le tableau suivant) indique que le marketing direct est largement le premier poste de dépenses des annonceurs, devant la promotion (26,37 milliards de francs), la presse (25,56 milliards de francs) et la télévision (20,15 milliards de francs).

| Évaluation du marché publicitaire français (en millions de francs) (source : étude France Pub/Havas 1999) | 1998 |
|---|---|
| Télévision | 20 157 |
| Radio | 4 665 |
| Affichage | 8 828 |
| Presse | 25 569 |
| Cinéma | 537 |
| Marketing direct | 51 854 |
| Promotion | 26 375 |
| Publicité par l'événement | 12 230 |
| Relations publiques | 8 921 |
| Annuaires et guides | 5 645 |
| Internet | 1 280 |
| TOTAL | 166 061 |

L'Union française du marketing direct estime, elle, que la totalité des investissements publicitaires effectués en marketing direct était en 1998 de 50,7 milliards de francs. Selon son évaluation, le marché continue à être en progression : un taux de croissance de 8 % est observé entre l'année 1997 et 1998, ce marché s'élevant à 47,7 milliards de francs en 1997.

| Les investissements publicitaires en marketing direct en 1997 : tableau de synthèse (en millions de francs) (source : estimation UFMD) | | | | | | | | |
|---|---|---|---|---|---|---|---|---|
| | 1993 | 1994 | 1995 | 1996 | 1997 | 1998 | % 98/97 | %98 |
| Mailings adressés (A) | 14 706 | 16 455 | 16 539 | 17 441 | 18 634 | 20 520 | ND | 40,5 % |
| Catalogues (A) | 1 852 | 1 902 | 2 033 | 1 922 | 2 006 | 2 102 | ND | 4,1 % |
| St mailing + catalogue (A) | | | | | 20 640 | 22 622 | 10 % | 44,6 % |
| Imprimés sans adresse (B) | 10 430 | 12 984 | 14 027 | 15 906 | 16 018 | 17 184 | 7 % | 33,9 % |
| Asile-colis | 301 | 323 | 371 | 336 | 352 | 336 | – 5 % | 0,7 % |
| Total « médias spécifiques » | 27 288 | 31 663 | 32 970 | 35 605 | 37 010 | 40 142 | 8 % | 79,2 % |
| MD télévision (C) | 1 688 | 1 806 | 2 154 | 2 344 | 3 043 | 2 917 | 29,9 % | 5,8 % |
| MD presse (C) | 3 122 | 3 074 | 2 270 | 1 689 | 2 253 | 2 426 | 33,5 % | 4,8 % |
| MD Radio (C) | 987 | 849 | 1 150 | 1 281 | 1 267 | 1 510 | – 1,1 % | 3 % |
| Total « grand média » | 5 796 | 5 728 | 5 574 | 5 313 | 6 564 | 6 853 | 4 % | 13,5 % |
| MD téléphonique (D) | 2 015 | 2 210 | 2 584 | 3 220 | 3 445 | 3 634 | 5 % | 7,2 % |
| Publicité en ligne (E) | | | | | 40 | 80 | 100 % | 0,2 % |
| Total marché | 35 099 | 39 601 | 41 128 | 44 138 | 47 059 | 50 709 | 8 % | 100 % |

(A) : depuis 1998, les seuils de Postimpact et du catalogue ont été modifiés (350 g au lieu de 250 g est devenue la charnière entre les tarifs Postimpact et catalogue). Ces modifications ont eu pour conséquence d'entraîner un transfert du trafic Catalogue vers le trafic Postimpact, la comparaison avec les années antérieures n'est plus possibles.
(B) : rupture d'historique en 1997 : les chiffres de 1997 ont été corrigés pour tenir compte des améliorations des méthodes de comptabilisation des opérateurs. En conséquence, les années 1997 et 1998 ne peuvent être strictement comparées avec les années antérieures.
(C) : l'évaluation des investissements publicitaires en marketing direct dans les grands médias est surestimée par rapport aux investissements réels des annonceurs du fait que Secodip valorise les investissements publicitaires sur la base du tarif média et qu'il n'est pas possible de calculer un montant moyen de remise sur le tarif média.
(D) : le changement de méthode intervenu en 1996 ne permet plus la comparaison avec les années précédentes. Depuis 1996, c'est le chiffre de France Pub/Havas-Comareg qui est retenu.
(E) : pour la publicité en ligne, c'est le chiffre de France Pub/Havas-Comareg qui est retenu.

● *Les dépenses de la publicité en boîte à lettres[6] en valeur*

En 1998, la publicité en boîte à lettres est estimée à 17,18 milliards de francs et, à ce titre, représente 33,9 % en valeur des *investissements publicitaires en marketing direct*. Elle constitue ainsi le second principal vecteur du marketing direct juste après les mailings adressés qui se situent à 40,5 % des investissements effectués dans ce domaine. Ces deux vecteurs représentent donc, ensemble, plus des deux tiers des dépenses effectuées en marketing direct.

La part des autres supports dans le marketing direct est faible, comparativement à celle du non-adressé. Ainsi, la part du marketing direct téléphonique dans les investissements publicitaires n'est-elle que de 7,2 %. Les autres postes, marketing direct télévision, marketing direct presse, catalogue et asile-colis ne représentent respectivement que 5,8 %, 4,8 %, 4,1 % et 0,7 % des dépenses engagées en marketing direct en 1998.

---

6. Les chiffres qui sont donnés dans le cadre de cette partie concernent exclusivement les publicités en boîtes à lettre. La boîte à lettres est, de loin, le vecteur le plus utilisé pour la distribution des imprimés publicitaires. Une place prépondérante lui sera donc accordée dans le cadre de cet ouvrage.

Si l'on replace les publicités en boîte à lettres dans la totalité des investissements publicitaires, ils représentent environ 10 % du total des investissements en communication effectués sur le marché français.

*La publicité en boîte à lettres en volume*

En volume, le nombre d'imprimés déposés en boîte à lettres est estimé à 18,7 milliards d'objets en 1998. La publicité en boîte à lettres occupe une place prépondérante du marketing direct en volume puisqu'elle représente un peu plus de 80 % des envois effectués au travers des différents médias que sont les mailings adressés, les catalogues et les asiles-colis.

| Résultats en volume (en millions d'objets) (source : estimation UFMD) | | | | | | | |
|---|---|---|---|---|---|---|---|
| | 1993 | 1994 | 1995 | 1996 | 1997 | 1998 | % 98/97 |
| Imprimé sans adresse | 14 084 | 16 002 | 17 200 | 18 200 | 18 292 | **18 700** | 2 % |
| Mailing adressé | 3 578 | 3 748 | 3 643 | 3 703 | 3 842 | **4 000** | NC (*) |
| Catalogues | 110 | 109,1 | 108,5 | 99,4 | 105,2 | **97,8** | NC (*) |
| Asile-colis | 430 | 430 | 494,4 | 440 | 457,6 | **430,5** | -6 % |
| (*) : rupture d'historique | | | | | | | |

*1.2. L'évolution du marketing direct non-adressé*

Le marché du non-adressé est un marché qui est en croissance depuis un certain nombre d'années. Entre 1993 et 1998, le taux de croissance, en volume, du non-adressé est d'environ 33 %. En effet, 18,7 milliards d'objets ont été envoyés en 1998, contre 14,08 milliards en 1993.

| Évolution des imprimés en boîte à lettres en volume (hors journaux gratuits) en millions d'objets (source estimation UFMD) | | |
|---|---|---|
| Année | Volume | % d'évolution |
| 1993 | 14 084,3 | |
| 1994 | 16 002,4 | 13,6 % |
| 1995 | 17 200 | 7,5% |
| 1996 | 18 200 | 5,8% |
| 1997 | 18 292 | |
| 1998 | 18 700 | **2,2%** |

Durant ces cinq dernières années, les taux de croissance annuels ont été positifs, même s'ils tendent à se ralentir. Ainsi, le taux de croissance en volume des imprimés en boîte à lettres était-il de 2,2 % entre 1997 et 1998, de 5,8 % entre 1995 et 1996 et de 7,5 % entre 1994 et 1995. Il semblerait donc que l'on s'oriente vers un taux de croissance nul.

Le schéma qui suit décrit l'évolution des taux de croissance des publicités en en boîte à lettres dans le temps. La croissance du trafic des imprimés en volume tend à se poursuivre mais à un taux moins important que dans le passé. Ce ralentissement de la croissance semble mettre en évidence un secteur qui, en volume, entre en phase de maturité.

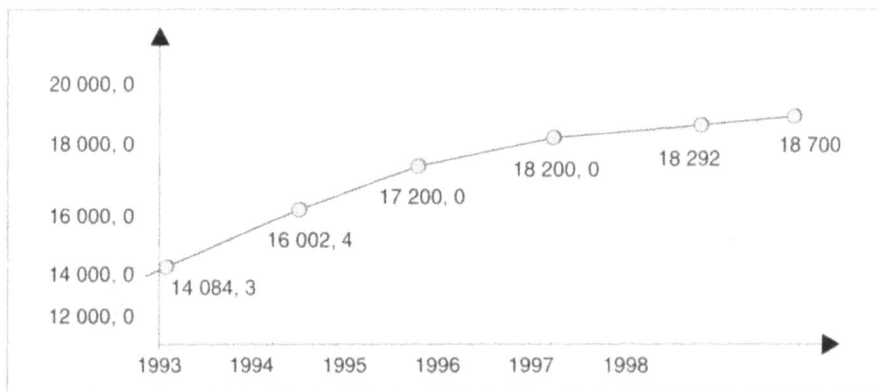

En valeur, les dépenses publicitaires consacrées à l'imprimé en boîte à lettres sont passées de 16,01 milliards de francs en 1997 à 17,18 milliards de francs en 1998. Ainsi, le taux de croissance en valeur des imprimés sans adresse est-il d'environ 7 % entre ces deux années. Ce taux de croissance en valeur supérieur au taux de croissance observé en volume (2,2 %) s'explique par une hausse du coût de fabrication des imprimés de 4 %. Cette augmentation est due à l'accroissement du poids moyen des imprimés et donc à un nombre de pages en moyenne plus important. Elle trouve également son origine dans le soin croissant qui est apporté par les annonceurs à la réalisation d'un imprimé publicitaire. Ce souci de la qualité semble témoigner, comme nous le verrons tout au long de cet ouvrage, de l'évolution du rôle associé au marketing direct non-adressé par les annonceurs.

# 3. Les tendances d'évolution du marketing direct non-adressé

## 3.1. L'environnement juridique

En ce qui concerne le non-adressé, une nouvelle taxe spécifique a été instaurée aux investissements hors média, c'est-à-dire à la presse gratuite et aux prospectus. Cette nouvelle taxe porte sur 1 % du montant total des dépenses réalisées au cours de l'année civile précédente. Proposée par le député Jean-Marie Le Guen, cette taxe a pour objectif d'alimenter un fonds d'aide et de modernisation de la presse quotidienne régionale et nationale[7].

## 3.2. La connaissance des destinataires des messages

### • Une mesure de l'audience des imprimés sans adresse

La publicité non-adressée a souffert pendant longtemps de l'absence d'outils permettant une analyse qualitative et quantitative de ses lecteurs. Depuis quelques années, des mesures d'audience sont effectuées permettant, entre autres, d'évaluer le nombre moyen de contacts entre un individu de la cible et un type d'imprimé en boîte à lettres. Il devient dès lors possible d'estimer le nombre de contacts réels entre des individus et les documents publicitaires déposés en boîte à lettres.

Ces mesures d'audience permettent d'estimer la « réceptivité » de la cible à différents types d'imprimé publicitaire et de la comparer avec d'autres moyens de communication. Ainsi est-il possible de mesurer le comportement à l'égard des imprimés publicitaires de cibles traditionnellement utilisées en marketing telles que par exemple les « 15-34 ans », les seniors ou les ménagères.

### • Une Analyse de la perception, attitude et comportement face à l'ISA

Des études spécifiques sont par ailleurs développées afin d'analyser la perception et l'attitude des destinataires face aux messages publicitaires qui sont déposés dans leur boîte à lettres. Par ailleurs, le développement d'indicateurs a permis d'affiner la connaissance du comportement des prospects face à une publicité en boîte à lettres. Il devient alors possible de mesurer le rôle effectif de l'imprimé au moment de la recherche d'information par le consommateur, mais également son influence sur le comportement d'achat de ce dernier. De manière plus précise,

---

7. « Prospectus, l'arme de point des enseignes », *Linéaires*, octobre 1998.

des indicateurs permettent d'évaluer trois niveaux de comportement du consommateur lors de la réception d'un imprimé en boîte à lettres :

➢ Le comportement lors de la réception de la publicité en boîte à lettres. À ce titre, on pourra s'intéresser par exemple aux publicités qui sont conservées ou jetées lors de leur réception par leur destinataire.

➢ Le comportement en terme d'utilisation de l'imprimé publicitaire. Différentes analyses peuvent à ce titre être menées, notamment en ce qui concerne la conservation de l'imprimé publicitaire.

➢ Le comportement d'achat induit par l'imprimé. Il devient possible d'étudier l'influence effective de l'imprimé publicitaire sur le comportement d'achat du destinataire vis-à-vis des offres commerciales présentées au sein de celui-ci. Il s'agit de mesurer l'efficacité de ce média dans une perspective commerciale : capacité de la publicité en boîte à lettres à induire un déplacement de son destinataire vers le magasin, aptitude à déclencher une demande d'information complémentaire ou à inciter à l'achat, par exemple.

Le développement d'indicateurs a permis d'affiner la connaissance du comportement du prospect lors de la réception d'une publicité en boîte à lettres. Ainsi, Médiamétrie propose-t-elle dans son enquête ISAmétrie, une mesure de différents taux tels que par exemple le taux de conservation, le taux d'incitativité ou le taux d'intention d'achat[8].

## 3.3. Une meilleure connaissance du contenu des boîtes à lettres

Des piges de documents publicitaires déposés dans les boîtes à lettres permettent d'avoir une meilleure connaissance de leur contenu. Il devient ainsi possible de connaître et d'analyser l'offre des imprimés sans adresse.

Une telle connaissance revêt différents intérêts du point de vue de l'annonceur dans la mesure où elle lui permet :

• de mesurer les risques de saturation du média « Boîte à lettres » durant certaines périodes ;

• d'identifier les autres dépliants avec lesquels un imprimé va entrer en concurrence au moment de l'ouverture de la boîte à lettres et de sa lecture ;

• de faire une analyse du contenu des imprimés envoyés par la concurrence.

---

8. Le taux de conservation représente le nombre d'imprimés sans adresse moyen conservés par les personnes qui ouvrent la boîte à lettres (et ce pour 100 Isa distribués). Le taux d'incitativité décrit le pourcentage d'individus lecteurs d'ISA incités à se renseigner, se déplacer ou acheter le ou les produits proposés. Le taux d'intention d'achat mesure le pourcentage d'individus lecteurs d'ISA incités à acheter le ou les produits proposés.

La publicité non-adressée offre des possibilités de ciblage. La distribution des imprimés peut être restreinte à certaines zones rigoureusement sélectionnées. La distribution des imprimés peut s'effectuer non plus uniquement en « toutes boîtes », mais également sur la base de critères spécifiques. Le non-adressé devient alors « ciblé ». Le géomarketing, qui repose sur le principe général « *dis moi où tu habites, je te dirai qui tu es* » rend possible un tel ciblage.

Grâce aux techniques du géomarketing, les messages peuvent être distribués dans les zones au sein desquelles la population que l'annonceur souhaite atteindre est sur-représentée. Le géomarketing permet de localiser les lieux de résidence des individus correspondant le mieux au profil recherché. Un annonceur pourra, par exemple, diffuser ses imprimés sans adresse à des profils spécifiques de prospects définis selon des critères tels que l'âge, l'habitat et le revenu.

Les possibilités offertes en matière de ciblage sont, par ailleurs, de plus en plus nombreuses. Ainsi, grâce au géomarketing, il est désormais possible de sélectionner les lieux d'habitation des prospects selon des critères tels que les habitudes de consommation, des critères comportementaux, des critères d'équipement des foyers ou même des critères de possession de produits financiers.

Le rapprochement avec des méga bases de données permet en effet, d'utiliser de nouvelles variables de segmentation et d'aller plus loin dans l'utilisation des techniques de géomarketing. Par ailleurs, certains intervenants tels que les distributeurs des publicités en boîte à lettres ont enrichi leur base de données qui permettent de définir des cibles média de plus en plus fines. Par exemple, de nouvelles typologies comportementales ont été mises en place par Médiapost suite aux résultats de l'Audiboîte 20 000.

Les innovations en matière de publicité non-adressée sont nombreuses. Les techniques s'affinent, les produits nouveaux se multiplient. On peut par exemple citer le lancement récent des « advanced cards » à destination des zones de chalandise éloignées. Cette technique consiste à proposer des offres différentes en fonction des zones desservies. Ainsi, un commerçant peut-il proposer des bons de réduction d'un montant plus élevé à des prospects relativement éloignés de son point de vente. L'objectif est dans ce cas d'élargir la zone de chalandise du magasin, en proposant un avantage (financier) susceptible de compenser la distance à parcourir.

De même, un distributeur peut-il dans le cadre d'une stratégie concurrentielle proposer des bons de réductions d'un montant plus important à des prospects résidant à l'intersection de la zone de chalandise de son point de vente et de celle de son principal concurrent. Dans ce cas, l'objectif est d'accroître son agressivité commerciale et d'accroître sa pénétration dans une zone géographique particulièrement courtisée.

### ● Une mesure des taux de retour et le codage

Le « codage » permet une mesure précise du taux de retour de l'imprimé en boîte à lettres. En effet, le « codage » est un système de numérotage des documents qui permet une identification des zones géographiques réagissant le plus à l'offre commerciale d'un annonceur. Il devient alors possible de déterminer les zones les plus rentables et de réduire le coût au contact en limitant, par la suite, la diffusion de la publicité non-adressée à cette seule zone.

### ● L'évaluation du support de non-adresse

Il peut être intéressant d'utiliser certains outils traditionnellement consacrés à la publicité média. Ainsi le « suiveur de regard », ou *Eyes tracking*, qui permet de suivre le parcours du regard du lecteur sur une publicité, est-il désormais également utilisé lors de l'élaboration de prospectus ou de catalogue. L'intérêt d'un tel outil réside dans sa capacité à déterminer les points du prospectus qui retiennent l'attention du lecteur. Il devient possible de l'utiliser en phase de pré-test publicitaire. Ainsi un annonceur pourra-t-il vérifier que le lecteur s'attarde effectivement sur les éléments qu'il a souhaité mettre en valeur. Dans le cas contraire, il lui sera possible d'apporter des actions correctrices.

### 3.5. L'évolution de la forme du marketing direct non-adressé

Sans entrer dans le détail dans le cadre de ce chapitre, on peut noter d'ores et déjà que la forme de l'imprimé publicitaire en non-adressé semble évoluer vers davantage de qualité et de sophistication. De tracts ou prospectus, l'imprimé publicitaire prend de plus en plus souvent des allures de catalogue, voire même de magazine. L'imprimé publicitaire est non seulement plus volumineux mais il est également plus soigné. Cette évolution s'explique, comme il l'a été dit précédemment, par les objectifs qui sont aujourd'hui associés à ce support de communication : de simple support de communication des actions de promotion, l'imprimé publicitaire est devenu un véritable vecteur de l'image d'une enseigne ou d'une marque. Il a désormais un rôle dans la stratégie de valorisation et de différenciation de l'image de marque. Par ailleurs, la volonté d'induire un comportement favorable de la part de la cible au moment de la réception (conservation) et de l'utilisation de l'imprimé (fréquence et durée de consultation) renforce la nécessité de proposer un document de qualité.

## 3.6. La distribution, le suivi et le contrôle du marketing direct non adressé

L'acheminement du message publicitaire vers son destinataire doit être effectué dans les meilleurs délais et dans les meilleures conditions possibles. Il s'agit d'assurer à ce moyen publicitaire rapidité, souplesse, et d'assurer la sécurité du portage des imprimés sans adresse vers leur destinataire.

### ● Évaluation de la qualité de la distribution des imprimés sans adresse

La qualité de la distribution des imprimés publicitaires peut être évaluée. L'objectif est ainsi de rassurer l'annonceur en lui permettant de vérifier que tous ses documents ont bien été distribués dans la bonne zone et avec un souci du respect du cahier des charges. Des méthodologies ont été mises en place afin de mesurer statistiquement le niveau de qualité de la distribution des imprimés publicitaires.

### ● Contrôle et pilotage des opérations logistiques

Mais le contrôle de la distribution d'un imprimé sans adresse s'inscrit également dans une perspective de management de la distribution des imprimés en temps réel. Le contrôle de la distribution n'est alors plus uniquement statistique. Le contrôle participe, au contraire, à une amélioration immédiate de la distribution des imprimés, c'est-à-dire dès que les défaillances sont observées. L'objectif du contrôle est, dès lors, de remédier en temps réel à la défaillance de la distribution afin d'éviter d'éventuelles pertes de chiffre d'affaires en raison d'une distribution déficiente.

Grâce aux progrès réalisés dans ce domaine, il est désormais possible de mettre en place une **phase d'analyse**, une **phase d'action** et une **phase de contrôle** des opérations menées. Une gestion rigoureuse du non-adressé peut donc être menée.

Le développement des outils de mesure de l'audience et de l'offre des imprimés, la sophistication des techniques (géomarketing, pré-test publicitaire, codage…) constituent autant de supports d'aide à la décision pour les dirigeants. Comme pour les autres médias, une analyse peut désormais être un préalable à l'action : analyse quant à l'adéquation entre la cible visée et le type d'imprimé utilisé, analyse relative aux zones de diffusion de l'imprimé, analyse relative à la perception de l'imprimé par les destinataires… Suite à la phase d'action, différents types de contrôle pourront être effectués pour évaluer la qualité de l'action menée et mesurer sa performance. Mesure des taux de retour, évaluation de la qualité des opérations logistiques, étude de la conservation des imprimés sont quelques exemples possibles de mesure d'une opération de non-adressé.

La sophistication des techniques et des outils, le développement d'outils de mesure et d'analyse de l'audience et de l'offre des imprimés sans adresse, l'amélioration de la création des prospectus, dépliants et catalogues, les innovations, l'amélioration logistique et les possibilités de contrôle… l'ont été sous l'impulsion de nouveaux acteurs qui offrent leurs services et qui ont progressivement contribué à une structuration du marché du non-adressé, notamment en boîte à lettres.

Ces acteurs interviennent aux différents stades de l'élaboration de l'imprimé depuis sa conception jusqu'au contrôle de son efficacité. Les annonceurs assurent la gestion de leur non-adressé en interne ou au contraire externalisent une partie ou la totalité de ces opérations de marketing non-adressé auprès de prestataires spécialisés : analyse, conception, distribution, contrôle d'une opération sont ainsi autant de phases qui peuvent être confiées à des partenaires extérieurs.

# 4. Les annonceurs face au marketing direct non-adressé

## 4.1. Perception et utilisation de l'imprimé en boîte à lettres

Une étude a été effectuée en 1995[9] auprès des annonceurs et des agences de communication afin d'évaluer leur perception ainsi que leur utilisation des imprimés en boîte à lettres. Cette étude a permis d'une part de déterminer les médias qui étaient perçus comme les plus proches de l'imprimé en boîte à lettres, d'autre part d'identifier les objectifs qui étaient le plus souvent associés à ce support de communication. Par ailleurs, elle a permis de révéler les principales questions que se posent les praticiens en ce qui concerne le comportement des prospects vis-à-vis de l'imprimé publicitaire.

L'enquête révèle que pour la majorité des répondants (57 %) le média « qui ressemble le plus à la boîte à lettres » est le média presse devant l'affichage et la télévision.

La similarité perçue entre la publicité en boîte à lettres et la presse peut s'expliquer par le fait que ces supports de communication font, tous les deux, appel à la lecture. De plus, elle est, peut-être due, au fait que la presse fut le premier média à s'ouvrir aux techniques du marketing direct. La ressemblance entre boîte à lettres et affichage réside certainement dans les opportunités de segmentation géographique qu'offrent ces deux médias. Enfin, le rapprochement qui est parfois effectué entre non-adressé et télévision est dû au fait qu'ils permettent tous les deux de toucher le consommateur à son domicile.

En ce qui concerne l'utilisation de la publicité en boîte à lettres et des objectifs qui lui sont associés, les avis semblent partagés entre les répondants. Deux groupes d'annonceurs de poids égal ont ainsi été identifiés. Le premier groupe d'annonceurs considère l'imprimé en boîte à lettres comme un média à part entière qui peut être utilisé sans restriction, les seules conditions liées à son utilisation résidant dans la qualité du message et dans la pertinence du ciblage.

Le second groupe, en revanche, appréhende l'imprimé sans adresse comme un outil de communication purement tactique et limite les conditions de son utilisation. Ce groupe restreint les possibilités d'utilisation dans la mesure où il considère que l'imprimé sans adresse ne convient pas à tous les types de produits ou de services, à tous les modes de communication et de commercialisation.

Le tableau suivant permet de mettre en évidence les différences perçues quant aux objectifs et à l'utilisation de ce support entre les deux groupes d'annon-

---

9. Enquête effectuée par Médiapost, filiale du groupe La Poste.

ceurs. Pour le premier groupe, on peut souligner quelques termes associés à l'ISA, à savoir les termes d'« impact », de « pouvoir », de « suffire ». Pour le second groupe, trois termes peuvent également être notés : « difficile », « courte », « jeter ».

| Analyse lexicale du discours des annonceurs (les termes les plus cités par les deux groupes d'annonceurs selon leur considération du média « boîte à lettres ») | |
|---|---|
| 1ᵉʳ groupe (pour lequel l'ISA est un média à part entière) | 2ᵉ groupe (pour lequel l'ISA est un média tactique) |
| ◆ « Impact » | ◆ « Ponctuelle » |
| ◆ « Contact » | ◆ « Courte » |
| ◆ « Attirer » | ◆ « Jeter » |
| ◆ « Pouvoir » | ◆ « Difficile » |
| ◆ « Suffire » | ◆ « Techniques » |
| ◆ « Toucher » | ◆ « Ciblage » |

L'étude a également permis de mettre en évidence les principales questions que se posent les acteurs du marché au niveau du comportement du destinataire de l'imprimé en boîte à lettres. Ainsi les annonceurs se posent-ils des questions relatives au tri du courrier, à l'encombrement publicitaire ainsi qu'à la performance de ce média (cf. tableau suivant).

| Les questions des annonceurs en ce qui concerne le comportement des prospects vis-à-vis de l'ISA (source *Marketing direct*) |
|---|
| ◆ **Au niveau du tri du courrier** |
| Durée de détention de la publicité |
| Crainte du rejet de la publicité |
| ◆ **Au niveau de l'encombrement publicitaire** |
| Impact de la forme du message dans la décision de conservation de celui-ci |
| Importance de la notion non-adressé/adressé dans le comportement |
| ◆ **Au niveau de la performance du média** |
| Identification des facteurs prédisposant les consommateurs à détruire, utiliser immédiatement ou conserver un message pour une utilisation ultérieure |

## 4.2. Les principaux utilisateurs du marketing direct non-adressé

### ◆ Les enseignes de distribution

La distribution est le premier utilisateur de marketing direct non-adressé. Les distributeurs consacrent globalement plus de 8 milliards de francs aux imprimés publicitaires en boîte à lettres. L'imprimé sans adresse est, en effet, le premier outil de publicité des distributeurs. Les sommes investies dans la publicité en boîte à lettres sont de l'ordre de 40 à 65 % du budget publicité

© Éditions d'Organisation

selon les enseignes, lui-même généralement de l'ordre de 1 % du chiffre d'affaires. Par exemple, l'imprimé sans adresse représente environ 40 % du budget de communication de l'enseigne Géant.

Une étude effectuée sur la provenance des imprimés révèle que sur 100 imprimés déposés en boîte à lettres, 27 proviennent de la grande distribution alimentaire.

| Provenance des publicités en boîte à lettres (source Médiapost)[1] | |
|---|---|
| Grande distribution alimentaire | 27,4 % |
| Amélioration de l'habitat | 24,5 % |
| Tourisme/loisirs | 10,4 % |
| Grande consommation | 8,5 % |
| Automobile | 8,5 % |
| Équipement de la personne | 6,6 % |
| Produits bruns/gris | 3,8 % |
| Presse/édition | 2,8 % |
| Vente par correspondance | 2,8 % |
| Banques/assurances | 1,9 % |
| Immobilier | 0,9 % |
| Services | 0,9 % |
| Association/collectivités | 0,9 % |

1. *Linéaires*, octobre 98.

La distribution spécialisée dans l'amélioration de l'habitat apparaît également particulièrement active en matière d'imprimés sans adresse puisque sur 100 imprimés, 24,5 proviennent de ce type d'annonceur. Ainsi, la grande distribution alimentaire et la distribution spécialisée dans l'amélioration de l'habitat (grandes surfaces spécialisées dans le bricolage, moquette, décoration, électroménager) sont-elles à l'origine de plus de la moitié des imprimés déposés en boîte à lettres. La vente à distance qui utilise ce mode de communication pour prospecter de nouveaux clients ne représente en revanche que 2,8 % des messages envoyés.

## ● Les autres utilisateurs de non-adressé

Les quatre autres grands secteurs utilisateurs de la publicité en boîte à lettres sont par ordre, le tourisme/loisirs, la grande consommation, l'automobile, et l'équipement de la personne. Ces différents secteurs représentent respectivement 10,4 %, 8,5 %, 8,5 % et 6,6 % des dépliants déposés en boîte à lettres. Les fabricants de produits de grande consommation utilisent de façon importante les imprimés publicitaires, les modes de distribution de ces derniers ne se limitant par ailleurs pas à la boîte à lettres. Ainsi, après « l'engouement des lessiviers au début des années 70 pour la distribution d'échantillons en boîte à lettres, les fabricants manifestent aujourd'hui un réel intérêt pour l'imprimé sans adresse. Par exemple, des fabricants tels que Procter et Gamble ont recours à la distribution d'échantillons ou de bons de réductions pour le lancement de leurs produits. Fabergé a lancé 18 millions d'exemplaires, en deux temps pour le lancement du shampoing Organics. Le Bingo des marques, opération historique, a été organisé afin de contrer le développement des marques premier prix et des marques de distributeur : cette vaste opération de promotion directe a été à l'origine de 2,26 % de remontée pour un chiffre d'affaires additionnel de 350 millions de francs »[10]. Les réseaux automobiles sont également de très importants utilisateurs des imprimés sans adresse, notamment dans le cadre des journées portes ouvertes.

## 5. Les facteurs de développement et les freins au développement du marketing direct non-adressé

### 5.1 Les facteurs de développement du marketing direct non-adressé

#### 5.1.1. Les facteurs liés aux entreprises

Les entreprises utilisent le non-adressé parce qu'elles désirent mettre en place une relation de proximité avec le consommateur et instaurer un véritable dialogue avec celui-ci. Par ailleurs, leur besoin de se différencier de la concurrence et de communiquer sur les valeurs de leur marque ou de leur enseigne permet d'expliquer leur intérêt pour ce support de communication.

* La recherche d'une relation de proximité

Le non-adressé offre la possibilité de créer une relation de proximité avec le prospect ou le client de l'entreprise. En intervenant auprès du consommateur de manière individuelle, l'entreprise entre en relation directement avec celui-ci à domicile (boîte à lettres) ou à des moments de sa vie (vacances, maternité…). Cette relation de proximité lui permet de développer son capital sympathie auprès du consommateur en étant présente à différents instants de sa vie.

---

10. *Les Dossiers du marketing direct*, n°109, avril 1995.

© Éditions d'Organisation

Par ailleurs, cette proximité est d'autant plus rendue possible par le non-adressé qu'il permet un dialogue avec le consommateur. En indiquant par exemple sur l'imprimé publicitaire un numéro vert ou une adresse internet, l'entreprise donne au lecteur l'opportunité d'entrer en contact avec elle.

Cette présence de l'entreprise auprès du consommateur constitue un moyen de le rassurer, de répondre à ses interrogations, de lui fournir de l'information et de l'accompagner éventuellement dans ses démarches de réflexion et dans son processus de décision. Par ailleurs, en étant présente à ses côtés, l'entreprise « humanise » en quelque sorte sa relation avec le client. Elle montre qu'elle ne constitue pas une unité anonyme, non accessible, qui n'offre aucune possibilité de contact. Le numéro vert représente un moyen d'instaurer un dialogue avec le client et de lui montrer que l'entreprise se soucie de ses difficultés et de ses problèmes éventuels.

Mais cette relation interactive avec le client non seulement permet de répondre aux demandes du consommateur, mais également de collecter de l'information sur ce dernier. L'entreprise, grâce à sa relation avec le client, peut mieux connaître ses attentes, ses sources d'insatisfaction, ses requêtes. L'information obtenue peut être utilisée pour faire évoluer l'offre commerciale afin qu'elle réponde davantage aux attentes du consommateur.

Cette information sur le prospect ou client peut être collectée ponctuellement ou être intégrée dans une base de données, l'objectif étant alors de dialoguer directement et, à plus long terme, avec chaque individu (en adressé) en fonction de la nature du contact qui s'est établi avec l'entreprise.

Les praticiens, qu'ils soient fabricants ou distributeurs de biens ou de services, ont généralement pour ambition de créer une image qui soit à la fois attractive et distinctive de la concurrence. Certains types de non-adressé constituent un moyen de véhiculer cette image. Ainsi, un catalogue, un *consumer magazine* permet de véritablement communiquer sur les valeurs de l'entreprise, de développer un argumentaire et des prises de positions par rapport à des domaines qui concernent de nombreux aspects de la vie quotidienne des consommateurs. À cet égard, les discussions sur les organismes génétiquement modifiés et les engagements pris par une enseigne telle que Carrefour témoignent de la volonté d'affirmer ses positions. De manière générale, le non-adressé, selon la forme et le fond qu'il prend, va permettre à l'enseigne d'affirmer son positionnement.

### 5.1.2. Le consommateur et son évolution

Le consommateur prend généralement ses décisions d'achat après une recherche d'information, surtout lorsque les achats portent sur des produits impliquants. Il recherche des informations sur les offres en présence afin de s'en faire une opinion. Le consommateur est devenu à la fois expert et mature. Il cherche à comparer les offres et participe de manière active à la recherche d'information de différentes manières : discussion avec des amis ou avec des vendeurs, lecture de tests comparatifs (Que choisir ?...). En fonction de son style cognitif, c'est-à-dire de la façon dont il utilise et traite l'information, il accordera plus ou moins d'importance à celle-ci. Mais, de façon générale, le consommateur mature est devenu plus exigeant en matière d'information. Cette exigence croissante s'explique, en partie, par la difficulté qu'il rencontre à opérer des choix face à une offre devenue pléthorique et dont les différences sont parfois difficilement perceptibles.

Certains supports traditionnellement utilisés en non-adressé offrent la possibilité d'offrir cette information que revendique le consommateur. Le prospectus, le catalogue ou le *consumer magazine* offrent, en effet, suffisamment d'espace pour présenter de façon détaillée l'offre d'une firme et permettre l'argumentation. Ils peuvent être utilisés comme support de comparaison par le consommateur et, à ce titre, intervenir au moment du choix. À la limite, le support de communication peut être construit comme un véritable guide que l'entreprise met à la disposition du consommateur pour que celui-ci opère plus facilement ses choix.

### 5.2. Les freins au développement du marketing direct non-adressé

#### ● Saturation de la cible

Le principal frein au développement du non-adressé est le risque de saturation de la cible. La multiplication des imprimés publicitaires remis de façon personnelle mais non nominative (en boîte à lettres, dans les magasins, dans différents lieux ou pendant différentes périodes) pourrait se traduire par un phénomène de rejet de la part de leur destinataire. Ainsi, la société Arbalet estime à 18,4 milliards d'exemplaires en 1997 le volume de l'édition publicitaire (uniquement en boite à lettres) pour les tracts sous toutes leurs formes et tous secteurs confondus, dont 6,5 milliards pour le seul secteur de la distribution[11]. Ce qui correspond à une moyenne de 310 prospectus par foyer chaque année. ISAmétrie estime qu'en période de pointe (octobre/novembre 1998),

---

11. *Libre Service Actualités*, n° 1618, 18 février 1999.

les boîtes à lettres reçoivent près de 14 tracts par semaine. La difficulté réside également dans la simultanéité des actions de communication. Par exemple, les enseignes de distribution mettent souvent en place des opérations de non-adressé durant les mêmes périodes, c'est-à-dire durant des moments clefs d'achat et de consommation : rentrée des classes, fêtes de fin d'années, fêtes de Pâques… Cette simultanéité génère un risque d'encombrement des boîtes à lettres et un risque de saturation psychologique de la cible face à une masse trop importante d'information qu'il devient alors particulièrement délicat de gérer. Pourtant, comme nous le verrons dans le cadre de cet ouvrage, une étude réalisée en 1997 par la Sofres pour la Poste/Médiapost indique que 63 % des français ont une opinion favorable du « média » boîte à lettres.

## Le développement du stop-pub

Pour lutter contre l'encombrement de leur boîte à lettres, certains consommateurs souhaitent limiter, voire interdire l'accès de leur boîte à lettres aux imprimés. Dans certains pays européens tel que l'Allemagne par exemple, une législation a réglementé la distribution des imprimés en boîte à lettres. Des stickers peuvent être utilisés par les consommateurs pour interdire la distribution d'imprimés publicitaires dans leur boîte à lettres. Les sociétés de distribution des publicités en boîte à lettres sont tenues de respecter cette interdiction sous peine de sanction. En France, aucune réglementation de ce type ne régit actuellement la distribution des imprimés publicitaires.

Selon une étude qualitative réalisée pour le compte de l'ADEME, la plupart des intervenants sur le marché des imprimés sans adresse (sociétés de distribution des publicités en boîte à lettres, annonceurs) s'accordent pour dire que le mise en place du *stop-pub* permettrait de respecter la volonté d'une minorité militante, mais qu'elle ne ferait pas diminuer le volume des documents publicitaires distribués. Les boîtes à lettres potentiellement équipées varieraient de 1 à 10 % selon les interviewés, avec de fortes variations selon les quartiers, certains d'entre eux pouvant atteindre de 25 à 30 %. Mais le développement du *stop-pub* risquerait surtout d'entraîner une augmentation du coût de distribution des imprimés, les tournées en BAL étant les mêmes, quel que soit le pourcentage de boîtes à lettres équipées d'autocollants *stop-pub*. Selon les personnes interrogées, les *stop-pub* ne concerneraient qu'une minorité des « propriétaires » de boîtes à lettres, dans la mesure où l'interdiction complète du courrier non-adressé ne semble pas correspondre aux attentes du public. Toutes les personnes interrogées s'accordent pour dire que la « perception du bénéfice du non-adressé est très nettement supérieure à ses inconvénients ».

En effet, le public est partagé quant à leur perception des documents remis en boîte à lettres :
- il est principalement vécu comme « une source positive d'enrichissement, d'animation, de surprise, d'éclectisme » ;
- les conséquences « de cette présence souvent envahissante peuvent aussi être ressenties comme une gêne excessive (mélange des genres, nécessité de trier, crainte de jeter par mégarde un courrier « officiel », saturation de la boîte à lettre…) ».

### ● Une diminution de la performance des imprimés publicitaires

Le risque de la multiplication des imprimés publicitaires réside également dans une baisse éventuelle de leur performance. En effet, la probabilité d'ouverture et de lecture d'un imprimé diminue dès lors que le nombre d'imprimés à destination du consommateur augmente. L'enjeu pour les praticiens est donc de différencier leur imprimé et de le rendre attractif de manière à accroître cette probabilité.

### ● L'influence sur l'environnement

Dernière conséquence de la multiplication des imprimés publicitaires, l'impression dans l'opinion publique qu'ils représentent une nuisance pour l'environnement. Une étude effectuée pour le compte de l'ADEME indique que le courrier non-adressé en BAL représente environ 4 % du poids des déchets ménagers (cf. le tableau suivant). La communication pour le recyclage du papier constitue un moyen de lutter contre cette perception par les destinataires des messages publicitaires. Notons que des éco-taxes sur les imprimés ont été mis en place dans certains pays en raison des nuisances écologiques qu'ils sont supposés générer. Par exemple, en Belgique, les papiers en boîte à lettres sont soumis à une éco-taxe qui est fixée au kilo. Une exonération est en revanche possible pour tout redevable capable de démontrer que les papiers mis à la consommation sont collectés et recyclés à hauteur de taux minimaux fixés par le législateur.

| Le poids du courrier non-adressé dans le poids des déchets ménagers (étude Sereho pour l'ADEME) |
|---|
| 14 kg d'imprimés sans adresse selon l'estimation la plus haute, soit 4 % des déchets. |
| 3,3 kg de mailing adressé, soit moins de 1 % des déchets. |
| 2,7 kg de presse gratuite, soit 0,8 % des déchets ménagers. |

# CHAPITRE 2

# Les principaux supports
# de marketing direct non-adressé

Ce chapitre s'attache à présenter les principaux supports utilisables dans le cadre d'une opération de marketing direct non-adressé. Trois « supports » essentiels ont, en particulier, retenu notre attention :
• la publicité en boîte à lettres (BAL),
• l'échantillon,
• les bus-mailing.

Dans le cadre de la première partie, nous nous intéresserons à la publicité en boîte à lettre, l'accent étant en priorité mis sur ce mode de distribution de l'imprimé que constitue la boîte à lettres. Dans la seconde et troisième partie, seront traités deux supports spécifiques que sont l'échantillon et le bus-mailing. C'est donc là la forme du support qui guide le discours, les modalités de distribution étant appréhendées de manière plus secondaire.

## 1. La publicité en boîte a lettres (BAL)

La publicité en boîte à lettres revêt différentes formes, depuis le simple tract jusqu'au dépliant plus sophistiqué. L'objectif de cette partie est de proposer

**31**

une classification des imprimés déposés en boîte à lettres, de présenter leurs caractéristiques et d'analyser le comportement des consommateurs face à ce mode de communication.

## 1.1. Classification des publicités en boîte à lettres

Deux classifications des publicités en boîte à lettres ont, été proposées : l'une par la société Médiamétrie, l'autre par la Sofres :
• Médiamétrie opère une distinction entre neuf types d'imprimés sans adresse :
  – le prospectus composé d'une seule page,
  – le dépliant de quatre pages,
  – le dépliant ou catalogue de 6 à 8 pages,
  – le catalogue d'au moins 10 pages,
  – l'échantillon,
  – le journal gratuit en boîte à lettres,
  – le bulletin municipal ou d'information sur la vie locale,
  – le coupon ou le bon de réduction,
  – le carnet de coupons ;
• la Sofres propose une classification qui est davantage fondée sur la forme et/ou le fond de l'imprimé et moins sur son volume (nombre de pages), sa nomenclature différenciant ainsi huit supports de communication non-adressée en boîte à lettres :
  – le prospectus, qui regroupe tous les prospectus simples (une feuille pouvant être pliée, des cartonnettes, des photocopies noir et blanc ou couleur, des cartes de visite…),
  – le dépliant, qui prend la forme d'une ou de plusieurs feuilles pliées (il se présente parfois sous la forme d'un journal, il est le plus souvent agrafé),
  – le journal gratuit, qui comprend l'ensemble des journaux gratuits professionnels ou émis par des collectivités,
  – la publicité sous enveloppe, qui ressemble à du courrier adressé,
  – le coupon de réduction ou le chéquier de coupons, qui concerne la proposition d'une offre de remboursement pouvant être utilisée dans tous les magasins sur un produit de marque,
  – l'échantillon,
  – le catalogue, qui est relié ou agrafé, de petit ou grand de format et qui comprend plus de 16 pages,
  – les autres formes d'imprimés (publicité sous plastique…).

Une telle classification des imprimés est indispensable, notamment pour mesurer l'audience de chaque type d'imprimé.

1.2. Les caractéristiques de la publicité en boîte à lettres

● Les conditions de lecture de l'imprimé en boîte à lettres

La publicité en boîte à lettres touche directement le prospect à domicile. Cette *communication de proximité* permet de créer *un lien direct* avec celui-ci. De plus, le catalogue ou le dépliant touche sa cible à un moment où celle-ci est *disponible et attentive*. Il est ainsi possible *de développer le message* et *d'approfondir l'information*.

● Durée de conservation et utilisation des imprimés publicitaires en boîte à lettres

La durée de vie d'une publicité non-adressée est très *variable*. Une distinction peut être opérée entre les supports à durée de vie courte, ceux qui seront conservés ou orientés vers d'autres personnes de la famille parce que considérés comme suffisamment intéressants et enfin ceux qui seront consultés régulièrement tels que les catalogues.

L'enjeu actuel pour de nombreux acteurs utilisant ce mode de communication commerciale est d'accroître la *durée de conservation* du dépliant ou catalogue par son destinataire. L'évolution des imprimés tant au niveau de la forme (dépliant de plus en plus soigné et volumineux) qu'au niveau du contenu (offre commerciale mieux présentée, rubriques diverses, informations complémentaires non exclusivement commerciales) témoigne du désir des annonceurs d'augmenter la durée de vie des imprimés.

L'augmentation de la durée de conservation de l'imprimé publicitaire par leur destinataire est un enjeu fondamental dans la mesure où elle augmente :
• *la visibilité* de la marque ou de l'enseigne au domicile du prospect, la présence de l'imprimé constituant un rappel constant du nom de la marque ou de l'enseigne auprès du consommateur et induisant ainsi une plus forte mémorisation de celui-ci ;
• la probabilité *d'une prise en main multiple*, la circulation du catalogue entre les différents membres de la famille se trouvant accrue lorsque la durée de conservation est importante, plusieurs personnes étant alors exposées au message publicitaire ;
• le nombre de *reprises en main* de l'imprimé.

Mais, la conservation de l'imprimé permet également une intervention constante de la marque ou de l'enseigne avant celle des concurrents. En effet, lorsqu'un besoin se fait ressentir, le consommateur pourra consulter préalablement l'information disponible à domicile. À partir du moment où il repère un produit répondant à ses attentes dans un imprimé, il pourra se rendre directement au sein du point de vente concerné, sans même visiter les points de vente concurrents. À ce titre, un imprimé publicitaire conservé constitue une arme concurrentielle redoutable, éliminant dans certains cas immédiatement de l'esprit de l'acheteur les propositions commerciales concurrentes.

### Couverture et ciblage de la publicité en BAL

La publicité en boîte à lettres permet de toucher la quasi-totalité des foyers et, en ce sens, elle peut être utilisée comme un média de masse. 96 % des foyers sont en effet équipés d'une boîte à lettres. Le taux de couverture est élevé sur l'ensemble du territoire français, et ce quel que soit la région ou le type d'agglomération[1] concerné. Ainsi, la boîte à lettres permet-elle une couverture du territoire (nationale, régionale, locale) tant en zone urbaine qu'en zone rurale. Le taux de pénétration de l'imprimé sans adresse au sein des foyers semble, à ce titre, comparable à celui de l'audiovisuel.

La limite en ce qui concerne la couverture des foyers réside dans l'accessibilité aux boîtes à lettres. Des moyens de protection des immeubles (clefs, codes ou gardien) rendent parfois difficile l'accès aux boîtes à lettres : 40 % des immeubles sont ainsi protégés en France, (70 % en région parisienne). Ce manque d'accessibilité aux boîtes à lettres réduit la probabilité que le message parvienne bien à chaque individu appartenant à la cible, à partir du moment où les imprimés devront être déposés à côté des boîtes à lettres et non pas directement dans ces dernières.

La publicité en boîte à lettres n'est pas exclusivement utilisée comme un média de masse. Les techniques de géomarketing, de plus en plus pointues, offrent en effet des perspectives particulièrement intéressantes en matière de ciblage. La diffusion des imprimés publicitaires peut être limitée aux zones dans lesquelles la cible de l'annonceur est sur-représentée. Différents types d'imprimés publicitaires peuvent également être distribués dans des zones géographiques en fonction des caractéristiques des personnes habitant dans chacune de ces zones. La boîte à lettres apparaît ainsi être un support à la fois puissant et sélectif.

### La performance de l'imprimé en BAL

L'imprimé publicitaire remis en BAL a, au même titre que la radio, un *pouvoir incitatif fort*. Les effets d'une opération de non-adressé sont par ailleurs,

---

1. Étude Sofres La Poste/Médiapost.

comme pour la radio, *très rapides*. En ce qui concerne la performance de la publicité en BAL, ce support paraît bénéficier d'un bon rapport *coût/efficacité*. Par ailleurs, il est possible de mesurer l'efficacité des imprimés publicitaires. Cette mesure apparaît d'autant plus simple qu'elle pourra être effectuée sur la base des remontées lorsque l'imprimé offre la possibilité d'une réponse de la part du consommateur.

● *La mise en œuvre et le coût de l'imprimé en BAL*

Comme il l'a été dit dans le chapitre précédent, la publicité en BAL présente certains avantages parmi lesquels une souplesse et une rapidité de mise en œuvre. Le délai entre la décision de la mise en œuvre de l'opération et l'acheminement du message vers son destinataire peut, en effet, être relativement court. Par ailleurs, et comme il a déjà été mentionné, la publicité en BAL est peu onéreuse et c'est en fait le média le moins cher en terme de coût au contact. Ainsi, en 1995, le coût contact de la distribution et du ciblage d'une publicité en boîte à lettres était compris entre 16 et 35 centimes.

## 1.3 Les consommateurs face à la publicité en boîte à lettres

### 1.3.1. L'audience de la publicité en boîte à lettres

Comme pour les autres médias, des mesures de l'offre et de l'audience de la publicité en boîte à lettres sont désormais disponibles. Ainsi, en 1996, Médiamétrie a posé les principes d'une mesure d'audience de l'imprimé sans adresse en développant l'ISAmétrie.

Une telle mesure d'audience apparaît fondamentale dans la mesure où elle doit guider les agences de communication et les annonceurs dans leurs choix média, à partir de la proposition d'indicateurs comparables à ceux traditionnellement utilisés par tous les grands médias.

Par exemple, en septembre-novembre 1998, une deuxième vague de l'étude d'audience ISAmétrie a été effectuée auprès des individus âgés de 15 ans et plus. Différents indicateurs ont été mesurés tels que l'offre, l'audience, l'audience hors boîte à lettres, le taux de contact, le taux d'incitativité et le taux de conservation.

Quelques éléments méritent d'être mentionnés : le nombre moyen d'imprimés reçus en boîte à lettres par semaine était de 13,8. Le taux d'incitativité, c'est-à-dire le pourcentage d'individus lecteurs d'un imprimé sans adresse incités à se renseigner, se déplacer ou acheter le ou les produits proposés était de 48,5 % et le taux de conservation, c'est-à-dire le pourcentage d'ISA conservés à l'ouverture de la boîte à lettres se montait à 66,9 %. Ces résultats sont résumés dans le tableau suivant :

| Étude d'audience de l'ISA – septembre-novembre 1998 – source Médiamétrie. | |
|---|---|
| **Offre** : nombre moyen d'ISA reçus, par semaine, en boîte à lettre | **13,8** |
| **Audience** : nombre moyen de contacts d'un individu de 15 ans et plus avec des ISA trouvés en boîte à lettres, en une semaine | **36,0** |
| **Audience hors boîte à lettres** : nombre moyen de contacts d'un individu de 15 ans et plus avec des ISA en dehors du moment d'ouverture de la boîte à lettres, en une semaine | **28,6** |
| **Taux de contacts** : nombre de contacts générés par 100 ISA distribués en boîte à lettres | **256,6** |
| **Taux d'incitativité** : pourcentage d'individus lecteurs d'un ISA incités à se renseigner, se déplacer ou acheter les produits proposés | **48,5 %** |
| **Taux de conservation** : pourcentage d'ISA conservés à l'ouverture de la boîte à lettres | **66,9 %** |

Ces indicateurs sont d'autant plus intéressants qu'ils sont fournis :

• par type d'imprimé sur la base de la classification proposée par Médiamétrie et en fonction des secteurs d'activités,

• par cible (en fonction de différents profils).

### 1.3.2. Perception et attitude du consommateur envers la publicité en boîte à lettres

Une étude a été réalisée en 1997 par la Sofres[2] afin d'analyser la perception que les ménages ont de la publicité en boîte à lettres. Cette enquête a été effectuée sur un échantillon représentatif de la population française et de la structure des foyers français, échantillon issu de Metascope, la base de sondage de la Sofres.

Les résultats de cette étude montrent que les imprimés distribués en boîte à lettres sont globalement bien acceptés par leurs destinataires. Une distinction peut, en fait, être opérée entre deux groupes d'individus sur la base de leur opinion envers la publicité en boîte à lettres :

• les « balophiles », qui apprécient le média « Boîte à lettres », représentent 63 % de la population interrogée,

• Les « balophobes », qui ont une opinion défavorable de ce média, représentent 37 % de la population.

Ces deux types de consommateurs peuvent eux-mêmes être décomposés en deux sous-groupes. Le groupe des balophiles comprend les « accro-insatiables » et les « réceptifs-actifs », le groupe des balophobes comprend les « réticents » et les « allergiques-rédhibitoires ».

---

2. Étude Sofres La Poste/Médiapost.

Au niveau des balophiles, les deux groupes accro-insatiables et réceptifs-actifs représentent respectivement 18 % et 45 % de la population interrogée.

➢ Les accro-insatiables ont une opinion tout à fait favorable de la publicité, en général, et de la publicité en boîte à lettres, de manière plus spécifique. Ces consommateurs considèrent la publicité en boîte à lettres comme un moyen « de trouver des informations utiles » et de « faire de bonnes affaires ».

➢ Les réceptifs-actifs apprécient les publicités en boîte à lettres, mais ils sont néanmoins plus nuancés dans leur évaluation que ne le sont les accro-insatiables. Les réceptifs-actifs apprécient particulièrement la publicité en boîte à lettres lorsque celle-ci est une publicité de proximité (69 % des réceptifs-actifs lisent plus attentivement une publicité en boîte à lettres lorsque celle-ci provient d'un magasin proche). Ils apprécient également les ISA qui concernent leur projet (68 % des actifs-réceptifs lisent plus attentivement la publicité non-adressée relative à un produit qu'ils ont prévu d'acheter). Enfin, 56 % d'entre eux sont plus attentifs aux publicités non-adressées qui portent sur des marques connues.

En ce qui concerne les balophobes, les deux catégories identifiées réticents et allergiques-rédhibitoires représentent respectivement 27 % et 10 % de la population interrogée.

➢ Les réticents sont critiques envers les publicités reçues en boîte à lettres.

➢ Les allergiques-rédhibitoires ont des opinions très tranchées sur le média boîte à lettres puisqu'ils considèrent les publicités en BAL sans intérêt. Ils sont moins réactifs à la publicité en général que les autres. Ils seront néanmoins plus attentifs aux publicités en boîte à lettres qui leur offrent des informations les concernant directement (ainsi entre 39 et 44 % seront plus intéressés par des informations relatives à un magasin proche, à un magasin fréquenté…).

Le tableau qui suit représente les quatre catégories identifiées au sein des sept cibles média classiques.

| La représentation des quatre groupes au sein de sept cibles média classiques (SOFRES 97) | | | |
|---|---|---|---|
| | Accro-insatiables | Réceptifs-actifs | Réticents | Allergiques-rédhibitoires |
| Moyenne | 18 % | 45 % | 27 % | 10 % |
| Hommes | 18 % | 44 % | 28 % | 10 % |
| Femmes | 22 % | 47 % | 24 % | 8 % |
| 50 ans et + | 14% | 39% | 33% | 15% |
| Moins de 50 ans | 20 % | 47 % | 25 % | 8 % |
| 15-34 ans | 21 % | 47 % | 24 % | 8 % |
| CSP + | 14% | 41% | 33% | 12% |
| Présence d'enfants | 20 % | 51 % | 21 % | 7 % |

Une comparaison dans le temps de la perception des imprimés publicitaires en BAL montre une relative stabilité de la proportion de consommateurs ayant une opinion favorable envers ce support de communication. En effet, deux études comparables réalisées en 1995 et 1996 indiquent un taux d'individus *balophiles* respectivement de 66 % et 69 %. Ce taux est, rappelons-le, de 63 % en 1997.

### 1.3.3. L'utilisation de la publicité en boîte à lettres par les consommateurs

Mesurer l'opinion des destinataires envers la publicité en BAL constitue une étape indispensable pour mettre en place une opération de non-adressé. Néanmoins, il est également nécessaire d'analyser leur utilisation de ce support de communication. Trois points relatifs à l'utilisation et au comportement des prospects face à la publicité non-adressée méritent, à ce titre, d'être analysés : leur comportement d'ouverture de la publicité, leur comportement de lecture et de consultation de celle-ci et, enfin, leur comportement de conservation. Différentes études ont été menées, sur ces sujets, par plusieurs sociétés spécialisées et organismes d'étude.

* Comportement d'ouverture de la publicité en BAL

Le premier élément fondamental est d'analyser dans quelle mesure la publicité qui est déposée en boîte à lettres est immédiatement jetée ou au contraire conservée par son destinataire. L'étude menée par Ipsos (avec la société SDP, groupe SPIR) en juin 1994 révèle que 20 % des destinataires jettent le prospectus sans le regarder, tandis que 79 % le parcourent rapidement ou le lisent. L'étude effectuée par Secodip et qui repose sur une méthodologie mixte d'enquête « enquête + panel », effectuée au premier semestre 1995, indique que « seulement 11 % des répondants déclarent jeter systématiquement les prospectus »[3]. L'enquête[4] effectuée en 1995 par la Sofres parvient sensiblement à la même conclusion puisqu'elle indique que 10 % des maîtresses de maison jettent la publicité sans même la lire. Une étude réalisée en 1997 par la Sofres sur le même thème annonce un chiffre de 9 %.

L'enquête réalisée[5] en 1997 par la Sofres apporte des éléments d'information complémentaire sur le rôle de la maîtresse de maison au moment de la réception et de l'ouverture du courrier. Ces informations concernent le comportement de

---

3. Volle P. « Quelles perspectives de développement pour les prospectus promotionnels des distributeurs », *Décisions Marketing*, n° 12, septembre-décembre 1997.
4. Audiboîte 20 000, Médiapost/Sofres.
5. Étude Sofres 97, La Poste/Médiapost.

**38**

cette dernière face à l'imprimé publicitaire, mais également son rôle de transmission de la publicité non-adressée auprès des autres membres de la famille. Ainsi, cette étude indique-t-elle que dans 85 % des foyers de deux personnes ou plus la maîtresse de maison opère une présélection des publicités en boîte à lettres pour l'ensemble du foyer. Elle informe et transmet la publicité à la personne qu'elle pense pouvoir être intéressée par l'offre commerciale.

Les résultats des études portant sur le comportement de lecture de la publicité non-adressée en BAL semblent moins homogènes que ceux portant sur le comportement d'ouverture. Selon l'enquête effectuée par Nielsen avec Delta Diffusion en juin 1994, **39 %** des répondants affirmeraient lire au moins une page du non-adressé à domicile. L'enquête Ipsos menée en juin 1994 avec la société SDP indique que la PNA est parcourue rapidement ou lue par **79 %** de ses destinataires. Enfin, l'enquête Sofres révèle que seulement 8 % des Français ne lisent jamais la publicité déposée en boîte à lettres. Ce qui signifie que le taux de lecture régulier et occasionnel est de **92 %**. Parmi l'ensemble de ceux qui lisent la PNA, 61 % en auraient une lecture régulière (18 % la lisent systématiquement, 43 % souvent et 31 % ne les liraient pas très souvent).

### 1.3.4. L'influence de la publicité en boîte à lettres sur le comportement des consommateurs

Bien perçu, généralement lu par le prospect, il convient d'analyser dans quelle mesure l'imprimé publicitaire est susceptible d'exercer une influence sur le comportement d'achat de ses destinataires. L'influence de l'imprimé sur le comportement du consommateur sera fonction des objectifs qui ont été fixés lors de la mise en œuvre de l'opération en non-adressé.

La publicité en BAL peut avoir pour objectif de renforcer la fidélité de la clientèle à une enseigne ou une marque. Les résultats des études ayant analysé l'influence de la publicité en BAL sur la fidélité semblent montrer que ces objectifs sont, en général, atteints. Les résultats de l'étude menée par la Sofres montrent que le non-adressé constitue un moyen de fidéliser le client à son magasin habituel. En effet, cette étude indique que 76 % de la population interrogée s'est déplacée au moins une fois dans les 12 derniers mois dans son magasin habituel pour y effectuer des achats courants et ce, suite à la réception d'une publicité émise par le magasin en question. Parmi ces 76 %,

61 % s'y sont déplacés plusieurs fois suite à la réception d'une publicité, 15 % une fois.

### ● Publicité en BAL et changement d'enseigne ou de marque

En ce qui concerne la capacité de la publicité à provoquer un changement d'enseigne ou un changement de marque, les résultats apparaissent généralement un peu moins favorables. Selon l'étude Sofres, 45 % des consommateurs se seraient ainsi déplacés dans un magasin « inhabituel » pour y effectuer des achats courants suite à la réception d'une publicité en boîte à lettres. De manière générale, on peut ainsi s'attendre à ce que les consommateurs soient plus réceptifs aux publicités émises par les enseignes et marques qu'ils connaissent déjà et envers lesquelles ils ont une attitude favorable. Ainsi la publicité semble-t-elle constituer un meilleur moyen pour fidéliser des clients que pour en prospecter de nouveaux : il est plus facile de renforcer une opinion qui est déjà favorable envers une marque ou une enseigne que d'essayer de faire changer d'avis quelqu'un qui a une opinion défavorable envers celle-ci.

### ● Publicité en BAL et promotion des ventes

La publicité en boîte à lettres peut être utilisée afin de faire bénéficier le destinataire d'une offre promotionnelle (réduction de prix et rabais, essai et échantillon, jeux et concours, ventes avec primes). « Avec le soutien de Secodip, une méthodologie mixte d'enquête « enquête + panel » a été développée pour mesurer l'impact d'un imprimé publicitaire promotionnel sur le comportement des acheteurs : effectuée dans une zone de Scannel dans lesquels cinq points de vente sont en concurrence au 1ᵉʳ semestre 95, cette étude indique que 21 % des individus affirment fréquenter plusieurs magasins afin de profiter des promotions[6]. Les données de panel, en revanche, révèlent une forte stabilité de comportement puisque les clients consacrent en moyenne 78 % de leur budget à leur magasin principal. De plus, 65 % des visites sont réalisées dans le même point de vente que la visite précédente. Par ailleurs, aucun lien ne semble apparaître entre part de voix promotionnelle et part de marché. » De la même manière, « aux États-Unis, une étude effectuée à partir de données observées et non de déclarations montrent que dans la quasi-totalité des cas étudiés, communiquer des promotions à l'extérieur du point de vente n'a pas d'influence sur le comportement ».

---

6. Volle P. (1997), option cit.

Il importe d'analyser dans quelle mesure une publicité en boîte à lettres incite ses destinataires à répondre et permet à l'annonceur de développer une démarche interactive avec les prospects. L'étude Sofres réalisée en 1997 donne les résultats suivants en ce qui concerne la réponse donnée par les consommateurs à une publicité en boîte à lettres :

- 54 % des consommateurs ont renvoyé une enveloppe T au cours des douze derniers mois après avoir reçu une publicité en boîte à lettres, dont 25 % plusieurs fois ;
- 49 % des Français ont demandé à recevoir leur cadeau ou à bénéficier d'une remise, dont 28 % plusieurs fois ;
- 44 % ont participé à un jeu, 24 % plusieurs fois ;
- 16 % ont appelé un numéro vert ;
- 7 % ont consulté leur minitel.

## 2. L'échantillonnage

L'échantillonnage est un type de publicité non-adressée qui se distingue des autres de part ses caractéristiques. À ce titre, il fait l'objet d'un traitement particulier dans le cadre de ce chapitre. L'échantillon peut être distribué en boîte à lettres (il entre dans la classification retenue par la Sofres et Médiamétrie), mais également par d'autres modes de distribution. Dans cette partie, l'échantillon est abordé de manière générale sans que l'accent soit mis en particulier sur la boîte à lettres.

### 2.1 Les types d'échantillonnage : de l'échantillonnage mono-marque à l'échantillonnage multi-marques

L'échantillon est une reproduction miniature d'un produit. L'échantillon est supposé représenter le produit tant sur le plan du contenant que sur celui du contenu. Il permet donc à un annonceur non seulement de faire connaître son produit, mais également de le faire évaluer par les prospects dans des conditions normales d'utilisation.

Dans le domaine de l'échantillonnage, il existe différents types d'échantillonnage : échantillonnage mono-marque, échantillonnage multi-marques. L'échantillonnage mono-marque met en scène une seule marque et permet à un annonceur, par exemple, de faire connaître un nouveau produit.

L'échantillonnage multi-marques consiste à proposer des échantillons et des offres diverses. Il s'agit d'un rapprochement entre plusieurs annonceurs qui souhaitent atteindre un même segment de consommateurs. Un tel partenariat présente pour l'annonceur certains avantages :
- la possibilité de répartir les coûts entre les différents partenaires,
- un moyen d'accroître la valeur vénale du colis. L'effet cadeau associé par le consommateur à l'échantillon s'en trouve alors accru, entraînant une augmentation de sa satisfaction.

Dans le cadre du développement des échantillonnages multi-marques, apparaît le phénomène de la « boîte » ou du « colis ». Il s'agit de colis ou de valises qui sont remis aux prospects appartenant à la cible marketing de l'annonceur. Ces colis comprennent un certain nombre d'échantillons de différentes marques de produits qui sont en adéquation avec les centres d'intérêt de la cible. Cet outil marketing est, par exemple, particulièrement utilisé dans l'univers des bébés. Des marques intervenant dans des univers clefs tels que l'hygiène, l'alimentation pour le bébé, les jouets proposent des échantillons réunis dans un même colis.

Pour assurer le rapprochement entre des annonceurs ayant la même cible marketing, certaines sociétés se sont spécialisées dans la conception et la réalisation d'opérations multi-marques.

Que ce soit de l'échantillonnage mono-marque ou multi-marques, il existe plusieurs modalités de distribution de l'échantillonnage parmi lesquelles :
- la boîte à lettres (en non-adressé et en adressé),
- l'échantillonnage naissance,
- l'échantillonnage gares,
- l'échantillonnage autoroute,
- l'échantillonnage vacances,
- l'asile-colis (adressé).

Le tableau suivant présente les particularités de ces différents types d'échantillonnage. Il précise leur principe, leurs possibilités de ciblage, leur volume ainsi que leur coût au contact moyen :

Les différents types d'échantillonnage (marketing direct n° 26 mars 1998 et mai 1996)

| Type d'échantillonnage | Principe | Mono-marque/ Multi-marques | Ciblage | Volume moyen | Coût contact moyen* (en 1998) |
|---|---|---|---|---|---|
| BAL adressé | Envoyé de façon nominative généralement à partir de fichiers annonceurs | Mono-marque | Précision maximum | Généralement faible | 2 à 3 F |
| BAL sans adresse | Distribution en BAL | Mono-marque | Géographique (zone de chalandise des hyper) + autres critères de ciblage sur la base du géomarke-ting | De 500 000 à 5 millions (davantage pour les grands lancements) | 30 à 50 centimes |
| Asile-colis | Échantillons joints aux colis expédiés | Mono-marque/ Multi-marques | Clientèle VPC (+ les critères de ciblage complémentaire) | Volumes de « l'opérateur » choisi | Tous colis : 20 à 50 centimes Ciblé : 70 centimes à 2 francs |
| Environnement naissance | Distribution par les maternités. Envoi postal avant et après la naissance | Multi-marque | Précision maximum | 700 000 par an pour le colis maternité (quasi-totalité des naissances en 98) | Plusieurs francs par colis pour une marque de couches. |
| Échantillonnage gares | Distribution dans les gares par des animatrices | Mono-marque | Massif | Environ 500 000 par jour | 1,20 à 1,30 (distribution par animatrice incluse) |
| Échantillonnage autoroutes | Distribution aux péages d'autoroutes | Multi-marque | Massif | De quelques centaines de milliers à plusieurs millions | De 50 centimes à 1 franc 50 pour une canette avec logistique froid |
| Échantillonnage lieux de vacances | Cadeau de bienvenue dans les résidences hôtelières | Multi-marque | Massif | 600 000 foyers/an | De 40 centimes à 1 franc selon l'échantillon |

* Dans la majorité des cas, le coût est largement déterminé par le volume et le poids de l'échantillon.

Outre ces modalités d'échantillonnages, d'autres moyens peuvent être utilisés pour faire parvenir des échantillons à la cible marketing. Quelques exemples d'opérations d'échantillonnage réalisées en non-adressé en mono-marque et en multi-marques sont présentées dans le tableau qui suit.

| Quelques exemples d'opérations d'échantillonnage... |
|---|
| ◆ « Les Kalikado »<br>Les Kalikado (réalisé par l'entreprise Guillaume T) sont des boîtes multi-marques composées d'échantillons et d'offres multiples diffusées à 200 000 exemplaires minimum.<br>Ils sont déclinés en :<br>• Kalikado Vacances distribués par les sociétés de location de vacances,<br>• Kalikado Tonik remis aux seniors par les établissements de thalassothérapie,<br>• Kalikado Gym destinés aux femmes qui fréquentent les clubs de sport,<br>• Kalikado Bonne Fête Maman distribués en boulangerie. |
| ◆ « Autoroute Médias »<br>Autoroute Médias (Curriculum Médias) est un sachet remis aux barrières d'autoroute qui contient un magazine et plusieurs échantillons. En 1997, il a permis d'échantillonner plus de 2,5 millions de véhicules dont le taux moyen d'occupation égale 3,8 personnes. |
| ◆ NIVÉA<br>La crème NIVÉA a été échantillonnée auprès de 150 000 mamans dans les magasins « La Grande Récré ». |
| ◆ DANONE : Fjord<br>La tournée Fjord Dégustour 1997, qui s'est déroulée dans les Alpes, a permis de distribuer plus de 110 000 pots de la spécialité laitière de DANONE. L'opération a été couplée à une action en péage d'autoroute où plus de 185 000 échantillons ont été distribués. |
| ◆ Procter & Gamble<br>Les lancements « massue » de Procter & Gamble s'accompagnent la plupart du temps d'échantillons, qu'ils soient adressés personnellement (Always : 10 millions), ou en boîte à lettres (Tempo : 6 millions). |

## 2.2. Les domaines d'intervention de l'échantillonnage

Les domaines d'intervention des échantillons sont multiples : lancement de produits nouveaux, gestion des produits, gestion du capital marque, création d'une base de données marketing.

### 2.2.1. Lancement des produits nouveaux

L'échantillonnage est une technique qui peut être utilisée dans le cadre du lancement d'un nouveau produit. L'échantillon permet au prospect d'essayer le produit et de s'en faire une opinion. L'essai, en permettant de voir, de sentir, de visualiser le produit constitue à la fois une source d'information et un moyen pour le consommateur d'évaluer immédiatement le produit.

Les produits nouveaux sont souvent générateurs d'un niveau de risque élevé pour les consommateurs : leur absence d'expérience avec une catégorie de produits jusqu'alors inexistante les conduit à considérer l'achat d'un tel produit comme particulièrement risqué : la peur de se tromper en achetant un produit nouveau est alors élevée : crainte d'une mauvaise performance du produit, crainte de l'image que l'on pourrait donner en achetant ce produit, peur d'un mauvais rapport qualité-prix, crainte d'une perte de temps lors des premières utilisations du produit (apprentissage). L'échantillon constitue un moyen de réduire le risque qu'un consommateur pourrait associer à l'achat d'un produit nouveau.

De nombreux lancements de produits nouveaux se sont accompagnés de la diffusion d'échantillon. À titre d'illustration, on peut citer l'entreprise Procter et Gamble qui a fréquemment recours à la technique de l'échantillonnage pour faire essayer de nouveaux produits.

### 2.2.2. La gestion de produits

L'utilisation de l'échantillon ne se limite pas au cas de lancement d'un produit nouveau. Au contraire, la représentation miniature du produit est parfois judicieusement utilisée dans le cadre de la stratégie marketing de produits existants.

Ainsi existe-t-il différents moyens pour une entreprise de développer ou maintenir le chiffre d'affaires de son produit ou de sa gamme de produits. L'entreprise peut dynamiser ses ventes :
➢ en transformant les non-utilisateurs du produit en utilisateurs, l'objectif étant dès lors de convaincre les non-consommateurs d'un produit de l'intérêt de son utilisation ;
➢ en transformant des clients des entreprises concurrentes en clients de l'entreprise en question (dans le cadre d'une stratégie concurrentielle, il s'agit donc de prendre du chiffre d'affaires aux concurrents en tentant de séduire les clients des entreprises concurrentes), l'objectif étant alors de provoquer un transfert de clientèle inter-marque ou inter-enseigne au détriment des marques ou enseignes concurrentes ;
➢ en développant le volume d'achat de la clientèle habituelle de l'entreprise.

Les techniques d'échantillonnage peuvent intervenir à ces différents niveaux :
➢ Elles constituent un moyen de démontrer l'intérêt d'un produit aux individus (non-acheteurs) qui sont réticents, voire même réfractaires, à l'achat de celui-ci, parce qu'ils n'en voient pas l'utilité ou perçoivent des inconvénients liés à son utilisation. L'essai leur montre le côté pratique du produit, sa facilité d'utilisation, ses modalités d'utilisation. L'échantillonnage cons-

titue ainsi un moyen de développer la demande globale d'un produit en captant de nouveaux segments d'acheteurs.

➤ Les techniques d'échantillonnage peuvent s'inscrire dans une stratégie de type concurrentiel. L'échantillon, en permettant de faire essayer le produit à ceux qui habituellement achètent les produits concurrents, a pour objectif de convaincre ces derniers de la supériorité du produit promu. Par ailleurs, l'échantillon a pour mission de réduire le risque associé à un changement de marque, en offrant au prospect la possibilité d'essayer le produit. L'intérêt essentiel de l'échantillon réside dans sa crédibilité, notamment par rapport aux publicités dans la mesure où le prospect peut se faire lui-même une opinion du produit, de manière objective et dans des conditions normales d'utilisation.

➤ Les techniques d'échantillonnage peuvent être utilisées en tant qu'outil pour accroître le niveau d'achat des clients actuels de l'entreprise. Un échantillon permet de faire connaître et essayer un autre produit de la marque de l'entreprise. L'acheteur-client de la marque possède une opinion déjà favorable de la marque et l'essai va favoriser l'achat d'autres produits de la marque.

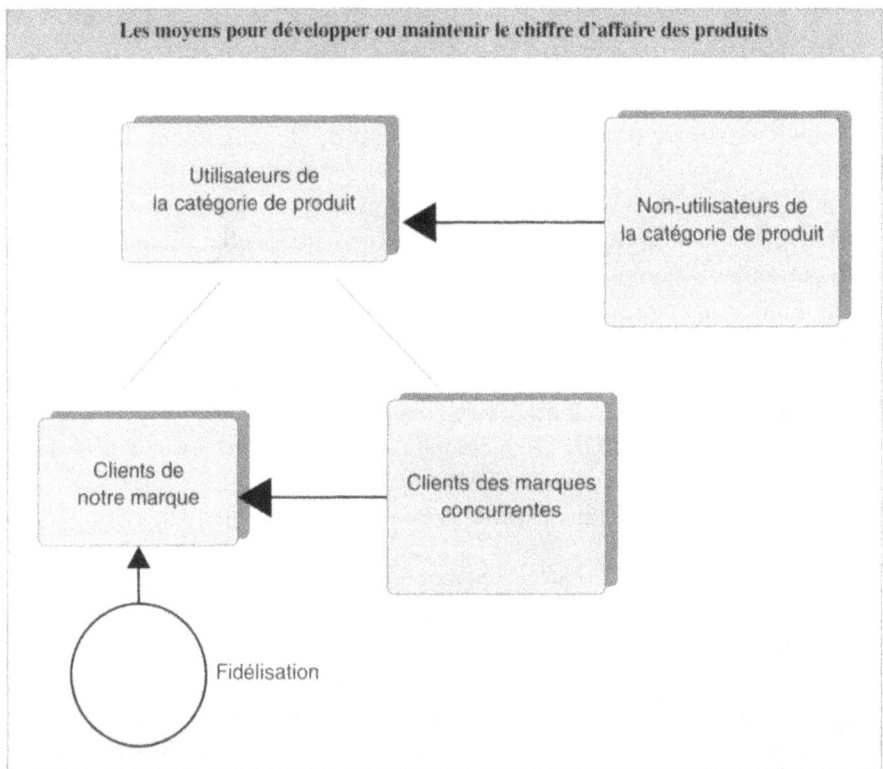

**Les moyens pour développer ou maintenir le chiffre d'affaire des produits**

Utilisateurs de la catégorie de produit

Non-utilisateurs de la catégorie de produit

Clients de notre marque

Clients des marques concurrentes

Fidélisation

### 2.2.3. La gestion du capital-marque

La remise d'un échantillon peut également s'inscrire dans la stratégie de gestion du capital-marque. L'objectif est alors de mettre en place une relation de proximité avec les clients.

● *La création d'un lien étroit entre l'annonceur et le consommateur*

L'échantillonnage est parfois utilisé pour créer un lien étroit entre l'annonceur et le consommateur. La marque ou l'enseigne recherche alors une plus grande proximité avec le consommateur en étant présent à des moments clefs de sa vie. L'exemple des « boîtes » ou des « colis » distribués en maternité constitue à cet égard un exemple particulièrement parlant.

● *L'accroissement du capital sympathie*

L'échantillonnage est considéré par son destinataire comme un cadeau qui lui est personnellement offert. L'échantillon renforce alors le capital sympathie du consommateur à l'égard de la marque ou de l'enseigne. Le plaisir associé à la réception d'un cadeau est susceptible d'avoir un impact favorable sur l'opinion de l'acheteur envers l'entreprise émettrice de l'échantillon. L'originalité de l'opération d'échantillonnage, le soin apporté à celle-ci conditionnent également la perception que le prospect aura de la marque ou de l'enseigne.

● *L'animation d'une marque et la création d'un événement*

Comme toute opération promotionnelle, la distribution d'échantillons peut s'inscrire dans une volonté d'animation d'une marque ou d'une enseigne. La diffusion d'échantillons constitue alors un moyen de montrer le dynamisme de l'entreprise. L'entreprise peut profiter de certains événements en adéquation avec le type de produit vendu : distribution de chocolat à Pâques, par exemple, diffusion d'échantillons de parfum à Noël…

Mais l'entreprise peut être elle-même créatrice de l'événement au cours duquel elle distribuera ses échantillons. La création d'un événement spécifique auquel la marque pourra donner son nom et la diffusion de produits miniatures lors de cet événement constituent des moyens de dynamiser une marque. L'aspect événementiel de l'opération peut être renforcé de différentes façons : décor, vêtements des hôtesses… pourront par exemple être en adéquation avec le thème traité dans le cadre de l'événement. Les marques

Maggi, BN Liebig, Thonon, Danone… nous donnent quelques exemples d'événements au cours desquels des échantillons ont été distribués.

---

**La création d'événements : quelques exemples...**

◆ **MAGGI : les nouilles chinoises**
*Nombre d'échantillons distribués* : 300 000.
*Lieu* : la gare Saint-Lazare.
*Environnement* : hôtesses habillées en chinoises évoluant aux abords d'une pagode construite pour l'occasion.
*Durée* : 6 semaines, suivies d'une deuxième vague 5 mois après.

◆ **BN : Les mini BN**
*Nombre d'échantillons distribués* : 2 millions.
*Lieu* : les gares de Rennes, de Nantes et de Paris.
*Environnement* : hôtesses coiffées d'un chapeau en forme de biscuit et décoration des gares aux couleurs des mini-BN.
*Durée* : 6 mois.

◆ **Liebig**
*Nombre d'échantillons distribués* : 300 000.
*Lieu* : NC
*Environnement* : hôtesses habillées en légume.
*Durée* : 1 mois.

◆ **Eau minérale Thonon**
*Nombre d'échantillons distribués* : NC
*Lieu* : la gare Montparnasse.
*Environnement* : installation de trois bouteilles géantes dans le hall.
*Durée* : 1 mois.

◆ **DANONE : La tournée Fjord Dégustour 1997**
*Nombre d'échantillons distribués* : 110 000.
*Lieu* : les Alpes.
*Environnement* : construction d'un véritable village lapon avec spectacles et ambiance scandinaves.

---

### 2.2.4. La constitution d'une base de données marketing

L'échantillon peut être accompagné d'un élément à retourner à l'annonceur par le prospect. Cela permet de se constituer une base de données à moyen terme et d'obtenir des éléments d'information sur le cœur de cible.

## 2.3. Les principaux mécanismes de fonctionnement de l'échantillonnage

Utilisée dans le cadre du lancement de produits nouveaux ou de la gestion des produits de la firme, employée comme moyen de développer le capital-image d'une marque ou d'une enseigne, la technique de l'échantillonnage présente certaines particularités qui la rendent particulièrement intéressante pour un annonceur.

L'échantillon offre des possibilités de ciblage très intéressantes. Le lieu de distribution des échantillons détermine le profil de leurs destinataires. Ainsi, par exemple, le rail permet-il de toucher un profil spécifique, ce profil pouvant, par ailleurs, varier d'une gare à une autre. À Paris, pour l'ensemble des gares, des études montrent que les utilisateurs réguliers de ces transports fréquentent les hypermarchés et les supermarchés plus que la moyenne de la population d'Île de France : ainsi 44 % vont au moins une fois par semaine dans un hypermarché et 76 % au moins une fois par mois, contre respectivement 39 % et 70 % pour l'ensemble de la population francilienne. De plus, l'analyse du profil moyen des voyageurs à Paris montre que 25 % d'entre eux sont des cadres, 14 % des professions intermédiaires, 30 % des employés. Par ailleurs, 83 % des voyageurs ont moins de 50 ans (cf. le tableau suivant).

---

**Les possibilités de ciblage offerte par le rail.**

Les gares représentent un lieu de prédilection pour toucher les consommateurs : une quinzaine de gares de province telles les gares de Lille, Lyon Part-Dieu ou Marseille, et surtout les gares parisiennes bénéficient d'un trafic hebdomadaire important.
Ainsi, à la gare du Nord ce sont 1,918 millions de voyageurs qui transitent chaque semaine, ils sont 1,835 à Saint-Lazare et 1,775 à la gare de Lyon. Une telle concentration de gens intéresse les annonceurs d'autant qu'il s'agit de **consommateurs potentiels**.
**Le profil moyen** à Paris des voyageurs pour l'ensemble des gares montre que :

- seuls 6 % sont inactifs,
- 30 % sont des employés,
- 25 % des cadres,
- 14 % des professions intermédiaires,
- 83 % des voyageurs ont moins de 50 ans,
- 75 % des Franciliens qui prennent le train et le RER possèdent une voiture,
- les utilisateurs réguliers de ces transports fréquentent les hyper et supermarchés plus que la moyenne de le population de l'Île-de-France : 44 % vont au moins une fois par semaine dans un hypermarché et 76 % au moins une fois par mois, contre respectivement 39 % et 70 % pour l'ensemble de la population francilienne.

---

La distribution des échantillons dans un contexte inhabituel crée un réel effet de surprise sur le prospect et peut alors augmenter son efficacité. Les échantillons peuvent être diffusés en dehors de l'environnement concurrentiel et agressif habituel des grandes surfaces. De nombreux exemples illustrent cette volonté des annonceurs d'intervenir en dehors d'un environnement commercial trop agressif et de provoquer ainsi un effet surprise chez le prospect. Par exemple, le cadeau-vacances est un colis généralement multi-marques qui est remis à son destinataire sur son parcours de vacances. Ce colis crée un effet surprise à un moment où son destinataire est dans un état d'esprit particulièrement positif. Le cadeau émis par la marque est ainsi susceptible d'être associé par le prospect à un moment particulièrement agréable de sa vie. Une association est ainsi créée dans l'esprit de l'acheteur entre la marque et le moment des vacances, association qui ne peut être que favorable à la marque.

### ● Un moyen de générer un plaisir, une stimulation sensorielle

À titre de cadeau, l'échantillon ou le colis multi-marques peut générer un véritable plaisir : le plaisir de la découverte et de l'utilisation éventuelle du ou des échantillons offerts. La découverte des produits offerts peut être à l'origine de véritables stimulations sensorielles ou émotionnelles chez le destinataire de l'échantillon. Là encore, le contexte dans lequel est remis l'échantillon ou le colis influence le plaisir que le prospect pourra en retirer lors de son ouverture : la remise de cadeaux sur les lieux de vacances permet une ouverture et une découverte à plusieurs, et notamment en famille. Le plaisir associé à l'échantillon s'en trouvera certainement accru.

### ● Une remise de l'échantillon à un moment où le prospect est disponible et disposé à découvrir l'échantillon

Ainsi, les échantillons peuvent être remis à leur destinataire à des endroits ou à des moments pendant lesquels celui-ci est particulièrement disponible et disposé à découvrir l'offre qui lui est faite. Par exemple, dans les trains ou dans les gares, le voyageur est parfois en situation d'attente et dispose de temps pour prendre connaissance de l'offre qui lui est proposée.

### ● Une intervention possible aux différents niveaux du processus de décision du consommateur

L'échantillon peut intervenir à différents niveaux du processus de décision du consommateur. En fonction du lieu et du mode de distribution, il peut intervenir en amont de l'acte d'achat ou au moment de la décision d'achat. Ainsi, la remise d'un échantillon en boîte à lettres permet au prospect de se faire une opinion du produit avant qu'il ne se rende au sein du point de vente. L'enjeu est alors pour l'annonceur de créer une préférence nette envers sa marque avant la visite au point de vente. Dans ce cas, le consommateur aura arrêté son choix et sera moins sensibles aux offres commerciales concurrentes proposées dans le magasin.

À l'inverse, l'échantillon peut également intervenir au moment de l'achat, c'est-à-dire « *in store* ». L'objectif des échantillonnages *in store* est de provoquer des

© Éditions d'Organisation

achats de la marque promue. En effet, pour de nombreux achats, la ménagère n'a pas une idée très précise de la marque qu'elle souhaite acheter. Sa préférence pour une marque n'est pas très marquée ou ses critères de choix sont mal définis. Dans ce cas, l'enjeu est d'orienter son choix au moment de l'achat. Une présence forte en magasin, la possibilité immédiate d'évaluer un produit constitue un moyen d'orienter ce choix. La présence d'une démonstratrice accroît également cet effet dans la mesure où cette dernière peut non seulement lui remettre l'échantillon mais également lui expliquer les conditions d'utilisation du produit et la rassurer sur l'achat du produit.

* L'opportunité de profiter d'une émotion forte ou d'une sensibilité associée à un moment fort de la vie du prospect

La présence d'une marque à des moments forts de la vie d'une personne (maternité) ou à des périodes dans lesquelles elle est dans un état d'esprit particulièrement positif (vacances) peut être à l'origine d'une mémorisation plus forte de la marque et d'une préférence envers celle-ci. Comme il l'a été dit précédemment, une association marque/événement peut être opérée dans l'esprit du consommateur, association affectant positivement la perception que la personne aura de la marque. Lors de la visualisation de la marque, l'événement heureux ou positif pourra être remémoré entraînant des effets favorables pour cette dernière.

## 2.4 Les modes de distribution des échantillons

### * La distribution des échantillons

Les lieux et les modes de distribution des échantillons sont multiples, offrant des possibilités de ciblage plus ou moins importantes. Les lieux de diffusion des produits miniatures sont choisis en fonction de leur capacité à atteindre la cible, de leur cohérence par rapport aux centres d'intérêt de celle-ci, de l'état d'esprit dans lequel on souhaite la trouver au moment de la réception de l'échantillon. Les lieux de distribution sont particulièrement nombreux et doivent être encore inventés.

### * La permanence de l'échantillonnage en boîte à lettres (BAL)

La **boîte à lettres** constitue sans nul doute l'un des premiers moyens pour faire parvenir un échantillon à un prospect. La majorité des opérations d'échantillonnage en boîte à lettres se fait en non-adressé. Ainsi, en dehors d'opérations d'envergure telles que celle effectuée par Procter et Gamble pour le lancement d'Always, l'échantillonnage s'effectue en non-adressé. Le coût d'une telle opération en adressé devient, en effet, vite prohibitif : location d'adresse, affranchissement, routage, personnalisation du message, coût de l'échantillon. En non-adressé, l'échantillonnage peut être non-ciblé et donc massif : il est possible en France de toucher les 25,4 millions de boîtes à lettres que compte le pays. Une opération d'échantillonnage en non-adressé peut également être ciblée. L'objectif est alors de limiter le volume d'échantillons offerts en les destinant à des cibles particulières grâce aux techniques du géomarketing.

Les échantillons distribués en boîte à lettres bénéficient d'une certaine attention de la part de leurs destinataires. À cet égard, une étude Audiboîte montre que le taux de lecture et le taux de conservation des échantillons remis en boîte à lettres est plus élevé que celui des autres supports publicitaires qui y sont déposés. Ainsi, comme le montre le tableau suivant, les échantillons possèdent respectivement un taux de lecture et de conservation de 96 % et de 91 %. Ce qui les place juste devant les catalogues (96 % et 85 %) et les bons de réductions (90 % et 87 %).

| L'échantillonnage en boîte à lettres - Étude Audiboîte 20 000 (*Marketing direct* n° 12, mai 1996) | | |
|---|---|---|
| | Taux de lecture | Taux de conservation |
| Échantillons | 96 % | 91 % |
| Catalogues | 96 % | 85 % |
| Bons de réduction | 90 % | 87 % |
| Publicité sur papier libre | 77 % | 24 % |
| Prospectus magasins spécialisés | 84 % | 39 % |
| Prospectus grandes surfaces | 88 % | 50 % |
| Journaux gratuits | NC | 47 % |

* La performance des cadeaux-vacances

En ce qui concerne les cadeaux remis aux vacanciers, une étude effectuée par le Public Système a permis de mesurer leur impact sur leur destinataire, tant en terme de mémorisation qu'en terme comportemental. Les principaux résultats de cette étude sont les suivants :

• la mémorisation spontanée d'une opération d'échantillonnage effectuée dans le cadre des cadeaux-vacances est en moyenne de 50 % ;

• l'échantillon qui a été remis pendant les vacances est essayé par la grande majorité de leur destinataire (92 % essayent l'échantillon) ;

- l'intention d'achat est également élevée puisqu'elle est de 72 %, ce qui signifie que la majorité des acheteurs ont été convaincus par le produit testé ;
- le taux de ré-achat, en revanche, semble particulièrement faible puisqu'il n'est en moyenne que de 9 %. Se pose ainsi le problème de la fidélisation à long terme des individus qui auront été séduits momentanément par l'échantillon. La difficulté essentielle réside dans la capacité des actions promotionnelles à fidéliser les acheteurs dans le long terme. En effet, les acheteurs peuvent retourner à la marque d'origine. Ils peuvent être également extrêmement volatils, rechercher de la variété ou être très sensibles aux promotions. Dans ce cas, ils n'hésiteront pas à se tourner rapidement vers les offres concurrentes en promotion.

| L'impact du cadeau vacances (source : le Public Système, *Marketing direct* n° 12, mai 1996) | | |
|---|---|---|
| Étude été 1994 | Moyenne | Maxi |
| Mémorisation spontanée | 0 % | 64 % |
| Essai de l'échantillon | 92 % | 98 % |
| Intention d'achat | 72 % | 92 % |
| Taux de ré-achat | 9 % | 13 % |

De nombreux annonceurs dont la cible est le bébé ou l'enfant ont réalisé l'intérêt que pouvait représenter une communication directe avec la future maman à domicile ou la maman en maternité. Cette communication directe constitue un outil d'autant plus stratégique pour la marque qu'elle risque d'avoir des retombées dans le long terme.

Une analyse des techniques d'échantillonnage dans les maternités permet de mettre en évidence les points forts de ce lieu de distribution :
- ➢ **Une très grande précision du ciblage.** Le risque que l'échantillon parvienne à une consommatrice hors cible est en effet très faible !
- ➢ **Une couverture de cible particulièrement importante.** Un annonceur qui veut toucher les mamans ou futures mamans a une probabilité très forte de toucher la très grande majorité d'entre elles en étant présents dans la maternité.
- ➢ **La remise d'un échantillon à un moment fort de la vie de la maman.** L'échantillon est remis à un moment fort de la vie de la maman où elle est vraisemblablement dans une prédisposition favorable pour recevoir ce type d'échantillons. La maman risque alors de développer un attachement à la marque présente dans le colis qui lui est destiné.

➤ **Une intervention de l'échantillon à un moment clef de la phase de recherche d'information**. L'échantillon est proposé à un moment où la mère est implicitement dans une phase de recherche d'information sur les différents produits susceptibles d'être utilisés par son bébé.

➤ **Un risque associé à un changement de marque élevé**. Lorsqu'une maman commence à donner en maternité un type de produit qui convient à son enfant (lait, crème de soin, couches), il est fort probable qu'elle évitera, lorsqu'elle rentrera chez elle, de prendre le risque inutile et parfois lourd de conséquences d'en essayer un autre. Cela est d'autant plus vrai que la maman attend un premier enfant et qu'elle perçoit donc un risque élevé de se tromper. Le manque d'expérience génère un risque perçu que seule une fidélité à la marque permettra de réduire. Intervenir en amont du processus d'achat avant les concurrents, c'est donc créer un attachement à la marque et surtout induire une fidélité à long terme de la part de la cliente en raison du risque associé à un changement de marque.

➤ **La crédibilité de « l'organisme » qui remet le colis.** La marque insérée dans le petit colis qui est remis à la mère bénéficie d'une certaine crédibilité associée à la maternité. Ainsi, les destinataires de ces colis peuvent-elles considérer que si ces marques sont présentes dans un colis qui leur est personnellement remis par la maternité, c'est que celles-ci offrent des produits de bonne qualité pour la santé de bébé.

➤ **La constitution d'une base de données utilisable à moyen et long terme**. La remise des échantillons en maternité constitue une première étape vers la constitution d'une base de données marketing. La présence au sein de la boîte rose doit permettre un recrutement de prospect, l'objectif étant par la suite de le fidéliser par le biais d'une communication réalisée autour d'événements relatifs à la vie de l'enfant. Dans ce cas, « la boîte rose » est un outil indispensable à la constitution d'une base de données marketing. La constitution d'une telle base apparaît d'autant plus intéressante qu'il sera possible de la rentabiliser dans le long terme. Ainsi, dans le domaine du bébé, un annonceur va-t-il pouvoir suivre les évolutions de ce dernier et lui proposer à chaque étape de sa vie une offre adaptée. L'obtention des adresses conditionne la mise en place d'une communication directe avec les prospects en adressé. Il devient dès lors possible de mettre en œuvre des opérations de marketing direct adressé. L'enjeu de la constitution d'une base de données est d'autant plus importante que celle-ci pourra être utilisée dans le moyen ou long terme pour adresser des offres spécifiques en fonction de l'âge de l'enfant. Ainsi, par exemple, la société Procter & Gamble communique par marketing direct sur le produit « up and go ». L'objectif est d'intervenir lors d'un changement de besoin ou de taille de couche culotte avant que ne le fasse la concurrence. De plus, la base de données constitue un actif qui pourra être revendu le cas échéant aux sociétés intéressées. Ainsi, Bayard Presse rachète-t-il ce type de fichiers afin de proposer aux petits enfants, désormais en âge de lire, des lectures qui leur seront spécifiquement adaptées.

---

**Les colis en maternité : l'exemple de Poupina**

◆ **L'échantillonnage**
La marque a mis en place la « **Boîte rose** ». Elle est un échantillon d'un des produits phares de la gamme offert aux jeunes mamans. Elle s'accompagne d'un dossier maternité où il est fait en sorte que la maman soit exposée trois ou quatre fois au nom de Poupina lors des tous premiers jours dans un contexte de prescription.
L'objectif n'est pas de générer des adresses mais bien de persuader les jeunes mamans au moment où celles-ci se posent beaucoup de questions.

◆ **Les autres médias**
Outre la Boîte rose, l'autre pilier de Poupina en matière de communication est constitué par la presse spécialisée tels les magazines *Parents*, *Enfants* et autres *Famili*, qui permettent de toucher puissamment la cible.
Poupina ne recherche pas les médias généralistes puisqu'elle n'a pas, ainsi, de problème de notoriété.

---

Les investissements consacrés par certains annonceurs à la naissance apparaissent ainsi particulièrement élevés. Une marque de couches-culottes investit rien qu'en investissement naissance environ 20 francs par bébé. Ce qui revient à environ 6 à 8 francs par colis, sans tenir compte des coupons de réduction qui accompagnent en général ceux-ci. Mais l'investissement effectué aujourd'hui doit être comparé aux flux financiers que celui-ci va générer dans le futur. L'investissement semble à ce titre tout à fait rentable.

● Les autres lieux de distribution des échantillons : les échantillons in store , les écoles, les lycées...

Les opérations d'échantillonnage peuvent avoir lieu dans les magasins. Il s'agit dès lors pour la marque d'être la plus proche possible de l'acte d'achat en intervenant directement sur le lieu de vente. En faisant goûter le produit, en le faisant essayer par le prospect directement en magasin, l'annonceur espère influer sur le choix de la marque. Pour de nombreux achats, la ménagère n'a pas nécessairement une idée très précise de la marque qu'elle souhaite acheter. Une présence forte en magasin par le biais de l'échantillon, la possibilité immédiate d'évaluer le produit constitue un moyen d'orienter des choix qui sont encore mal définis.

L'échantillon peut également être proposé dans les magasins en ce sens qu'il peut être offert au prospect au moment de l'achat d'un produit. Cela fait référence aux échantillons qui sont proposés par une marque lors de l'achat d'un produit, échantillons qui sont souvent proposés avec le produit principal auquel il lui est rattaché par un packaging commun. Ainsi, un annonceur pourra donner à un client de sa marque un échantillon d'un produit qui est complémentaire à celui acheté. Dans le domaine des cosmétiques ou de l'hygiène, ces opérations sont fréquentes : il s'agit par exemple de proposer avec un shampooing, un échantillon d'après-shampooing. L'objectif est de faire connaître et de faire essayer un autre produit proposé par la marque. Il s'agit ainsi de favoriser les ventes croisées entre deux produits.

La distribution d'échantillons dans les écoles et les lycées constitue un moyen de s'adresser au mieux à la cible du produit. Il s'agit d'être présent dans les endroits qui permettent la meilleure couverture possible de la cible. Ainsi le Pepsi Cola dont le cœur de cible sont les jeunes de 15 à 25 ans est-il distribué dans les facultés et les lycées, et notamment à la sortie des examens dubaccalauréat.

Outre le fait que la marque devra être présente dans des lieux où sa cible est susceptible de se trouver, elle peut également chercher une cohérence entre l'image qu'elle souhaite véhiculer et le lieu de distribution de ses échantillons :
• la marque peut être présente dans des boîtes de nuit dès lors qu'elle souhaite donner une image spécifique de son produit ;
• elle peut également intervenir lors d'événements majeurs destinés à la cible ou être créatrice elle-même de l'événement au sein duquel des échantillons de ses produits seront distribués. C'est le cas de Pepsi qui distribue ses échantillons lors du Pepsi Snow Bump l'hiver et du Seven Open Beach l'été.

Il existe bien évidemment d'autres lieux possibles de distribution des échantillons en fonction des types de produits à commercialiser et de la cible que l'annonceur souhaite atteindre. On peut ainsi citer :
• les asiles-colis,
• les sorties de magasins,
• des rues spécifiques…

Par ailleurs, des réflexions peuvent être menées sur les moments de distribution des échantillons : les fêtes de fin d'années, les marchés, des occasions de consommer…

## 2.5  Le consommateur face à l'échantillonnage

Le recours à l'échantillonnage présente pour l'annonceur un certain nombre d'intérêts.

Le processus de décision de l'acheteur tel qu'il a été décomposé par Engel, Blackwell et Minard[7] constitue un cadre d'analyse intéressant pour comprendre

---

7.  Engel J.F., Blackwell R.D. et Miniard P.W., *Consumer Behavior*, The Dryden Press International Edition, sixth edition, 1990.

l'influence potentielle de l'échantillon sur le comportement d'achat de l'individu. Ces auteurs proposent un modèle qui décompose le processus d'achat en cinq phases distinctes : dans un premier temps, le consommateur ressentirait un besoin (phase de reconnaissance du problème), puis il s'engagerait dans une recherche d'information (phase 2), recherche d'information lui permettant d'évaluer les différentes alternatives qui s'offrent à lui (phase 3). La quatrième phase représente la phase de choix et la cinquième, l'évaluation post-achat.

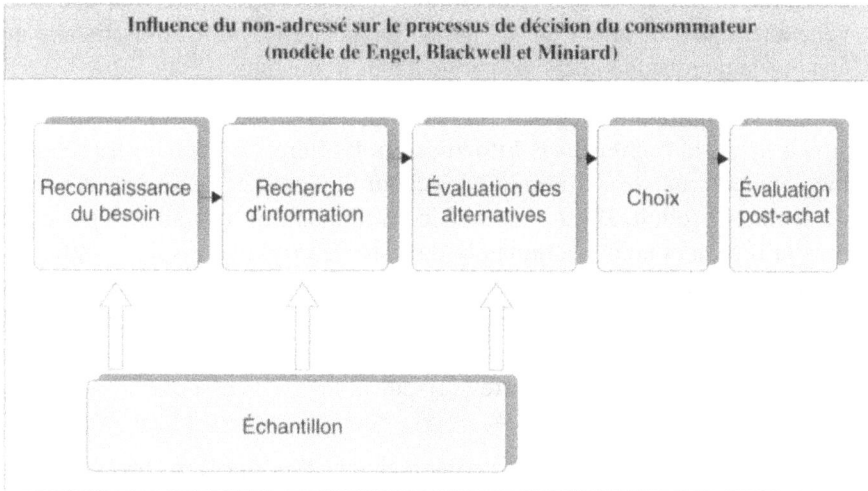

Influence du non-adressé sur le processus de décision du consommateur (modèle de Engel, Blackwell et Miniard)

Reconnaissance du besoin → Recherche d'information → Évaluation des alternatives → Choix → Évaluation post-achat

Échantillon

L'échantillon est susceptible d'affecter le comportement d'achat de l'individu dans la mesure où il peut agir sur les trois premières phases du processus de décision :

➢ Il y **a reconnaissance d'un besoin** (phase 1 du processus de décision) lorsque l'acheteur perçoit un écart entre son état actuel et un état souhaité. À cet égard, Bruner[8] identifie plusieurs styles de reconnaissance du problème. Selon lui, l'existence d'un besoin peut être la conséquence :

– d'un changement de l'état actuel du consommateur, le consommateur ressentant un besoin en raison d'une modification de son état actuel qui ne lui convient plus ;

– d'un changement de son état idéal, l'état actuel n'ayant pas été modifié, mais un élément ayant modifié son état désiré ;

– d'une modification à la fois de son état actuel et de son état idéal.

L'échantillon peut agir en amont du processus d'achat dans la mesure où il peut modifier son état désiré. Ainsi en proposant un produit offrant un « plus » qui sera perçu par le consommateur, l'échantillon provoque une modification de l'état idéal du consommateur et augmente son niveau

---

8. Bruner G.C., « Problem Recognition Style and Search Pattern : an Empirical Investigation », *Journal of Retailing*, volume 62, number3, fall, 1986.

d'attente. Cela le conduira à remettre en question sa marque habituelle, modification qui se fera en faveur de la marque ayant réalisé l'opération d'échantillonnage.

Mais l'échantillon est également susceptible d'intervenir à un moment où le consommateur ressent un besoin en raison d'une détérioration de sa situation actuelle. Il n'est plus satisfait de sa marque de cosmétiques habituelle parce qu'il est lassée de son parfum ou parce qu'il recherche de la variété ; dans ce cas, l'échantillon est le bienvenu : il lui fournit de l'information sur une nouvelle alternative de choix qui lui permettra, peut-être, de mieux satisfaire un état que la marque habituelle ne parvient plus à satisfaire.

➤ L'échantillon influence également la deuxième phase du processus de décision à savoir la **recherche d'information.** L'intérêt de l'échantillon réside, bien entendu, dans sa crédibilité. L'échantillon permet de voir, de toucher, de sentir le produit. Il est ainsi plus convainquant qu'une simple publicité puisqu'il permet au consommateur de tester le produit dans des conditions normales d'utilisation. Il représente un moyen de réduire le risque perçu et de vérifier les promesses avancées par l'annonceur. L'échantillon est ainsi particulièrement apprécié pour les produits où le niveau de risque est élevé. Il constitue un moyen de réduire le risque et les coûts associés à tout changement de marque.

➤ La troisième phase du processus de décision, **l'évaluation des alternatives** possibles, résulte de la recherche d'information. À l'issue de la recherche d'information, le consommateur aura une prédisposition favorable ou défavorable envers chacune des marques en présence. Il aura donc une image de la marque sur différents critères de choix. En fonction de ses critères de choix et de la perception qu'il aura de la marque, le consommateur pourra avoir une prédisposition favorable ou défavorable conduisant ou non à un comportement d'achat de la marque. À cet égard, on peut s'interroger sur la différence entre une recherche d'information qui s'effectuerait en magasin et sur une recherche d'information s'effectuant à domicile. Par ailleurs, l'échantillon peut avoir une influence intrinsèque sur la perception que le client aura de la marque, en ce sens qu'un échantillon est souvent perçu comme un cadeau et qu'il bénéficie d'un a *priori* positif de la part des bénéficiaires. En proposant un cadeau à ses prospects ou clients, la marque développe son capital sympathie auprès de ces derniers. Ce capital risque à long terme de bénéficier à la marque et à son détenteur.

➤ La quatrième étape, à savoir le choix du consommateur, découle des trois précédentes. L'échantillon peut affecter le choix du consommateur. En effet, l'essai rendu possible par l'échantillon a pu convaincre le consommateur de la supériorité du produit et l'amener à faire un choix en sa faveur. Une image positive du fait d'un essai concluant se traduira par un achat de la marque promue.

Troisième élément que nous souhaitions présenter dans le cadre de ce chapitre : le bus-mailing. Le bus-mailing n'est pas retenu dans la classification Sofres ou Médiamétrie dans le cadre des publicités non-adressées en boîte à lettres. En effet, comme nous le verrons dans cette partie, le bus-mailing est généralement diffusé par d'autres modes de distribution que la boîte à lettres. Par ailleurs, c'est un support de communication qui est souvent utilisé en business to business en non-adressé, ce qui suppose d'autres vecteurs de distribution que la boîte à lettre qui, par définition, s'adresse aux particuliers.

### 3.1. Définition et caractéristiques du bus-mailing

Développé aux États-Unis, le bus-mailing, mailing groupé ou paquets de cartes, a pour mission de réunir plusieurs annonceurs dans un même envoi, cet envoi étant destiné à une même cible. Le mailing groupé permet donc une économie financière dans la mesure où il permet un partage entre plusieurs annonceurs des frais de fabrication, de routage et de distribution.

La vocation initiale du bus-mailing était non seulement de permettre aux annonceurs de réaliser des économies mais également d'offrir à son destinataire un service supplémentaire par rapport aux autres vecteurs de communication : en effet, une présélection pertinente des articles présentés au sein du bus-mailing permet d'offrir un réel service à son destinataire puisqu'elle facilite sa recherche d'information. Le paquet de cartes réunit en un même endroit un certain nombre d'articles rigoureusement sélectionnés et qui répondent aux besoins spécifiques de la cible. Le destinataire du bus-mailing peut ainsi analyser et comparer rapidement les offres commerciales qui lui sont proposées.

### Le « paquet de cartes » : un service supplémentaire pour le destinataire du message ?

Comme il vient de l'être mentionné, le bus-mailing offre en principe un service supplémentaire aux prospects, dans la mesure où une présélection des articles est supposée avoir déjà été effectuée en fonction des attentes de la cible visée. La sélection des annonceurs et des offres « produit » devient fondamentale, et l'assortiment devient la spécificité du support. Tout comme l'une des missions d'un point de vente est de sélectionner judicieusement une offre commerciale adaptée à la cible, l'intérêt du bus-mailing repose sur la pertinence de la sélection des différents intervenants. Il s'agit de proposer des offres complémentaires selon la logique du consommateur afin de lui permettre d'économiser du temps et de diminuer l'effort qu'il devra consacrer à la recherche d'information préalable à tout acte d'achat. Il convient de noter que si cette optique est celle qui a généralement été adoptée par les concepteurs de bus-mailing sur le marché américain, ce ne fut pas toujours le cas des intervenants sur le marché français. À l'origine, en France, l'accent a en effet davantage été mis sur le coût au contact peu élevé du bus-mailing et non sur le caractère pratique que cette forme de communication pouvait revêtir pour son destinataire. Cette approche a parfois entraîné une déconsidération du mailing groupé, qui ne bénéficie, de ce fait, pas toujours d'une image très valorisante sur le marché national. Une communication trop axée sur le coût a pu parfois se traduire par une moins grande mise en évidence des avantages marketing de ce support.

### ● Coût, rapidité et contrôle du bus-mailing

Mais l'avantage du bus-mailing en terme de coût est bien réel : la répartition des coûts entre différents annonceurs permet des économies et le coût au contact apparaît particulièrement faible. Le bus-mailing est également un moyen d'action rapide : il est rapide à mettre en œuvre pour l'annonceur car il n'exige ni des délais de production de messages importants (les messages sont souvent simples), ni des délais de réservation (dans le paquet de cartes) trop élevés. Rapide dans sa mise en œuvre, ce support est également immédiat dans ses effets puisque les cartes pré-affranchies ne demandent qu'à être renvoyées.

Le bus-mailing offre également des possibilités de contrôle et de mesure de son efficacité, grâce notamment à la mesure des taux de remontée.

### ● La distribution du bus-mailing

Le bus-mailing peut être déposé dans des endroits où la cible est la plus susceptible d'être présente. Ainsi, le bus-mailing, souvent utilisé en business to business, peut par exemple être distribué dans des avions ou des trains, lieux qui offrent l'avantage d'une certaine adéquation avec la cible visée et une disponibilité relative de cette dernière. Les tableaux qui suivent décrivent quelques expériences menées dans ces lieux.

> **Le bus-mailing dans le TGV : L'exemple de Direct Line**
> **(source *Marketing direct*, avril 1997, *Direct Marketing News*, février 1997)**
>
> ◆ *Cible* : les cadres supérieurs et dirigeants qui voyagent en première et deuxième classe affaires sur les réseaux TGV, Thalys et Eurostar.
> ◆ *Objectif* : toucher 65 000 CSP++.
> ◆ *Principe* : diffusion d'une vingtaine de cartes-réponses, provenant d'annonceurs différents, mises en place deux fois par jour dans chaque train.
> ◆ *Distribution sélective* : seul document distribué en exclusivité.
> ◆ *Modalités* : partenariat entre des sociétés spécialisées, l'une dans l'édition de mailings groupés (La Documentation Directe), l'autre dans le transport ferroviaire (France Rail Publicité).

> **Le bus-mailing dans les avions : L'exemple de Air Sélection**
> **(source *Marketing direct* N° 19, avril 1997)**
>
> ◆ *Cible* : les hommes d'affaires et les personnes à haut pouvoir d'achat qui voyagent en avion.
> ◆ *Positionnement* : haut de gamme.
> ◆ *Objectif* : toucher 1,5 millions de passagers dans l'année.
> ◆ *Principe* : diffusion d'un livret de cartes prédécoupées et d'une enveloppe libre-réponse à détacher. Placé dans la pochette du siège devant chaque passager, chaque livret emporté est remplacé au départ ou lors d'une escale. Et, chaque semaine, c'est l'ensemble du lot qui est renouvelé.
> ◆ *Modalités* : accord passé entre des sociétés spécialisées, l'une dans l'édition de mailings groupés (Charter) et l'autre dans le transport aérien (British Airlines).
> ◆ *Garantie* : pour les annonceurs concernés, la compagnie aérienne s'est engagée à ne présenter, dans ses avions, aucun autre mailing groupé qu'Air Sélection.

## 3.2 Les objectifs du bus-mailing

Outil de prospection ou de vente, complément ou support à la force de vente, outil de lancement d'un nouveau produit ou de test d'un marché, moyen d'appel dans le cadre d'une stratégie de gamme, méthode de constitution d'un fichier clientèle : les missions du bus-mailing sont multiples et variées.

### ● Un outil de prospection et de vente

Le paquet de cartes peut être utilisé en tant qu'outil de prospection ou de vente. Dans le premier cas, il s'agit de favoriser une demande de documentation de la part du prospect, dans le second de déclencher une action rapide de commande.

Il semblerait néanmoins que ce support soit plus propice à prospecter et à établir un contact que de réaliser une vente immédiatement. En effet, le format souvent trop petit de la carte ou du chéquier rend délicate une présentation suffisamment détaillée du produit ou du service proposé. La vente à distance est envisageable par le biais du bus-mailing, mais pour des produits peu impliquants dont le prix ne serait pas trop élevé. Ainsi, il existerait un seuil psychologique de prix au delà duquel l'acheteur montrerait quelques réticences à acheter par le biais de ce support. Ce seuil serait de l'ordre de 150 francs.

Le bus-mailing a donc davantage pour objectif de générer des demandes d'informations de la part des prospects. L'un des intérêts du bus-mailing est notamment qu'il permet une prise de contact avec une cible très convoitée et qui ne souhaite pas être démarchée par des commerciaux.

### ● Complément et support à la force de vente

Une entreprise peut avoir recours au « paquet de cartes » comme complément ou comme support à la force de vente. En terme de stratégie de vente, l'entreprise peut souhaiter que ses vendeurs se concentrent exclusivement sur des produits dégageant de fortes marges. Dans ce cas, le bus-mailing devient un complément de vente dans la mesure où son action pourra se limiter à la commercialisation, à moindre coût, des produits à plus faible marge.

Mais une entreprise peut également utiliser le bus-mailing comme support pour la force de vente, c'est-à-dire comme outil d'aide à la vente pour les commerciaux. En tant qu'outil de prospection, le bus-mailing permet une identification des individus intéressés par la proposition commerciale et il offre ainsi « une base » de prospects que les commerciaux pourront, par la suite aller démarcher. La qualification des retours apparaît particulièrement importante dès lors que le bus-mailing est utilisé comme aide à la force de vente. En effet, les noms des prospects communiqués aux commerciaux doivent effectivement avoir été des personnes motivées par l'annonce. Le risque, dans le cas contraire, est que cet outil perde à terme sa crédibilité auprès des personnes mêmes qu'il est censé servir.

### ● Lancement de produit nouveau et marché-test

Le bus-mailing constitue également un outil intéressant de lancement d'un produit nouveau. Ainsi, ce support permet à un annonceur de tester de nouveaux concepts de produits tout en minimisant les coûts. Par exemple, après une campagne de bus-mailing jugée satisfaisante pour un nouveau produit, une entreprise pourra diversifier ses supports de communication et ses supports de vente. Le bus-mailing peut être utilisé en tant que mini-marché test puisque l'intégration d'une « carte » portant sur un produit innovant au sein d'un bus-mailing permet de tester l'intérêt et la réaction des prospects à la nouvelle offre commerciale.

Le bus-mailing s'intègre parfois dans une stratégie de gamme : son objectif est dès lors de présenter un produit qui constitue en fait un produit d'appel pour l'entreprise. Une offre à prix réduit constitue un moyen de rentrer en contact avec des gens intéressés par le type de produit présenté. Il s'agira par la suite de proposer et d'orienter le prospect vers d'autres éléments de la gamme, pouvant être plus générateurs de marge pour l'entreprise en question.

En générant des demandes d'information, une entreprise utilisant le bus-mailing va pouvoir créer des contacts qui pourront par la suite être traités commercialement. Le bus-mailing constitue, pour une entreprise, un moyen de se constituer une banque d'information et de se construire un fichier qualifié grâce au retour des coupons. Les individus ayant fait une demande d'information sont en effet des personnes susceptibles d'être intéressées par l'offre commerciale à plus ou moins long terme.

Le bus-mailing peut-être une première étape pour entrer en contact avec le prospect ou l'amener à utiliser d'autres supports de communication mis en place par l'entreprise.

Ainsi est-il possible de communiquer, par le biais d'une carte de bus-mailing, l'adresse de son site internet où les prospects pourront obtenir des informations complémentaires sur l'offre commerciale faite par l'annonceur. Les prospects peuvent laisser leur coordonnées sur le site et ces coordonnées seront ensuite transmises à l'annonceur. Certaines sociétés spécialisées dans la conception d'opérations de bus-mailing proposent aux annonceurs la possibilité d'acheter à la fois une carte individuelle et la présence sur le web pour une durée de 6 mois. La promotion du site est faite lors des envois et celui-ci est référencé sur les moteurs de recherche. Par ailleurs, l'offre peut évoluer sur le site internet en parallèle à son éventuelle évolution sur l'offre papier.

## 3.3 Les différents types de bus-mailing

Le bus-mailing a été initialement introduit sur le marché français par le groupe L'Expansion. Sous l'effet de la concurrence, on assiste depuis quelque temps à un développement et à une sophistication des supports du mailing groupé. Ainsi les innovations et les nouveautés se multiplient-elles. La carte demeure néanmoins le support le plus usité.

### ● Les supports traditionnels

Les supports traditionnels du bus-mailing sont la carte individuelle et le chéquier. La carte individuelle représente environ 90 % du marché[9]. Il existe différents formats de cartes individuelles. Le « paquet de cartes » individuelles est particulièrement pratique pour son destinataire puisqu'il lui est facile de découper une carte et de la renvoyer. Par ailleurs, son coût de fabrication est moins élevé que pour la constitution d'un chéquier.

Le chéquier qui apparaît d'emblée moins pratique d'utilisation par son destinataire présente de nombreux atouts pour l'annonceur. Seules les personnes réellement intéressées par l'offre retourneront les bons en raison de l'effort qu'elles devront fournir en découpant ou en déchirant la partie de l'offre commerciale à retourner. L'annonceur bénéficiera, certes, d'un taux de retour moins élevé avec le chéquier qu'avec la carte, mais il aura probablement un taux plus élevé de transformation des prospects en clients.

---

9. « Le bus-mailing à la recherche de nouveaux atouts », *Marketing direct* n° 19, avril 1997.

Un taux de retour plus faible et un taux de transformation plus élevé permettent une gestion logistique moins coûteuse, puisque les remontées seront moins nombreuses tout en étant mieux ciblées. En revanche, la plus faible remontée générée par le chéquier rend plus difficile la constitution d'un fichier dans une perspective de long terme.

| Comparaison entre la carte et le chéquier. | |
|---|---|
| **Carte individuelle** | **Chéquier** |
| ◆ Un taux de retour plus élevé<br>◆ Un taux de transformation plus faible | ◆ Un taux de retour plus faible<br>◆ Un taux de transformation plus élevé |
| ◆ Une performance à court terme plus faible<br>◆ Des coûts logistiques de traitement des remontées plus élevés.<br>◆ Des possibilités d'action à long terme moindres | ◆ Meilleure performance à court terme<br>◆ Des coûts logistiques de traitement des remontées moindres<br>◆ Des possibilités d'action à long terme plus élevées |

⬦ Les supports moins traditionnels : bus-solo, taxi-mailing, magazine, vidéo-bus

Parmi les supports moins traditionnels du bus-mailing, on peut citer le bus-solo, le taxi-mailing, le magazine, le vidéo-bus.

Le *bus-solo* est une forme de bus-mailing dans laquelle toute les cartes individuelles sont réservées à un même annonceur. Chaque fiche du support, ou page du chèque, décrit dès lors un produit différent commercialisé par la même entreprise. Entre le bus-mailing, composé d'un nombre important d'annonceurs, et le bus-solo, prévu pour une seule société et qui lui permet de présenter sa gamme, on trouve le taxi-mailing.

*Le taxi-mailing* est prévu pour trois ou quatre annonceurs qui ont une cible identique et dont l'offre commune permet de proposer une réponse globale à un problème posé. Les annonceurs sont donc supposés avoir des offres complémentaires. L'intérêt de ce support est qu'il permet une amplification de l'impact dans la mesure où les offres sont susceptibles de se renforcer les unes les autres. Par ailleurs, outre son coût réduit, un produit bénéficiant d'une forte notoriété peut être favorable par ce biais à d'autres offres qui lui sont juxtaposées. Enfin, il est possible pour les quelques annonceurs présents dans le taxi-mailing de s'échanger les fichiers issus des remontées dès lors que les produits apparaissent comme complémentaires.

Il existe également des bus-mailing sous forme de *magazine*. L'intérêt de cette forme de bus-mailing réside dans le fait que l'annonceur, pour s'exprimer, y dispose d'un espace moins étroit que dans le cadre des bus-mailing plus classiques.

Ainsi, le mini-catalogue, ou le magazine, permet-il de mieux communiquer et de mieux valoriser l'offre commerciale. Il offre, de plus, des possibilités de création plus étendues. « Les contacts générés seraient plus nombreux et plus qualifiés que ceux issus des cartes. »[10] *Des formules hybrides* existent également, associant marketing direct et offre promotionnelle. Certains livrets proposent des réductions afin de créer du trafic au point de vente, de générer des essais gratuits de produits (encyclopédie), de déclencher des demandes de documentation, ou des actes d'achat (VPC). Ce support permet de réunir des annonceurs à moindre coût. Par ailleurs, les annonceurs peuvent différer d'une ville à une autre, certains annonceurs locaux ne souhaitant communiquer qu'au sein de leur zone de chalandise.

Cette forme hybride de bus-mailing (marketing direct + promotion) a été lancée en Europe du Nord, mais peu en Europe du Sud et en Grande Bretagne. Certaines expériences ont été menées en France auparavant mais sans réel succès. Néanmoins, comme le note Bernard Siouffi, certains annonceurs souhaitent des supports qui leur soient plus accessibles financièrement. La répartition des coûts sur plusieurs annonceurs dans la formule du livret rend cette formule particulièrement attractive. Il semblerait que les conditions de réussite d'un tel livret résident dans la capacité des annonceurs à traiter rapidement et correctement les demandes. Par ailleurs, il semblerait que la régularité de la parution d'un tel type de livret augmente également ses chances de succès : le consommateur s'attendant à le recevoir régulièrement dans l'année pourrait ainsi lui être en quelque sorte fidèle.

*Le vidéo-bus* repose sur le même principe que le bus-mailing : la carte est juste remplacée par quelques minutes dans une cassette vidéo. Ainsi, le principe consiste-t-il à concevoir, réaliser des messages de marketing direct sur des supports vidéocassettes. À chaque cassette, est joint un carnet de réponses à renvoyer par courrier. Son intérêt réside dans un impact fort puisqu'il permet de susciter l'intérêt. De plus, il permet une démonstration visuelle de

---

10. *Direct Marketing News*, n° 102, 17 novembre 1994.

l'offre proposée. Par ailleurs, ce support de communication a une probabilité moins forte d'être jeté par son destinataire. Enfin, le nombre de contacts générés par cet outil est souvent supérieur au nombre d'exemplaires de cassettes diffusées, dès lors que les cassettes circulent entre différents intéressés. En revanche, sa lecture nécessite la possession d'un magnétoscope et rien ne dit que le destinataire prendra le temps de visionner une cassette, ce qui ne peut se faire en toute circonstance. Il convient de noter que le vidéo-bus est essentiellement utilisé en marketing Business to Business.

Le *support fax*, permet une présentation détaillée de l'offre commerciale en raison de son format qui est généralement en A4. En revanche, sa médiocre qualité visuelle lui permet difficilement d'être un réel outil de vente et le limite à un simple outil de prospection. Il demeure bien évidemment utilisé exclusivement utilisé dans **le cadre de l'adressé.**

## Les innovations et les nouveautés en matière de bus-mailing

Des innovations et des nouveautés se multiplient dans le domaine de bus-mailing : insertions de disquette, de CD sont autant de moyens utilisés par les prestataires pour communiquer et valoriser l'offre commerciale des différents annonceurs présents dans le « paquet de cartes » ou le chéquier. Des opérations originales sont également mises en place et les nouvelles technologies intéressent de plus en plus les éditeurs de bus-mailing.

| Les différents types de bus-mailing |
|---|
| ◆ Paquets de cartes individuelles |
| ◆ Chéquier |
| ◆ Bus-solo |
| ◆ Fax |
| ◆ Carnets |
| ◆ Mini-catalogues |
| ◆ Fiches insérées dans un boîtier |
| ◆ Support vidéo... |
| ◆ Intégration de disquettes, de CD, de *post-it* au bus-mailing (c'est une innovation) |
| ◆ Mailing groupé régional (il permet à des annonceurs locaux ou nationaux de ne toucher que la ou les zones qu'ils souhaitent balayer) |

## Une diversité des moyens de réponse

Plusieurs moyens de réponse peuvent être proposés sur un même support de bus-mailing pour favoriser la réactivité du prospect : courrier (carte T ou libre-réponse), fax, téléphone, minitel, internet et autres moyens. Pour le téléphone, le numéro vert peut être évidemment utilisé. « Chez Charter, société spécialisée dans le bus-mailing, le taux de retour par courrier est de 65 %, de 25 % par fax, le reste étant effectué par téléphone ou par d'autres moyens. » L'interactivité et le fait que le client soit actif dans le cadre de la relation commerciale permettent de penser que le message commercial sera mieux mémorisé par le prospect.

## 3.4. La gestion des remontées et la logistique du bus-mailing

Une bonne gestion des remontées constitue une condition indispensable à la performance d'une opération de bus-mailing. Les annonceurs doivent donc prévoir une exploitation rapide des remontées en la réalisant en propre ou en la faisant prendre en charge par des prestataires extérieurs. L'objectif est alors de :
➤ Transformer en client un prospect qui a manifesté son intérêt pour l'offre commerciale. Plus la réponse sera rapide, plus la probabilité d'intervenir avant que ne le fasse un concurrent sera élevé.
➤ Qualifier un prospect lorsque celui-ci n'envisage pas un achat immédiat. Le but est alors de reprendre contact par la suite avec le prospect pour lui proposer le bon produit, au bon moment, par le bon moyen.

Par ailleurs, la capacité à traiter rapidement les demandes contribue à modeler l'image de l'entreprise émettrice de la proposition commerciale. La mise en place pour l'entreprise de supports logistiques performants pour le traitement des remontées apparaît donc essentielle.

## 3.5. La performance du bus-mailing

Après une baisse générale en 1991-1992, le taux de remontée des bus-mailing aurait retrouvé son rythme de croisière et oscillerait entre deux et cinq pour mille. Il convient néanmoins de relativiser de tels chiffres dans la mesure où ces chiffres sont influencés par :
• le domaine concerné,
• la qualité du ciblage,
• la nouveauté du produit (ainsi un produit nouveau peut-il engendrer des retours deux fois supérieurs aux produits moins innovants),
• l'intérêt du produit.

De manière générale, l'évaluation d'une campagne de bus-mailing peut être effectuée à partir d'au moins deux indicateurs :
• Le taux de retour : il est possible d'effectuer un tri des remontées sur la base de critères qui devront être définis par l'annonceur ; dans tous les cas il

convient d'essayer de déterminer les cartes « bidons » ou les cartes renvoyées par les concurrents ;

• Le taux de transformation : il faut en particulier analyser la capacité de la force de vente à conclure une vente à partir des cartes renvoyées.

Mais, l'évaluation de l'intérêt de la mise en œuvre d'une opération de bus-mailing ne peut être simplement réalisée à partir du taux de retour. Un très faible taux de retour peut justifier l'intérêt du recours au bus-mailing lorsque le produit sur lequel il porte dégage une marge suffisamment importante pour l'entreprise. Dans ce cas, la décision résulte d'une comparaison entre les flux financiers futurs engendrés par le bus-mailing et le coût associé à celui-ci.

PARTIE II

# Le marketing direct non-adressé des enseignes de distribution et des fabricants

La stratégie de marketing direct non-adressé des enseignes de distribution

Le marketing direct non-adressé des producteurs de biens et services de grande consommation

CHAPITRE 3

# La stratégie de marketing direct non-adressé des enseignes de distribution

La distribution est un secteur qui a très souvent recours aux techniques du marketing direct non-adressé : prospectus, dépliants, catalogues, *consumer magazine* sont les supports de communication privilégiés des distributeurs. Ainsi, par exemple, la distribution en boîte à lettres des imprimés sans adresse représente-t-elle plus de 60 % des budgets de communication promotionnelle de la grande distribution et des commerces spécialisés.

L'objet de ce chapitre est de tenter d'analyser le contenu du marketing direct non-adressé des distributeurs et d'en cerner les principales évolutions. Pour comprendre les stratégies de publicité non-adressée mises en place par les distributeurs, il convient d'analyser leur stratégie marketing dans la mesure où celle-ci conditionne leur stratégie de communication de manière générale et de non-adressé en particulier. La stratégie marketing du distributeur détermine donc la forme et le contenu de la publicité non-adressée.

## 1. Stratégie marketing des distributeurs

### 1.1. L'intérêt stratégique de la fidélisation

#### • D'une stratégie de conquête de nouveaux clients

La croissance du chiffre d'affaires des grandes enseignes de distribution est longtemps passée par la conquête de nouveaux clients. L'objectif du distributeur était

**73**

Le marketing direct non-adressé des enseignes de distribution et des fabricants dès lors de prospecter de nouveaux clients, en tentant de séduire les clients des enseignes concurrentes. La plupart des décisions commerciales était orientées dans ce but. Dans ce contexte, la communication des distributeurs, et notamment le marketing direct non-adressé, avait essentiellement pour objet de faire connaître aux prospects leurs promotions et leurs offres de prix, la compétition étant essentiellement axée sur les prix. Pourtant, une telle compétition uniquement centrée sur les prix semble être globalement préjudiciable à l'ensemble des enseignes de distribution présentes sur le marché, et ce pour différentes raisons :

➢ La compétition par les prix est à l'origine d'une réduction du taux de marge de l'ensemble des distributeurs.

➢ Elle renforce la sensibilité des acheteurs au prix et à la promotion. Ainsi, une trop forte « intensité promotionnelle risque de rendre les acheteurs très infidèles aux enseignes, mais très fidèles aux promotions »[1]. Les enseignes de distribution ne peuvent ainsi plus échapper à la spirale des promotions et elles sont obligées de multiplier les opérations portant sur les prix.

➢ La compétition par les prix permet seulement d'attirer les acheteurs qui sont les plus sensibles à la promotion et au prix. Peu fidèles, ces acheteurs n'hésitent pas à se tourner vers les offres promotionnelles des concurrents et ils sont donc particulièrement difficiles à fidéliser.

Préjudiciables à l'ensemble des distributeurs, les stratégies qui visent à conquérir de nouveaux clients sont de plus en plus fréquemment remises en cause. Parallèlement, l'intérêt de la mise en œuvre d'une stratégie de fidélisation a été mis en évidence. La fidélisation présente plusieurs avantages du point de vue du distributeur.

● ... À la fidélisation de la clientèle

Fidéliser l'acheteur à l'enseigne permet, selon Aaker[2], de :

➢ **Réduire les dépenses marketing.** Le coût de fidélisation d'un client est moins élevé que le coût d'acquisition d'un nouveau client. Il est en effet plus facile de convaincre un acheteur de rester fidèle à une enseigne auprès de laquelle celui-ci est déjà client que de l'inciter à changer d'enseigne. La fidélisation consiste à entretenir une attitude favorable du client envers l'enseigne.

➢ **Conquérir de nouveaux clients**. La fidélisation attire de nouveaux acheteurs en développant la notoriété et en rassurant les clients potentiels : un acheteur satisfait, très fidèle à une enseigne peut promouvoir l'enseigne autour de lui. Il peut, à ce titre, servir de relais de communication au sein

---

1. Macé S., « Techniques de mesure de l'efficacité des promotions des ventes par quatre instituts de panels », *Décisions Marketing*, n° 12, septembre-décembre 1997.
2. Aaker D.A., *Le Management du capital-marque*, Dalloz, 1994.

de son environnement social. Ce « relais de communication » bénéficie d'une crédibilité d'autant plus grande auprès d'autres prospects qu'il est une source d'information considérée comme objective, à l'inverse des supports traditionnels de communication.

➤ **Donner du temps pour répondre aux attaques des concurrents.** Un client fidèle sera, par définition, moins sensible aux offres des concurrents. Bénéficier d'un ensemble de clients fidèles permet à une entreprise de disposer d'un certain temps si un nouveau concurrent investit le marché avec un nouveau concept de distribution ou propose des offres commerciales particulièrement intéressantes. « Un client fidèle et satisfait ne recherche pas nécessairement la nouveauté ou les offres prix. »

➤ **Accentuer la position des distributeurs dans leur négociation avec les producteurs.** Les distributeurs peuvent encore renforcer leur pouvoir de force dans les négociations avec les producteurs lorsqu'ils possèdent un ensemble de clients fidèles. Les producteurs ne pourront en effet commercialiser leurs produits auprès de ces clients qu'au travers de leur enseigne. Il devient alors impératif pour ces marques d'être présentes dans les points de vente au sein desquels ces consommateurs font leurs achats.

➤ **Se concentrer sur les clients les plus rentables.** Mais l'intérêt de la fidélisation réside également dans le fait qu'elle permet à l'entreprise de distribution de se consacrer sur les clients les plus rentables. Conformément à la règle des 20/80, une part réduite de la clientèle serait à l'origine de la majorité des profits de l'enseigne. Il apparaît donc particulièrement pertinent de chercher à fidéliser ces acheteurs plutôt que de vouloir à tout prix conquérir de nouveaux acheteurs, qui seront volatils, très peu fidèles et prêts à changer de points de vente dès qu'une offre commerciale émanant des concurrents leur est proposée. Les coûts qu'occasionne la conquête de ces nouveaux clients ne sont pas justifiés par les bénéfices qu'ils pourraient apporter à l'enseigne dans le long terme.

Il convient par ailleurs de noter que, dans le contexte français et face à la loi Raffarin, la fidélisation devient un impératif encore plus logique pour les distributeurs. En limitant considérablement les possibilités de développement sur le territoire national, cette loi incite les distributeurs à optimiser le parc de magasins existants, chaque magasin ayant alors pour mission de fidéliser et de développer le panier d'achat moyen de sa clientèle habituelle.

Si l'enjeu des distributeurs est aujourd'hui d'améliorer la satisfaction de leurs clients et d'accroître leur fidélité, le type de fidélité qu'ils parviendront à développer sera déterminante quant à leur vulnérabilité face aux actions des concurrents. En effet, il existe plusieurs niveaux possibles de fidélité à l'enseigne.

J.-N. Kapferer et G. Laurent[3] identifient quatre types de fidélité.

### Une fidélité par conviction

L'enseigne choisie possède les attributs qui correspondent exactement aux attentes physiques ou psychologiques de l'acheteur. L'acheteur a comparé méthodiquement les différentes enseignes présentes dans son environnement commercial. Sa fidélité à une enseigne est le reflet d'une réelle préférence envers celle-ci. L'enseigne présente à ses yeux une réelle supériorité par rapport aux enseignes concurrentes. Cette supériorité perçue d'une enseigne peut avoir différentes origines parmi lesquelles longueur et largeur de l'assortiment de produits, prix, personnel de vente, services, merchandising... .

### Une fidélité par satisfaction paresseuse

Cette fidélité résulte du contentement d'avoir trouvé une enseigne satisfaisante. Elle traduit un attachement moindre à l'enseigne que la fidélité par conviction. Sans avoir comparé l'ensemble des enseignes existantes, l'acheteur a néanmoins arrêté son choix sur une enseigne qui le satisfait globalement. La supériorité de cette enseigne par rapport à l'ensemble des enseignes présentes n'a pas été démontrée, mais il en est globalement satisfait et il ne voit pas de raison d'en changer.

### Une fidélité par crainte du risque

L'acheteur évite de changer d'enseigne et de prendre des risques parce que les conséquences en cas d'erreur seraient graves. Ainsi, pour certains produits, l'acheteur pourrait-il rester fidèle à un magasin et/ou une enseigne parce qu'il a peur des risques associés au changement. Avec son enseigne habituelle, il sait ce qu'il obtient, en changeant d'enseigne, il ne sait pas ce qu'il aura. Le changement d'enseigne est intrinsèquement vecteur de risque. La crainte du risque constitue un frein au changement.

---

3. Kapferer J.-.N. et Laurent G., *La Sensibilité aux marques, marché sans marques, marché à marques*, Éditions d'Organisation, 1992.
   Dans leur ouvrage, ils identifient quatre types de fidélité à la marque. Ces types de fidélité semblent pouvoir être adaptés à l'enseigne.

Le caractère pratique de la répétition est le seul mobile de la fidélité à l'enseigne. L'acheteur n'est pas particulièrement attaché à l'enseigne de distribution. Il achète au même endroit par habitude et pour des raisons de commodité (proximité du point de vente, par exemple). Il n'a pas ainsi à se poser de questions.

Ces différents types de fidélité n'ont pas la même valeur pour l'entreprise de distribution. Sa capacité à développer une véritable **fidélité par conviction** en créant un réel attachement à l'enseigne va lui permettre d'ériger des barrières sérieuses contre les actions des concurrents.

**La fidélité par crainte du risque** constitue également un moyen d'éviter un transfert des clients de l'enseigne vers les enseignes concurrentes. Il s'agit ainsi de créer ou de mettre en évidence les risques associés à un changement d'enseigne. L'entreprise peut également tenter de créer des coûts au changement d'enseigne. Ainsi, quand un acheteur possède une carte de fidélité d'une enseigne, il peut percevoir un coût au changement d'enseigne puisqu'il ne pourra bénéficier des points supplémentaires s'il achète ailleurs.

Les distributeurs doivent éviter une fidélité par inertie qui n'est en fait qu'une pseudo-fidélité, une fidélité de surface. Un ré-achat au sein d'une enseigne ne s'explique pas par un attachement réel du client à l'enseigne mais simplement par l'habitude. Dans ce cas, l'enseigne encourt le risque de voir le client se tourner vers les enseignes concurrentes dès que celles-ci proposeront des offres prix plus attractives.

## 2. Vers la création et le développement d'un capital-enseigne pour l'entreprise de distribution

### 2.1. L'enseigne, créatrice de valeur pour l'entreprise de distribution

#### 2.1.1. L'image d'enseigne, vecteur de fidélité du client

● *La construction d'une véritable image*

Aujourd'hui, la fidélisation constitue un impératif logique pour les enseignes de distribution. La fidélisation passe par la construction d'une image fortement valorisante pour l'enseigne et axée sur une logique de long terme. En effet, c'est en

créant une image forte, différenciatrice et attractive pour les clients que les enseignes pourront créer un réel attachement du consommateur à leur(s) point(s) de
vente. Le développement d'une image d'enseigne judicieusement choisie et conforme aux attentes de la clientèle est à l'origine d'une fidélité par conviction, rendant moins vulnérable l'entreprise aux actions des concurrents. Cela permet de
bénéficier d'un volant de clients fidèles, appréciant particulièrement l'enseigne et
prêts dans certains cas à valoriser l'enseigne auprès d'autres prospects. L'enseigne crée un fond de commerce stable, dans la mesure où certains traits de
l'image de l'enseigne contribuent à accroître la fidélité des acheteurs. Les acheteurs sont attachés à l'enseigne en raison d'éléments forts véhiculés par celle-ci.
Ils sont donc enclins à une moins grande volatilité et moins réceptifs aux offres
commerciales concurrentes.

### 2.1.2. Les éléments d'actifs du capital-enseigne

Construire une image d'enseigne forte et attractive constitue donc l'enjeu
actuel des distributeurs dans la mesure où ils souhaitent fidéliser leur clientèle. L'enseigne peut devenir un véritable capital pour l'entreprise qu'il conviendra de construire et de développer.

Par analogie avec la définition donnée par Aaker[4] du capital marque, on peut
proposer la définition suivante du capital d'une enseigne : « Ce sont tous les
éléments d'actifs et de passifs liés à une enseigne, à son nom, ou à ses symboles et qui **apportent quelque chose** à l'entreprise et à ses clients parce qu'ils
donnent **une plus-value** (ou une moins-value) aux produits et aux services ».
Les actifs et les passifs qui sont sous-jacents au capital-enseigne doivent être
liés au nom et/ou aux symboles de l'enseigne. Ce qui signifie que le changement d'enseigne ou de logo se traduirait par une perturbation ou une perte de
tout ou partie de ce capital enseigne. L'enseigne constitue en elle-même un
capital parce qu'elle possède une image fortement attractive et que des signifi-
cations positives lui sont associées. L'enseigne apporte donc quelque chose à
l'entreprise et aux clients. Les éléments d'actifs (et de passif) du capital d'une
enseigne peuvent être la notoriété de l'enseigne, sa qualité perçue, l'image de
l'enseigne ou tout autre actif associé à l'enseigne.

L'enseigne est créatrice de valeur pour l'entreprise de distribution. Outre le fait
que l'enseigne permet, comme nous l'avons vu, de créer un fonds de commerce
stable en augmentant la fidélité des acheteurs, elle offre la possibilité :
➢ **D'augmenter les prix et les marges.** La création d'éléments forts et distinc-
tifs associés à une enseigne permet de faire accepter des prix plus élevés de la

---

4.   Aaker D.A. (1994), option cit.

part de la clientèle. Le capital-enseigne constitue ainsi un moyen d'éviter une lutte concurrentielle par les prix. Par ailleurs, l'augmentation des marges, permise par ces prix plus élevés, permet d'accroître le budget consacré à la communication de l'enseigne. Selon un cercle vertueux, cette communication, se traduit, à son tour, par un développement du capital-enseigne.

➢ **D'obtenir un avantage concurrentiel.** Le capital-enseigne constitue une réelle barrière à l'entrée de concurrents potentiels. En effet, un trait d'image attractif et distinctif décourage les concurrents d'investir dans un domaine. L'enseigne est un moyen de protection contre les concurrents.

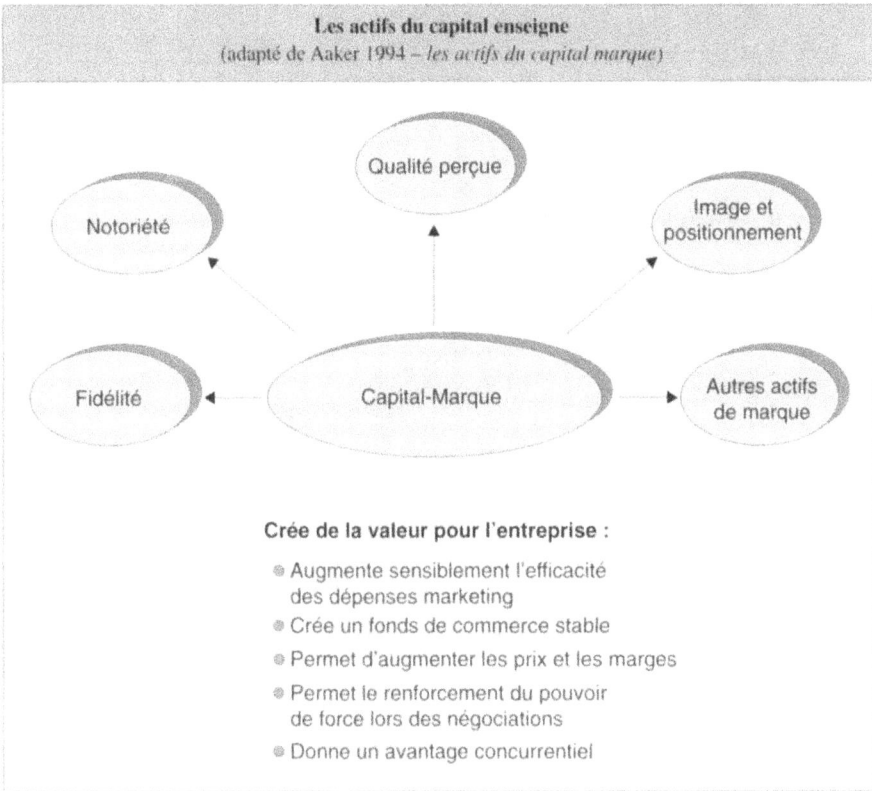

Les actifs du capital enseigne
(adapté de Aaker 1994 – *les actifs du capital marque*)

Qualité perçue

Notoriété

Image et positionnement

Fidélité

Capital-Marque

Autres actifs de marque

**Crée de la valeur pour l'entreprise :**

- Augmente sensiblement l'efficacité des dépenses marketing
- Crée un fonds de commerce stable
- Permet d'augmenter les prix et les marges
- Permet le renforcement du pouvoir de force lors des négociations
- Donne un avantage concurrentiel

L'enseigne crée de la valeur, non seulement pour le praticien mais également pour le consommateur. L'enseigne n'est pas neutre et joue plusieurs fonctions aux yeux de l'acheteur : à l'instar d'une marque (Kapferer J.N. et Laurent G.[5]),

5. Kapferer J.-.N. et Laurent G. dans « La marque, moteur de la compétitivité des entreprises et de la croissance de l'économie », chapitre 3, p. 93, *La sensibilité aux marques*, Mc Graw-Hill.

l'enseigne possède, en effet, une fonction **d'identification**, une fonction de **repérage**, une fonction de **practicité**, une **fonction de garantie**, de **personnalisation** et **une fonction ludique**. Il importe pour le distributeur de connaître ces fonctions, dans la mesure où cette connaissance lui servira de guide dans sa politique d'enseigne.

| Les six fonctions de l'enseigne<br>(adapté des fonctions de la marque – Kapferer J.N. et Laurent G.) | |
|---|---|
| **Fonction d'identification** | ◆ L'enseigne identifie le magasin du point de vue de ses principales caractéristiques.<br>◆ L'enseigne est un concentré d'informations sur les caractéristiques de l'offre commerciale qu'elle propose. |
| **Fonction de repérage** | ◆ L'enseigne structure l'offre.<br>◆ L'enseigne aide l'acheteur à se repérer dans un univers où de nombreuses enseignes sont présentes.<br>◆ La fonction de repérage est donc une conséquence de la fonction précédente |
| **Fonction de practicité** | ◆ Elle a trait au caractère pratique de l'enseigne.<br>◆ Plutôt que de recommencer à chaque occasion un processus de décision complet, l'enseigne « permet de mémoriser facilement le résultat des processus de choix antérieurs et les leçons de l'expérience d'achat effectuée au sein du magasin ». |
| **Fonction de garantie** | ◆ L'enseigne est un engagement public de qualité et de performance sur les dimensions sur lesquelles celle-ci s'est engagée.<br>◆ Aux yeux des consommateurs, le distributeur est tenu par son enseigne à garantir un niveau de qualité, un niveau de service et de prix en fonction des engagements qu'il a pris. |
| **Fonction de personnalisation** | ◆ la fréquentation et l'achat au sein d'une enseigne représentent un moyen, pour certains acheteurs, de se situer socialement.<br>◆ La fréquentation d'une enseigne leur permet de se différencier des autres ou au contraire de s'intégrer au sein d'un groupe social. |
| **Fonction ludique** | ◆ L'enseigne peut procurer un certain plaisir à l'acheteur lors de sa fréquentation. Par exemple, des stimulations sensorielles (vue, ouïe, odorat, le toucher, le goût) peuvent être à l'origine d'un véritable plaisir pour le consommateur au moment de l'achat. |

● *La fonction d'identification, de repérage et de practicité*

L'enseigne est un concentré d'informations sur les caractéristiques objectives et subjectives des points de vente fédérés par un même nom d'enseigne. À partir des éléments d'image de l'enseigne que le consommateur a en mémoire, il pourra en inférer l'offre commerciale qu'il est susceptible de trouver au sein de l'enseigne.

Ainsi, dès lors que l'enseigne a réussi à construire une image claire, cohérente et continue dans le temps, elle joue ce rôle d'identification et de repérage : le consommateur identifie la nature des assortiments et les services qu'il peut trouver au sein de cette enseigne. Si l'image est peu claire, l'offre peu cohérente et qu'elle est peu distinctive par rapport à celle des concurrents, il aura du mal à se faire une idée de la proposition commerciale du point de vente. Elle n'aidera pas l'acheteur à se repérer dans un univers où de nombreuses enseignes sont présentes. En étant floue, l'enseigne identifie mal le magasin du point de vue de ses principales caractéristiques.

L'image que les consommateurs ont des enseignes appartenant à leur environnement commercial est fonction de la politique de communication de ces dernières, mais aussi de l'expérience qu'ils ont eue avec celles-ci. En ce sens, l'enseigne joue un *rôle de practicité*. En effet, l'enseigne permet de mémoriser facilement les conséquences des expériences d'achat effectuées au sein d'un magasin. Plutôt que de « recommencer à chaque occasion un processus de décision complet, l'enseigne permet de mémoriser facilement le résultat des processus de choix antérieurs et les leçons de l'expérience d'achat effectuée au sein du magasin ».

### La fonction de garantie

L'enseigne joue un rôle de garantie lorsque le distributeur s'engage sur certains aspects de son offre commerciale. Le consommateur se fie à cet engagement au moment du choix d'un point de vente.

L'enseigne constitue un moyen de le rassurer dans la mesure où les produits sont supposés être cautionnés par l'enseigne chargée de les distribuer. Une enseigne forte réduit ainsi le risque perçu et génère de la confiance chez le prospect ou client. *La confiance, c'est un sentiment de sécurité qui permet de s'épanouir et de profiter pleinement de la vie. Parce que la confiance se construit aussi à travers ce que l'on consomme, Carrefour contrôle en permanence ses produits afin qu'ils garantissent plus de sécurité* : tel était le slogan de ce distributeur dans le cadre de l'une de ses campagnes de communication. Un tel message vise à développer le rôle de garantie joué par l'enseigne. Aux yeux des consommateurs, l'enseigne s'engage publiquement et elle est tenue de garantir sont niveau de qualité.

La fonction de garantie jouée par l'enseigne est aujourd'hui d'autant plus importante que le niveau de risque perçu par le consommateur lors de ses actes d'achat et de consommation semble avoir été accru par des phénomènes tels que la maladie de la vache folle et l'arrivée des OGM.

Le consommateur cherche ainsi à réduire un risque perçu élevé et l'enseigne constitue en ce sens un moyen de le rassurer dans la mesure où elle affirme s'engager sur un certain niveau de qualité et qu'elle contrôle ses produits. L'enjeu de la réduction du risque perçu et du développement du **capital confiance** constitue en ce sens un enjeu considérable pour les distributeurs.

### ● La fonction de personnalisation

La fréquentation d'une enseigne peut, au même titre que l'utilisation d'une marque, permettre au consommateur de se situer socialement. Elle peut être un moyen pour celui-ci de se différencier ou au contraire de s'intégrer à un groupe social. Ainsi, une enseigne forte peut-elle véhiculer ce sentiment d'appartenance ou de différenciation. Un consommateur pourrait fréquenter une enseigne parce qu'il pense que celle-ci lui permet de valoriser son image et qu'elle est cohérente par rapport à l'image qu'il a de lui-même. Se rendre chez Fauchon, c'est pour certains consommateurs une façon de se situer socialement. De même, quelqu'un qui, par exemple, souhaite acheter systématiquement les produits de haute technologie, de dernière mode, appréciera de se rendre dans les magasins ayant un positionnement cohérent avec l'image qu'il a de lui-même et qu'il souhaite donner aux autres. À l'inverse, un individu pourrait ne pas fréquenter un commerce car il n'est pas conforme à l'image qu'il a de lui-même.

### ● La fonction ludique

L'enseigne a également une fonction ludique. Une enseigne peut procurer un certain plaisir à l'acheteur lors de sa fréquentation. La fréquentation d'un point de vente peut être source de stimulations sensorielles, émotionnelles (musique, lumière, odeur…) et peut être à l'origine de contacts sociaux (avec des vendeurs, avec d'autres consommateurs) ou être source de découverte (de produits nouveaux, d'astuces de consommation et d'utilisation des produits, d'idées…). Un consommateur pourra se rendre dans un point de vente parce qu'il pense qu'il en retirera un certain plaisir. L'environnement commercial du point de vente, et la perception que le consommateur en a, influera sur sa décision de fréquenter l'enseigne. Ainsi, un point de vente n'est-il pas uniquement un lieu de distribution de produits mais également un lieu de distribution d'utilités et de satisfactions pour le consommateur.

# 3. De la politique de communication du distributeur à la stratégie de marketing direct non-adressé

Les distributeurs souhaitent donc développer leur capital-enseigne et se différencier de la concurrence. Leur objectif est de développer la valeur ajoutée de leur enseigne et de faire en sorte que leur enseigne joue les fonctions attendues par l'acheteur. Les distributeurs « *travaillent* » donc leur enseigne comme une véritable marque, et cette approche se traduit dans leur politique de communication.

## 3.1. Politique de communication des distributeurs

### ● La communication des distributeurs

En matière de communication, de manière générale, les distributeurs semblent s'orienter, depuis quelques années, vers la construction et la valorisation de l'image de l'enseigne. En effet, jusqu'à présent souvent impliqués dans une optique de court terme, basés sur une maximisation immédiate des ventes et des profits, les distributeurs avaient rarement tenté de conquérir un véritable territoire pour leur enseigne et de construire une différenciation. Ils avaient ainsi abandonné aux fabricants le soin d'entretenir la relation avec les clients.

L'absence d'enseigne forte fait que les consommateurs perçoivent les enseignes comme similaires et sont prêts à en changer dès qu'une offre promotionnelle intéressante est faite par la concurrence. Le client est peu attaché à une enseigne particulière puisque toutes les enseignes se ressemblent. Il devient volatil, très peu fidèle, et ne voit pas quel bénéfice particulier il pourrait tirer de la fréquentation d'une enseigne particulière, que ces bénéfices soient objectifs ou subjectifs.

### ● L'évolution de l'environnement des distributeurs

Les enseignes doivent donc mettre en œuvre une véritable politique d'enseigne, non exclusivement basée sur les prix. Cette stratégie est renforcée par l'évolution de l'environnement au sein duquel les distributeurs se situent :

➢ La présence des hard-discounters, particulièrement compétitifs sur la variable prix, rend nécessaire la recherche d'une différenciation qui ne repose pas uniquement sur les prix. Les distributeurs doivent développer une image qui soit fortement distinctive de ces nouveaux concurrents et attractive pour les consommateurs.

➤ L'évolution du contexte juridique, comme la loi Galland[6], réduit la possibilité de différenciation par les prix. Ainsi, soumis à la loi Galland, les distributeurs ne peuvent-ils plus clamer haut et fort les prix bas sur les marques nationales. Ils doivent trouver une alternative au simple message discount dans le but de fidéliser et de recruter leur clientèle[7].

➤ La monnaie unique est susceptible d'être à l'origine d'un resserrement psychologique des tarifs. Ce qui signifie que le remplacement du franc par l'euro entraînera une diminution de l'écart qui est perçu par l'acheteur entre les prix. Ainsi, la différence perçue entre les enseignes sur la dimension prix risque-t-elle de s'amoindrir. Le consommateur accordera alors une moins grande importance à ce critère dans la mesure où il ne percevra plus de différences significatives entre les enseignes et les produits. D'autres critères de choix risquent alors de devenir déterminants. Les enseignes devront dès lors être bien perçues, sur des critères qui deviendront déterminants du choix plutôt que sur un critère comme le prix qui risque de devenir plus secondaire dans le processus de décision du consommateur.

Être compétitif sur la variable « prix » demeure et demeurera un impératif plus ou moins fort pour la distribution. En effet, les études consommateurs révèlent que l'une des motivations de ces derniers à fréquenter les grandes surfaces s'explique par des raisons économiques, et donc de prix. Avoir une bonne image en terme de prix constitue désormais une condition minimale, mais elle n'apparaît néanmoins plus suffisante. L'enseigne de distribution doit se bâtir une véritable personnalité forte et distinctive de la concurrence.

L'analyse de la communication des distributeurs semble montrer leur volonté de se différencier et de bâtir une image forte. On note, par exemple, une généralisation de la publicité institutionnelle depuis 1996 et une tendance à la promotion des marques d'enseigne. Des évolutions sont également observées dans le non-adressé des distributeurs, qui est un de leurs outils fondamentaux de communication.

---

6. La loi Galland interdit la revente à perte et le droit d'alignement.
7. *Libre Service Actualités* n° 1 546, juillet 1997.

### 3.2.1. Le marketing direct non-adressé, un moyen de construction d'image et un vecteur de fidélisation

L'imprimé publicitaire, à partir du moment où il offre un espace de communication important, constitue un support particulièrement intéressant pour véhiculer une image forte auprès de ces lecteurs. L'imprimé permet de communiquer sur les valeurs fondamentales de l'enseigne et ainsi de créer un attachement du consommateur à celle-ci. Le catalogue constitue un moyen de montrer les valeurs de l'enseigne. En témoigne le catalogue Bio de Carrefour présent dans les magasins de l'enseigne.

Exemple : le catalogue Bio de Carrefour

© Carrefour

Par ailleurs, le catalogue permet un espace de communication suffisamment important pour expliquer le rôle de l'enseigne, sa valeur ajoutée, ses services... Il devient possible à une enseigne de montrer de quelle manière elle garantie la qualité de ses produits, joue son rôle de caution et s'engage vis-à-vis de ses clients. Ainsi, l'imprimé permet-il, par exemple, et contrairement aux autres médias (tels que l'affichage, la presse, la radio, le cinéma qui offrent un espace de communication trop réduit) de présenter les modalités de sélection de fournisseurs ou les méthodologies de contrôle des produits pour les marques de distributeur. L'imprimé permet de « raconter » l'enseigne, son histoire, ses produits et il contribue à différencier et à donner de la valeur et de la vie à l'enseigne dans l'esprit du client ou prospect. L'enseigne peut communiquer une véritable personnalité : elle quitte alors son simple rôle de « distributeur » qui consiste à écouler des produits pour apporter une véritable plus-value au consommateur.

L'imprimé publicitaire constitue également un moyen de développer le capital d'une enseigne, en ce sens qu'il offre la possibilité de communiquer sur un vecteur essentiel de différenciation d'une enseigne que sont les marques de distributeur et les marques d'enseigne. Ainsi, selon J.N. Kapferer, « la publicité des grandes et moyennes surfaces passera par les magazines des consommateurs édités par les enseignes dès lors que ceux-ci offrent la place nécessaire pour expliquer les avantages des marques propres et raconter leurs étapes de fabrication » [8].

Mais l'imprimé permet également de faire évoluer une relation purement mercantile entre l'enseigne de distribution et son client ou prospect, dans la mesure où il laisse de la place pour présenter d'autres éléments que les produits de l'entreprise. Ainsi, l'imprimé permet-il de passer d'une approche purement marchande à une approche plus relationnelle avec le client. Le *consumer magazine*, en abordant d'autres thématiques que les produits commercialisés par l'entreprise, sort d'une approche transactionnelle. C'est un support qui intrinsèquement fournit de la valeur ajoutée au consommateur tout au long de sa lecture. Par les rubriques, les astuces, les conseils qu'il propose, il est bien plus qu'un simple support de vente. En fournissant de la valeur ajoutée pour son lecteur (au même titre qu'un magazine), non seulement il permet de retenir l'attention de celui-ci mais il crée chez lui un sentiment positif vis-à-vis de l'enseigne qui en est l'éditrice. Celle-ci possède alors un support tout à fait intéressant pour communiquer sur ses valeurs et ses produits.

C'est par exemple l'objectif du *consumer magazine* Epok, édité par la Fnac et distribué en magasin. Il vise à créer l'image en faisant « la preuve par le contenu que l'enseigne a une légitimité forte dans son univers de référence ».

### L'imprimé, un vecteur de fidélisation ?

En permettant de communiquer sur l'enseigne, sur ses valeurs, l'imprimé est un vecteur de fidélisation du consommateur. En effet, la personnalisation de l'ensei-

---

8. *Libre-Service Actualités*, n°1546, 3 juillet 1997.

gne fait qu'elle se différencie de la concurrence, et qu'elle n'est plus interchangeable aux yeux des consommateurs avec les enseignes concurrentes. Le consommateur est attaché aux valeurs de l'enseigne parce qu'il y adhère.

L'acheteur est attaché à l'enseigne. Il devient un acheteur « affectif » selon la classification de Aaker, il apprécie l'enseigne comme une amie : il l'aime pour son image, ses symboles, son histoire, pour l'expérience qu'il a retirée de sa fréquentation ou de l'usage des produits et services qui y sont proposés. À la limite, il peut même devenir un « fan » de l'enseigne, cherchant à promouvoir celle-ci autour de lui. Qu'il soit un affectif ou un fan, l'acheteur est fortement attaché à l'enseigne et risque de développer envers elle une véritable fidélité par conviction.

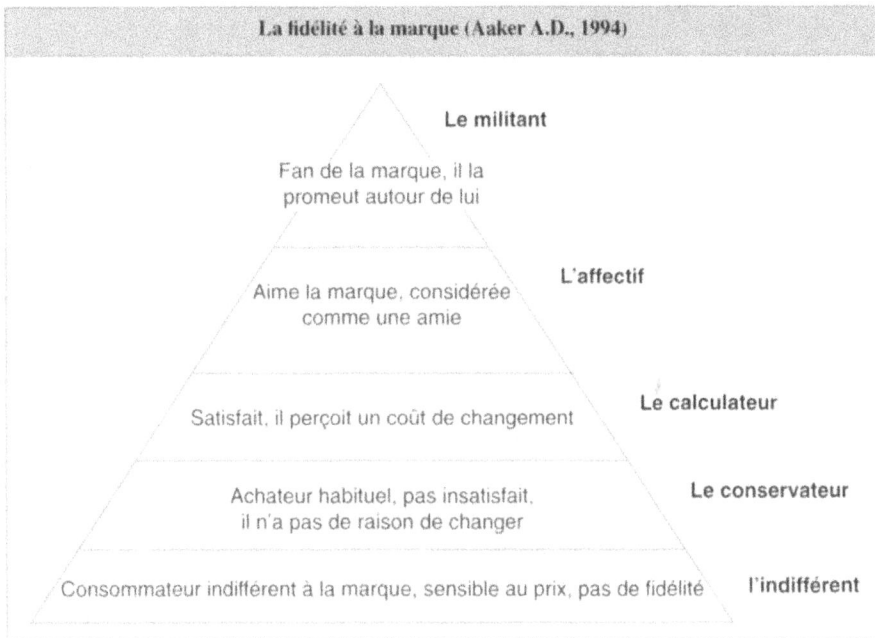

La fidélité à la marque (Aaker A.D., 1994)

Le militant
Fan de la marque, il la promeut autour de lui

L'affectif
Aime la marque, considérée comme une amie

Le calculateur
Satisfait, il perçoit un coût de changement

Le conservateur
Achateur habituel, pas insatisfait, il n'a pas de raison de changer

l'indifférent
Consommateur indifférent à la marque, sensible au prix, pas de fidélité

D'autres raisons expliquent que l'imprimé distribué peut être un véritable vecteur de fidélisation de la clientèle. Ces raisons, qui seront développées tout au long de ce chapitre, peuvent néanmoins être passées rapidement en revue :

➢ La possibilité de développer une relation de proximité, voire même de connivence avec le lecteur, constitue un moyen de bâtir une relation de confiance avec ce dernier.

➢ La fidélisation à l'imprimé publicitaire constitue un moyen de fidélisation à l'enseigne. Ainsi, un consommateur qui est fidèle aux imprimés publicitaires distribués par une enseigne risque-t-il d'effectuer ses achats auprès de cette enseigne. L'enjeu consiste donc à fidéliser le lecteur aux imprimés de l'enseigne.

➤ L'accroissement de la durée de conservation du catalogue constitue également un excellent vecteur de fidélisation du consommateur : en témoigne le catalogue Ikea qui constitue un excellent vecteur de fidélisation de la clientèle. En étant présent à son domicile, il intervient dès lors que des besoins se font sentir sur tout produit relatif à l'ameublement et à la décoration de la maison. Il réduit ainsi les risques de détournement vers des enseignes concurrentes.

➤ En permettant de donner des informations sur certains produits, l'enseigne peut démontrer son expertise et son savoir-faire et induire de la fidélité par rapport à la catégorie de produits considérée.

➤ L'imprimé permet de communiquer de façon étendue sur les marques de distributeur, qui sont eux mêmes de véritables vecteurs de fidélisation à l'enseigne.

➤ Les acheteurs appréciant une enseigne sont particulièrement sensibles à la communication de cette enseigne et ils sont réceptifs aux imprimés diffusés par celle-ci[9].

➤ L'imprimé n'est pas qu'un monologue et il peut être utilisé pour développer une relation interactive avec le prospect : en communiquant un numéro vert, une adresse ou une adresse internet, il devient alors possible d'établir une relation avec le consommateur et de montrer que l'enseigne est à l'écoute de ce dernier. Ce dialogue peut permettre le développement d'une base de données marketing, qui conduira par la suite à l'instauration d'une relation personnalisée avec le prospect et donc à générer de la fidélité.

En fait, l'imprimé publicitaire peut être un vecteur d'image et de fidélisation. L'approche qui a longtemps été adoptée du « tract » ou « prospectus » tenait à ce que cet outil était purement tactique et qu'il était uniquement destiné à maximiser les ventes à court terme de l'entreprise. Aujourd'hui, les distributeurs semblent vouloir engager une réflexion marketing et intégrer le prospectus dans une véritable démarche à long terme. L'évolution du fond et de la forme des imprimés témoigne de cette volonté. Le catalogue est conçu pour séduire le consommateur, être un vecteur d'image et un facteur de fidélisation. Ce n'est plus un tract basique, simple vecteur de promotion.

### 3.2.2. Les objectifs du marketing direct non-adressé

À côté de ces objectifs de construction d'une image, l'imprimé possède des objectifs multiples. L'objectif le plus évident est celui qui vise à développer

---

9. À cet égard, l'étude menée par la Sofres/Médiapost en 1996 indique que 76 % des gens interrogés se sont déplacés dans les 12 derniers mois dans leur magasin habituel pour y effectuer des achats courants suite à la réception d'une PNA émise par le magasin en question. Parmi ces 76 %, 61 % s'y sont déplacés plusieurs fois suite à la réception d'une publicité.

le chiffre d'affaires du ou des points de vente de l'enseigne. Mais d'autres objectifs complémentaires ou principaux peuvent être associés au marketing direct non-adressé : construction ou qualification d'une base de données, désir d'orienter l'acheteur vers une nouvelle source d'information ou d'améliorer la connaissance de la clientèle.

### 3.2.2.1. Le développement du chiffre d'affaires de l'enseigne

● Création de trafic sur le point de vente et marketing d'entrée

Le marketing direct non-adressé est **fondamentalement** utilisé par les distributeurs comme moyen de **créer du trafic au point de vente**. L'imprimé fait connaître des promotions, un événement… et il a pour objet de faire venir le prospect au point de vente. Il fait partie du marketing d'entrée selon la terminologie utilisée par Chetochine[10], c'est à dire qu'il fait partie de l'ensemble des actions qui visent à faire entrer des clients dans le point de vente. La publicité non-adressée apparaît particulièrement efficace dans un marketing d'entrée puisque le prospect s'y rendra pour se procurer un produit ou se renseigner sur une offre qu'il aura repérée sur un imprimé. Les campagnes d'imprimés distribués en boîte à lettres par les distributeurs répondent généralement à cet objectif de création de trafic. Parmi les promesses qui déclenchent un déplacement, Françoise Andrieu et Marc Dupuis[11] en retiennent trois : trouver un avantage économique, faire une découverte, comparer différentes propositions pour se faire une idée. Et ces auteurs d'ajouter que la spécificité des actions du marketing d'entrée en France tient désormais davantage au format, au style, au nombre de pages du dépliant qu'aux différences de prix sur les produits de grande consommation que la loi Galland ne permet plus.

● Marketing de transformation

La publicité non-adressée peut également s'intégrer dans le marketing de transformation (Andrieu et Dupuis). Le marketing de transformation concerne « l'ensemble des actions permettant de transformer un visiteur en acheteur ». C'est le point de vente qui sert de cadre principal au marketing de transformation. Des actions peuvent être mises en place au sein du point de vente afin d'augmenter le panier d'achat de l'acheteur. L'objectif est de faciliter les achats prévus et de déclencher les achats d'impulsion. L'information commu-

---

10. Chetochine G., *Marketing stratégique de la distribution*, Éditions Liaisons, 1992.
11. Andrieu F. et Dupuis M., *Communication du point de vente : de l'opérationnel au stratégique*, Éditions Eska, 1999.

niquée au consommateur au sein du point de vente fait partie du marketing de transformation puisqu'elle peut influencer son comportement d'achat. À ce titre, un imprimé distribué ou présent dans un point de vente peut accompagner l'acheteur dans son acte d'achat en lui fournissant de l'information complémentaire, en le rassurant ou en développant des éléments affectifs qui le conduiront à l'acte d'achat. La diffusion des imprimés publicitaires peut se faire en différents endroits du point de vente en fonction du ciblage désiré et des objectifs associés à l'opération de non-adressé. Par ailleurs, une opération de non-adressé en magasin peut être effectuée seule ou s'intégrer dans une animation. Des animateurs, une dégustation peuvent renforcer l'impact de la distribution des imprimés au point de vente.

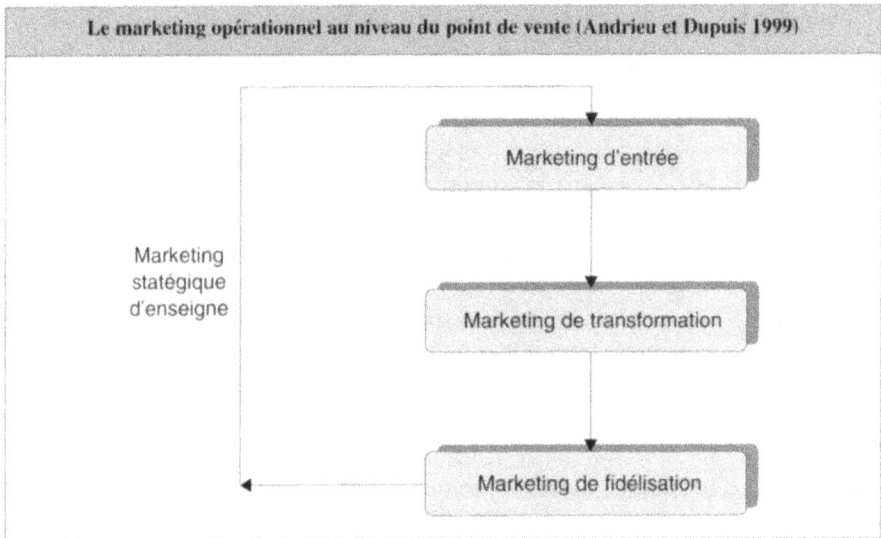

Le marketing opérationnel au niveau du point de vente (Andrieu et Dupuis 1999)

La difficulté associée au marketing direct non-adressé de transformation réside dans le fait que, dans un environnement commercial, le consommateur dispose de peu de temps pour prendre connaissance des informations qui lui sont fournies. Il le fera néanmoins si le produit est impliquant. Notons que pour des produits peu impliquants, l'information peut être véhiculée par le biais d'imprimés d'une seule page pour une prise de connaissance rapide.

## ● Le marketing de la fidélisation

Troisième étape de la trilogie marketing du point de vente, la fidélisation. Cet aspect a été largement abordé préalablement et on a noté que c'est en aidant l'enseigne à se construire une image forte que le marketing direct non-adressé pourra rendre les acheteurs moins sensibles aux actions des concurrents et donc plus fidèles à l'enseigne concernée. Par ailleurs, de par la durée de conservation, de par la possibilité qu'il offre de communiquer sur les marques propres…, l'imprimé constitue un moyen séduisant de fidélisation. Notons que cette étape de la fidélisation par la distribution d'un imprimé peut se faire en amont de la visite du point de vente ou au sein même du point de vente. Par exemple, l'enseigne « Nature et Découvertes » met à disposition des clients en magasin un imprimé au sein duquel sont présentés les produits, et notamment les produits nouveaux de l'enseigne. Le client, une fois rentré chez lui, pourra donc prendre connaissance des autres produits commercialisés par une enseigne qu'il affectionne tout particulièrement et auprès de laquelle il a eu une expérience d'achat positive. Notons que la disponibilité de l'imprimé en magasin réduit les risques de déperdition, puisque le magazine ne sera diffusé qu'auprès des clients réellement intéressés par les produits et attachés à l'enseigne. L'imprimé est ainsi un formidable vecteur de fidélisation parce qu'il met en scène les produits de l'entreprise et communique sur les valeurs fondamentales de l'enseigne. L'imprimé présente également au lecteur les services supplémentaires qui sont proposés par l'enseigne tels que l'achat à distance des produits du catalogue ou leur livraison au destinataire de leur choix. En communiquant sur ces services, l'enseigne fidélise indubitablement ses clients.

* Contrer le marketing d'entrée des concurrents

La réalisation d'une opération de marketing non-adressé constitue parfois un moyen tactique visant à contrer une action marketing d'entrée mise en œuvre par les concurrents. Les imprimés sont alors utilisés afin de contrer une action de communication de non-adressé mise en place par la concurrence. L'action de non-adressé s'explique alors par la crainte d'une perte de chiffre d'affaires en cas d'inaction. L'absence d'action risque d'être préjudiciable à l'enseigne dans la mesure où certains clients de cette dernière sont susceptibles de transférer leurs achats vers des enseignes concurrentes ayant mis en place des opérations de marketing direct non-adressé. La difficulté essentielle dans ce cas réside dans l'évaluation des pertes en cas d'inaction en matière de non-adressé face à des concurrents particulièrement dynamiques en la matière.

### 3.3.2.2. Les autres objectifs du marketing direct non-adressé

* Construire une base de données

Le marketing direct non-adressé constitue un moyen de construire, d'enrichir ou de qualifier une base de données marketing dans la mesure où il permet d'obtenir des informations sur des individus appartenant ou non à la zone de chalandise du ou des points de vente de l'enseigne. Ainsi, un dépliant contenant un coupon réponse (bon de réduction, bon de commande, bon de participation à un concours organisé par l'enseigne...) permet d'obtenir des d'informations sur les prospects ou clients.

La collecte d'informations et leur enregistrement constituent des étapes indispensables à la construction d'une base de données. L'élaboration d'un tel système d'information présente deux intérêts stratégiques majeurs pour le distributeur. Elle lui permet :
- de mettre en place une communication personnalisée avec sa cible marketing,
- et, éventuellement, d'étendre son système de vente en commercialisant ses produits à distance.

Un nombre croissant de distributeurs **personnalise leur relation avec leur clientèle** et communique leur offre commerciale de façon nominative. La construction d'un fichier leur permet de mettre en place une véritable stratégie de fidélisation. Ainsi, 85 % de la grande distribution française posséderait-elle, selon le cabinet Ernst & Young, un programme de fidélité avec fichier qualifié[12]. Dans ce cadre, les enseignes peuvent passer d'un marketing direct non-adressé au marketing direct adressé. En enrichissant par la suite la base de données marketing, il leur est possible d'affiner la nature de leur relation avec leur clientèle et de recourir aux techniques[13] classiquement utilisées par les sociétés vépécistes pour communiquer avec leur cible et la fidéliser.

Mais la construction d'une base de données marketing, grâce au marketing direct non-adressé notamment, constitue également un moyen pour un distributeur de compléter son système de vente actuel et **de vendre ses produits à distance**. Il peut ainsi mettre en place un système de distribution duale[14].

Ainsi, une enseigne de distribution peut-elle souhaiter identifier les prospects qui sont intéressés par ses produits mais qui habitent en dehors de la zone de chalandise de ses points de vente. Ce qui est rendu possible par la distribution d'imprimés publicitaires (avec éléments de réponse) dans les zones ou l'enseigne est absente.

Cette identification constitue un moyen pour l'enseigne d'étendre sa présence sur le territoire national. Il lui est, en effet, possible, par la suite, de commercialiser ses produits à distance auprès d'individus dont le lieu de résidence est

---

12. CB News, « Le marketing direct ciblé supplantera t-il les prospectus ? », n° 571 du 17 au 2 mai 1999.
13. Les techniques classiques telles que le modèle RFM (récense, fréquence, montant) habituellement utilisé par les sociétés vépécistes.
14. Vanheems R., « Les transferts de clientèle dans les systèmes de distribution duale », thèse de doctorat en Sciences de gestion, Université de Lille I, 1995.

trop éloigné des points de vente pour qu'ils s'y rendent. Une telle stratégie nous apparaît particulièrement pertinente dans le cadre d'un contexte juridique particulièrement restrictif où les implantions de nouveaux magasins sont fortement réglementées par la loi Raffarin. L'enseigne peut assurer la poursuite de son développement, non par l'extension de son parc de magasins mais par l'accès à une nouvelle forme de distribution qu'est la vente à distance. Notons que la distribution de l'imprimé apparaît particulièrement pertinente pour identifier les individus intéressés par l'offre commerciale en dehors de la zone de chalandise des magasins existants, les collectes d'information effectuées en magasin (par la proposition de cartes de fidélité par exemple) n'étant évidemment ici absolument pas adaptées !

Les distributeurs ne peuvent pas non plus développer leur chiffre d'affaires en augmentant le nombre de produits proposés en magasin. En effet, les linéaires ne sont pas extensibles et, face à l'importance du nombre de références déjà présentes en magasin, il devient impossible d'y proposer des produits très spécialisés. Une trop faible rotation des produits ne justifie pas que leur soit accordé un emplacement particulier en magasin. L'intérêt de l'imprimé sans adresse réside dans le fait qu'il permet d'identifier des acheteurs à la recherche de produits très spécialisés. En effet, la diffusion d'un imprimé portant sur des produits très spécialisés (en ayant ou non recours aux techniques du géomarketing) constitue un moyen de détecter les prospects susceptibles d'être intéressés par l'offre. Il devient alors possible de compléter, à distance, la gamme des produits présentés en magasin. Ainsi, l'enseigne pourra-t-elle commercialiser à distance des produits très spécialisés auprès d'une cible très étroite tandis qu'elle continuera à vendre en magasin des produits à plus forte demande auprès d'une cible plus large.

Enfin, la proposition de bons de commandes dans une publicité en boîte à lettres permet d'identifier les prospects les plus réceptifs à l'achat à distance. Une telle proposition constitue un moyen de déterminer les acheteurs réfractaires à l'achat en magasin et/ou qui n'ont pas le temps de se rendre au sein des points de vente. L'objectif est ainsi d'identifier les prospects réticents au mode de distribution habituel de la firme, mais susceptibles d'être intéressés par son offre commerciale. L'enseigne pourra alors tenter de les séduire en leur proposant ses produits par un mode de distribution que ses acheteurs apprécient particulièrement : la vente à distance. Ainsi, une consommatrice qui apprécie les vêtements de marque Zara, mais qui n'aime pas faire les magasins sera-t-elle réceptive à l'imprimé « Zara » remis dans sa boîte à lettres et appréciera-t-elle de se procurer les produits qu'elle affectionne tout particulièrement, mais sans se déplacer. Inutile de dire que son niveau d'achat auprès de l'enseigne Zara risque de s'en trouver considérablement accru au détriment des autres sociétés de vente à distance auprès desquelles elle est habituellement une très grande acheteuse.

Identifier les consommatrices intéressées par l'enseigne mais n'y ayant pas accès, déterminer les individus à la recherche de produits très spécifiques, identifier les acheteurs pour lesquels faire les courses est « une corvée » constituent trois objectifs qui peuvent être associés à l'utilisation de l'imprimé publicitaire comportant un élément de réponse.

Ces objectifs s'intègrent dans une stratégie de diversification des distributeurs vers la vente à distance. Il convient de noter que la nature de la relation à distance entre l'enseigne et son client peut prendre par la suite des formes très diverses (catalogue, internet, téléphone, fax…). L'objectif de la publicité en boîte à lettres est simplement d'identifier les prospects les plus sensibles à une offre, la relation entre les deux protagonistes pouvant par la suite se faire par le biais de multiples supports.

### ● Développer une base de données marketing et recruter de nouveaux clients

Le marketing direct non-adressé permet d'identifier des prospects dans le cadre d'une diversification vers la vente à distance. Mais, une fois que cette stratégie de diversification est opérée, la publicité en boîte à lettres pourra être utilisée pour assurer la poursuite du développement de l'activité « vente à distance ». Dans ce cas, l'objectif de la publicité est de prospecter de nouveaux clients et de développer les bases de données commerciales existantes. Il s'agit de faire face au processus d'attrition et de maintenir l'activité et le développement de l'activité à distance.

L'imprimé sans adresse est, à ce titre, régulièrement utilisé par les grandes enseignes vépécistes pour recruter de nouveaux clients, recrutement indispensable au maintien et au développement de leur activité.

### ● Améliorer la connaissance de la clientèle

Dans le cadre d'une communication interactive, le marketing direct non-adressé améliore la connaissance que le distributeur a des individus qui fréquentent son point de vente. Ainsi, l'imprimé en boîte à lettres, dès lors qu'il induit une réponse de son destinataire, permet-il d'avoir une information plus ou moins affinée sur son lieu d'habitation, ses goûts, ses attentes par rapport à l'enseigne ou à ses produits.

L'imprimé publicitaire, dès lors qu'il inclut une possibilité de réponse pour son destinataire, permet de qualifier une base de données maison. Il s'agit, à partir de leur adresse, d'évaluer le profil des clients de l'entreprise. Cette technique est fréquemment utilisée par les entreprises vépécistes.

Le but de l'imprimé peut être d'orienter les acheteurs potentiels vers d'autres sources d'information relatives à l'enseigne. Ainsi, un prospectus peut-il, par exemple, communiquer un numéro vert ou l'adresse du site internet de l'enseigne. Le numéro vert ou le site internet prendra ainsi le relais et tiendra informé le prospect des produits de l'enseigne.

L'exemple de Vigilibris

vigilibris.com vous tient au courant gratuitement, chaque semaine ou chaque mois, par courrier électronique de tous les nouveaux livres en langue française paraissant sur les sujets de votre choix.

www. **vigilibris.com**
veille gentiment pour vous

© Vigilibris

L'objectif est alors de faire agir le prospect de manière à ce que celui-ci entre en contact avec des supports plus interactifs de l'enseigne. Ces supports permettent de communiquer aux prospects une offre plus large ou plus évolutive que ne le permettrait l'imprimé ou de le faire de façon moins coûteuse. Par ailleurs, ils seront à l'origine d'un échange bi-directionnel entre l'entreprise et le prospect. De nouveau, l'entreprise pourra, par exemple, grâce aux connexions informatiques, avoir de plus amples informations sur ces clients actuels et potentiels (elle pourra ainsi développer un marketing personnalisé et faire une proposition commerciale adaptée – cookies).

La distribution d'un catalogue ou d'une autre forme d'imprimé permet d'évaluer le potentiel d'une zone géographique avant implantation éventuelle d'un point de vente. Ainsi, la diffusion d'imprimés publicitaires intégrant un bon de commande, et donc offrant une possibilité d'achat à distance, est-elle un moyen pour une entreprise de développer sa clientèle au sein d'une zone et de développer une base de données. Il est ensuite possible, grâce à la base de données qui stocke les noms des clients, d'identifier si l'emplacement est idéal pour un futur magasin, parce que possédant un potentiel suffisant. L'implantation du point de vente sera ainsi fonction de la réceptivité des habitants de la zone à l'offre commerciale de l'enseigne. Le développement de Laura Ashley aux États-Unis s'est déroulé selon cette méthode. Cette stratégie présente un intérêt majeur en ce sens qu'elle permet de minimiser les risques associés à toute implantation d'un point de vente. Le marketing direct non-adressé et la vente à distance constituent une forme de test dans la mesure où ils permettent d'évaluer la réaction des prospects d'une zone aux produits d'une enseigne. La publicité en boîte à lettres représente un outil intéressant pour le développement d'une enseigne qui souhaite implanter des magasins. Notons à cet égard qu'une telle stratégie peut servir de support non seulement au développement national d'une firme mais aussi à son développement international : test d'une offre à partir de la diffusion d'imprimés, puis ouverture progressive de points de vente à l'étranger. La limite essentielle réside dans le fait que les acheteurs à distance n'ont pas forcément le même profil, ni les mêmes motivations que ceux qui se rendent dans les magasins.

### 3.2.3. Marketing direct non-adressé et ciblage

Après avoir abordé les objectifs du non-adressé, il convient d'analyser l'intérêt et les modalités de la mise en œuvre éventuelle d'une stratégie de ciblage de la part des distributeurs en matière de marketing direct non-adressé.

L'importance du nombre de campagnes de marketing direct non-adressé effectuées chaque année par les distributeurs milite en faveur de la mise en place d'une segmentation géographique grâce aux techniques du géomarketing. Par ailleurs, le coût croissant de l'imprimé, en raison du soin qui lui est de plus en plus souvent apporté par les distributeurs, semble accentuer une telle nécessité. Le ciblage permet de déposer la publicité dans les boîtes à lettres des personnes dont le profil est le plus en adéquation avec la cible marketing de l'enseigne. L'objectif est ainsi d'éviter une diffusion de l'imprimé auprès des personnes hors cible.

L'intérêt d'un ciblage pour les distributeurs est multiple :
➢ La déperdition est plus faible pour une opération de marketing direct ciblée. Le ciblage évite à l'entreprise de supporter différents types de coûts (coûts d'impression, de distribution, de papier...) pour la fabrication et la distribution d'imprimés qui, de toutes façons, n'atteindront pas les individus faisant partie de la cible. Le ciblage permet donc un meilleur retour sur investissement.

➢ Un ciblage des imprimés vers les acheteurs susceptibles d'être réellement intéressés par l'offre commerciale assurerait un service supplémentaire aux
prospects : une sélection de l'information correspondant à leur besoin crédibili-
serait davantage encore un support qui leur apporterait, dès lors, un réel service.

Pourtant les enseignes de distribution généralistes (hypermarchés et supermarchés) utilisent encore rarement le ciblage sociodémographique :
➢ La communication ciblée coûte plus cher qu'une communication non
ciblée. Ainsi, une diffusion des imprimés en « toutes boîtes » a un coût
inférieur à l'unité à une distribution ciblée.
➢ L'assortiment dans les hypermarchés et supermarchés est tellement large que
de nombreux distributeurs ne souhaitent pas une diffusion restreinte de leur
imprimés, leurs produits étant selon ces derniers susceptibles d'intéresser des
segments de clientèle très différents. Le métier de base des hypermarchés
demeure le « tout sous le même toit ». Une stratégie indifférenciée apparaît
aux yeux de certains distributeurs mieux adaptée qu'une stratégie différenciée.
➢ La grande distribution opte souvent pour la mise en place d'une stratégie
de volume pour des produits générant des marges très faibles. Le volume
est plus souvent associé à la création de trafic qu'à la qualité de la clientèle.
La communication choisie est ainsi une communication de masse visant à
faire venir le maximum de personnes au sein du point de vente.
➢ Une connaissance généralement insuffisante de la clientèle du ou des
points de vente du distributeur rend délicate la mise en place d'une stratégie de ciblage. En effet, l'objectif peut être, à travers le géomarketing, de
rechercher des prospects dont le profil est proche des clients actuels de
l'enseigne. Cet objectif est impossible à atteindre dès lors que la connaissance de la clientèle n'est pas suffisante.

Une utilisation accrue du géomarketing rend possible une diffusion plus restreinte des dépliants publicitaires qui seront dès lors mieux ciblés. Une telle stratégie semble aujourd'hui être essentiellement adoptée par les grandes surfaces
spécialisées, soucieuses d'atteindre un segment spécifique de clientèle. Par
ailleurs, les enseignes de distribution diffusant des catalogues volumineux au
coût élevé ont davantage tendance à limiter leur distribution aux prospects supposés les plus rentables. Enfin, certains distributeurs qui ont une bonne connaissance du profil de leur clientèle, acceptent les opportunités offertes par le
géomarketing. Par exemple, un concessionnaire qui organise une opération
« portes ouvertes » pour commercialiser un nouveau modèle de voiture pourra
recourir aux techniques du géomarketing afin de repérer dans quelles zones géographiques résident les prospects correspondant le plus au profil recherché. Ainsi,
si le nouveau modèle en question est une petite voiture, utilisable en seconde voiture et qui s'adresse plutôt aux femmes, il devient intéressant d'identifier les
zones de résidence des femmes ayant plutôt tel âge et n'ayant pas d'enfants.

En ce qui concerne les enseignes généralistes d'hypermarchés et de supermarchés, la décision de se tourner vers le géomarketing dépendra des stratégies adoptées et du coût de l'imprimé sans adresse. Les techniques du géomarketing seront d'autant plus séduisantes pour les distributeurs que leur objectif sera de conquérir les clients les plus rentables et non pas de faire venir un nombre maximum de personnes au point de vente. L'utilisation du géomarketing peut, par exemple, être envisagée pour les dépliants spécialisés qui s'adressent souvent, pour une même enseigne, à des profils de consommateurs très différents.

Par ailleurs, la poursuite de la tendance actuelle qui consiste à proposer des catalogues de plus en plus volumineux, et donc plus coûteux, milite en faveur d'un ciblage croissant, limitant les risques de déperdition. Enfin, certaines enseignes de distribution s'équipant en « système d'information géographique », pour des besoins plus larges que leur communication (notion de géomerchandising), seront certainement tentées d'utiliser ces outils pour faire des opérations de publicité en boîte à lettres ciblée.

## 4. Les supports du marketing direct non-adressé

### 4.1 Classification des supports en fonction de leur contenu

#### ● *Présentation des différents types de supports*

L'édition publicitaire d'un distributeur peut être segmentée en fonction du contenu de chaque imprimé. Une distinction est souvent opérée entre quatre types de prospectus :
• les dépliants spécialisés,
• les dépliants thématiques,
• les dépliants événementiels,
• les dépliants promotionnels.

#### ● *Contenu du non adressé et objectifs*

Le rôle associé à chacun de ces supports diffère sensiblement. Certains d'entre eux s'inscrivent davantage dans une logique d'image. C'est par exemple le cas des dépliants spécialisés, qui ont peut-être plus comme vocation de conférer une image d'expert à l'enseigne éditrice, et ce dans une catégorie de produits donné. Les dépliants événementiels ou promotionnels sont considérés comme un moyen d'accroître le trafic au sein des points de vente. Par ailleurs, les dépliants promotionnels constituent un moyen de véhiculer une image prix. Enfin, les dépliants événementiels et thématiques permettent de montrer le dynamisme de l'enseigne, créent une stimulation et offrent au consommateur une animation.

### ❋ Les décisions marketing en fonction du type d'imprimé

Les décisions prises par les distributeurs varient en fonction du type de support utilisé selon qu'il est thématique, promotionnel, spécialisé ou événementiel :

➤ **Les investissements publicitaires.** La distribution d'imprimés publicitaires est dans certains cas couplée avec d'autres médias (radio, affichage, presse) qui véhiculent le même message publicitaire. L'objectif est d'augmenter l'impact d'une opération commerciale en communiquant largement sur cette dernière par le biais de différents supports et médias. Par exemple, les dépliants événementiels (anniversaire d'une enseigne par exemple) sont, semble-t-il, plus fréquemment accompagnés d'une campagne média que ne le sont les spécialisés. La volonté de créer un véritable événement conduit les enseignes à soutenir de telles opérations par des investissements publicitaires importants.

➤ **La périodicité de la diffusion.** Le type de support utilisé détermine également la périodicité de sa diffusion. Les dépliants promotionnels sont, à ce titre, distribués plus fréquemment que des prospectus événementiels. La spécificité des imprimés événementiels nécessite de limiter les moments de leur diffusion. Le risque est, dans le cas contraire, de banaliser de telles opérations qui perdraient alors considérablement de leur attrait. C'est, par exemple, le cas de dépliants relatifs à l'anniversaire d'une enseigne.

➤ **La zone géographique de diffusion.** Le type de support influence la zone géographique de diffusion. La distribution peut être limitée à certaines zones géographiques, à partir d'une segmentation effectuée sur la base des caractéristiques des prospects ou de la zone de chalandise des différents points de vente de l'enseigne. Par exemple, les dépliants spécialisés sont davantage diffusés auprès des prospects en fonction de leurs caractéristiques, grâce à l'utilisation des techniques du géomarketing. Les événementiels ont tendance à être diffusés au niveau national, c'est-à-dire pour l'ensemble des points de vente de l'enseigne. En revanche, la diffusion de certains promotionnels ou thématiques peut, dans certains cas, se limiter à certains points de vente de l'enseigne en fonction de leur stratégie d'animation locale.

➤ **La forme du marketing direct non-adressé.** La forme du non-adressé est également fonction du type de non-adressé. Ainsi, des prospectus promotionnels sont-ils plus simples, moins soignés en terme de présentation que des dépliants événementiels ou spécialisés. Par ailleurs, ils possèdent une densité de produits par page souvent supérieure aux dépliants spécialisés. L'objectif est de conforter l'image « prix » et de donner l'idée de « bonnes affaires » associées au prospectus. Les dépliants spécialisés ou événementiels, en revanche, prennent davantage la forme de catalogue.

### ● L'alternance des types de supports

De nombreuses enseignes ont recours aux différents types de dépliants en fonction des objectifs poursuivis et du moment de l'année. Ainsi, une enseigne pourra-t-elle alterner dépliants spécialisés, visant à développer le capital de l'enseigne, et des imprimés publicitaires, visant à faire connaître les offres promotionnelles de son ou de ses point(s) de vente. Par ailleurs, les communications organisées au niveau national par une enseigne pourront être doublées d'une communication locale effectuée par chaque point de vente.

## 4.2. Classification des imprimés en fonction de leur forme

Communiquer sur un événement, sur un thème, sur des promotions ou sur des produits spécialisés constitue les différents objectifs associés à l'utilisation d'un imprimé publicitaire.

L'imprimé publicitaire peut prendre différentes formes : simple tract composé d'une seule page, dépliants de quatre ou six pages, catalogue d'au moins dix pages[15] ou *consumer magazine*.

### 4.2.1. Présentation des principaux types d'imprimés publicitaires utilisés par la distribution

### ● Le prospectus

Le prospectus, composé d'une seule page, constitue le vecteur de communication le plus simple du marketing direct non-adressé. Il est basique et offre une surface réduite de présentation des articles. Les possibilités de mise en valeur des articles et/ou de l'enseigne apparaissent également relativement faibles.

---

15. Classification en partie proposée par la Sofres.

Comprenant un nombre de pages plus important, cette forme d'imprimé publicitaire permet de présenter de manière plus étendue l'offre de l'entreprise. La présentation du catalogue est en général plus soignée que celle d'un simple prospectus, dans la mesure où le papier et l'impression sont souvent de meilleure qualité.

Un catalogue particulièrement soigné présente certains avantages :

➢ Il incite les consommateurs à **le conserver** plus longtemps, la conservation du catalogue se traduisant par une visibilité plus grande de l'enseigne au domicile du prospect et donc par une plus forte mémorisation de celle-ci.

➢ Il va induire de **multiples reprises** en main par une même personne et une **circulation importante** entre les différents membres de la famille.

➢ Il répond aux besoins d'information exigés par un consommateur devenu mature.

➢ Il représente un **service supplémentaire** pour le consommateur et il fournit, en ce sens, un moyen de se différencier de la concurrence. En effet, le catalogue est un outil de recherche d'information, une recherche d'information qui, réalisée préalablement à la visite du point de vente, permet au consommateur de minimiser le temps et l'effort qu'il lui consacre : plutôt que d'opérer son choix en magasin (ce qui suppose des déplacements au sein du magasin et des efforts importants de la part du client), le consommateur pourra tranquillement effectuer des comparaisons entre les articles proposés, chez lui, seul ou en famille et ainsi présélectionner les produits à domicile en minimisant les risques de perte de temps en magasin.

➢ Le catalogue intervient en **amont du processus de décision du consommateur** et il constitue donc une source d'avantage concurrentiel important. À partir du moment où un individu aura repéré un article qui lui convenait sur un dépliant, il est fort probable qu'il se rendra au sein de ce point de vente, sans même visiter les points de vente concurrents.

➢ Un catalogue construit et bien soigné présentant les principaux produits d'une enseigne constitue **un vecteur fondamental de fidélisation.** La conservation du catalogue permet une consultation de celui-ci dès lors qu'un besoin se fait sentir. La consultation va alors entraîner déplacement, achat et ré-achat. La fidélité au catalogue devient un vecteur essentiel de la fidélité au point de vente. En témoigne le catalogue Ikea qui a parfaitement réussi son intégration dans les foyers. Sa consultation par les différents membres de la famille s'effectue dès lors qu'un besoin relatif à l'aménagement et la décoration de la maison se fait sentir, générant ainsi une fidélité à l'enseigne.

➢ Enfin, le catalogue peut être source de **plaisir** pour le consommateur, en ce sens que sa lecture peut procurer une détente pour l'acheteur comparable à celle d'un magazine. Dans ce cas, le lecteur aura une image positive de l'enseigne qui lui aura permis ce moment de détente.

Les distributeurs adoptent de plus en plus le catalogue au détriment du tract basique. Ainsi peut-on constater que les imprimés déposés en boîte à lettres par les distributeurs comprennent plus de produits et davantage de pages. Les résultats de l'étude Arbalet indiquent un accroissement global de 6 % du nombre de produits présentés dans les prospectus entre 1996 et 1997. Cette progression est de 7 % pour les hypermarchés et de 2 % pour les supermarchés.

Par ailleurs, un nombre croissant de distributeurs développent, depuis quelques années, des gros dépliants. Certains d'entre eux sont des **mensuels**. Par exemple, Carrefour a démarré le lancement de gros dépliants mensuels en 1995, suivi de Auchan. Marks et Spencer a lancé une version française de son magazine.

● *Les consumer magazines*

Ces imprimés s'inscrivent dans une démarche à la fois informative et commerciale. Face à une offre commerciale de plus en plus importante et complexe, devant le besoin croissant d'informations du consommateur devenu expert, l'une des missions du *consumer magazine* est d'aider le consommateur dans son acte d'achat.

Le *consumer magazine* doit orienter le consommateur, l'aider et le tenir informé sur l'évolution des produits qui l'intéressent. L'objectif est donc de construire avec le consommateur une relation de confiance qui s'inscrirait dans le long terme. Il s'agit de créer une relation moins mercantile avec le prospect ou client.

La distinction fondamentale entre catalogue et *consumer magazine* réside donc dans la nature du contenu, plus commerciale pour le catalogue, plus informative pour le *consumer magazine*. Le catalogue s'inscrirait dans une démarche commerciale à plus court terme.

Le *consumer* est un outil qui permet de communiquer sur les valeurs fondamentales et l'identité de l'enseigne. Le magazine *Contact* édité par la Fnac, créé dans les années 50, est, à ce titre, particulièrement éloquent. De la même manière, Carrefour édite un journal dont l'objectif est de véhiculer ses valeurs fondamentales et de fidéliser sa clientèle (cf. encadré). Il permet à l'enseigne de prendre publiquement position et de s'engager sur des sujets qui concernent l'opinion publique. Par exemple, Carrefour prend position contre les OGM et l'enseigne affirme éliminer des produits vendus sous sa marque propre les substances pouvant contenir des gènes modifiés.

Par ailleurs, il convient de noter que le *consumer magazine* constitue également un moyen d'établir une relation de proximité plus grande avec le consommateur.

| Les principales distinctions entre catalogue et *Consumer magazine* | |
| --- | --- |
| **Catalogue** | ***Consumer magazine*** |
| ◆ Contenu plus commercial<br>◆ Démarche à plus court terme | ◆ Contenu plus informatif<br>◆ Communication sur les valeurs fondamentales et l'identité de l'enseigne<br>◆ Démarche à long terme<br>◆ Instauration d'une relation de confiance entre l'entreprise et ses prospects ou clients |

---

**Historique du journal de Carrefour**

En 1980, le journal de Carrefour[1] est réalisé. Il comprend huit pages en noir et blanc au format tabloïd et il est diffusé à raison de douze numéros par an. Sa caractéristique essentielle réside dans le fait qu'il possède de nombreuses éditions locales (une par hypermarché). L'évolution de la formule fait qu'en 1992, le format magazine s'impose avec un cahier central en couleur. L'accroissement du parc d'hypermarchés Carrefour contribue à une progression parallèle du nombre d'éditions : le journal de Carrefour va alors se décliner en 73 versions différentes pour un tirage de 800 000 exemplaires et un budget de 100 millions de francs. En octobre 1994, Carrefour décide de créer une édition nationale au détriment des spécificités locales.

1. Benouach Y., *Les consumer magazine*, Les Presses du management, 1999.

## 4.2.2. Les caractéristiques du *consumer magazine*

* *Les rubriques et langage du consumer magazine*

La plus grande difficulté dans la conception d'un dépliant de ce type est de parler de l'enseigne et de ses produits, d'augmenter leur visibilité, sans pour autant saturer le lecteur. Il est donc nécessaire d'aborder le lecteur sous un aspect qui ne soit pas uniquement commercial. Il convient alors d'y intégrer un véritable contenu rédactionnel.

En effet, sont par définition qualifiés de magazines de consommateurs des supports de presse qui présentent un contenu riche en informations, que celles-ci soient relatives à l'enseigne, à ses produits ou à des sujets plus divers, tels que des sujets de société ou relatifs aux loisirs. Le *consumer magazine* peut aider le consommateur surchargé d'information dans sa prise de décision en le guidant dans sa décision d'achat.

Par ailleurs, le langage utilisé dans les *consumer magazines* semble être différent de celui traditionnellement utilisé dans la publicité. Géraldine Michel et Jean-François Vergne[16] ont analysé le langage implicite du *consumer magazine* qu'ils ont comparé avec le langage explicite utilisé par la publicité et le marketing direct. Ces auteurs notent que le *consumer magazine* utilise un lan-

---

16. Michel G. et Vergne J.-F., « Un outil de communication pour la distribution, le magazine de consommateurs », *Décisions Marketing*, janvier-avril 2000.

gage différent du langage publicitaire traditionnel dans la mesure où il vise « davantage à suggérer qu'à exprimer ». Ainsi, le processus de communication des *consumer magazines* s'appuie-t-il, selon eux, sur trois principes :

➤ La neutralité apparente du distributeur. La crédibilité du titre et l'objectivité des informations nécessitent une relative discrétion de l'enseigne éditrice,

➤ Un discours fondé sur un langage implicite, c'est-à-dire sur des techniques de suggestion et de connotation.

➤ L'approche de la cible en tant que citoyen et non plus comme consommateur. Le magazine s'adresse à un citoyen qui est pris en considération et traité en expert. Il prend le rôle de véritable partenaire.

Le tableau suivant présente une analyse comparative des processus de communication utilisés dans les *consumer magazines* et dans la publicité traditionnelle ou le marketing direct :

| Processus de communication relatifs au magazine de consommateur et à la publicité traditionnelle (G. Michel et J.-F. Vergne – *Décisions Marketing*) | | |
|---|---|---|
| | **Magazine de consommateurs** | **Publicité et marketing direct** |
| **1. Émetteur** | Le nom de l'enseigne n'apparaît que très peu : neutralité apparente. Le distributeur a un statut d'expert | L'annonceur a un statut de présentateur d'un produit ou d'une marque |
| **2. Récepteur** | Le destinataire des messages est désigné comme un partenaire, il est considéré comme un expert. | Le destinataire du message est désigné comme un acheteur potentiel du produit |
| **3. Style narratif** | Le discours est fondé sur un langage implicite (connotations, suggestions) laissant au consommateur le soin de déduire sa réponse | L'organisation narrative des messages est généralement explicite et démonstrative |

● Un exemple de catalogue magazine : le magazine Monoprix (Écho d'or du magazine enseigne)

L'encadré qui suit retrace l'historique et les objectifs du magazine qui a remporté l'*Écho d'or* 1999 du magazine. Il permet de comprendre la logique qui est sous-jacente au développement d'un tel magazine et de déterminer les développements qui peuvent être envisagés pour un tel outil de communication.

| Entretien avec Monoprix : *écho d'or du magazine d'enseigne*. (Source : *Points de vente*) |
|---|
| **Comment vous est venue l'idée de faire un magazine d'enseigne spécialisé dans la nutrition ?** |
| *Lorsque Prisunic s'est interrogé en 1996 sur les services que l'enseigne pouvait développer auprès de ses clients, le magazine s'est imposé comme le support idéal pour véhiculer de l'information autour de la marque et des points de vente. À cette époque, les responsables de l'enseigne pressentaient déjà que des sujets comme l'alimentation et la nutrition seraient des demandes fortement exprimées par nos clientes.* |

Le drame du sang contaminé était tout proche et la presse commençait à parler de ce qui allait devenir la vache folle. Parmi les projets que nous ont soumis les agences que nous avions sollicitées à l'époque, celui de l'agence Protéine a retenu notre attention. Spécialisée dans le conseil nutrition et santé, cette structure accompagne les marques dans l'élaboration de leur positionnement et leur discours autour de ces thèmes, qui aujourd'hui sont devenus des axes majeurs de développement marketing. Ce sont eux qui nous ont proposé de développer La Nutrition sous ce format tabloïd simple, afin de renforcer la notion d'actualité et de sérieux dans le discours que nous souhaitions développer. Pour le réaliser, l'agence s'entoure d'une équipe de 3 à 4 personnes, parmi lesquelles on compte un médecin nutritionniste, un ingénieur agronome et une diététicienne.

**Quels moyens consacrez vous à ce magazine ?**

Le budget annuel de La Nutrition, stable depuis le lancement, est d'environ trois millions de francs pour 4 numéros tirés chacun à 600 000 exemplaires. Chacun d'entre eux s'accompagne de deux fiches produits consacrées à des thèmes spécifiques comme l'équilibre de la flore intestinale ou l'alimentation pendant la grossesse. Nous y ajoutons systématiquement un guide d'achat se rapportant au sujet développé dans le numéro. Le choix des produits est élaboré par le médecin nutritionniste de l'équipe rédactionnelle après une visite en magasin. Nous souhaitons engager véritablement l'enseigne sur des sujets d'actualité : au moment de l'affaire de la dioxine par exemple, nous avons décidé avec l'agence de sortir un numéro spécial faisant le point sur ce problème. Cet effort a été salué par la DGCCRF, qui milite pour l'information du consommateur. De ce point de vue, on peut considérer que les distributeurs peuvent davantage s'engager sur la voie de l'indépendance en matière d'information que ne peuvent le faire les industriels.

**Quels développements envisagez-vous pour La Nutrition ?**

Il est possible que la périodicité du magazine passe de 13 semaines à 6 semaines, soit 8 numéro pas an. Nous envisageons également de réintégrer le guide d'achat dans le numéro. Nous prévoyons de lancer une étude de lectorat, afin de nous guider dans nos choix futurs et de coller au mieux aux attentes de nos lecteurs. Le succès de La Nutrition pourrait également nous inciter à intégrer davantage ce support dans notre stratégie globale de communication, en parrainant des émissions de radio consacrées à la santé par exemple.

1. *Points de vente*, n° 789, le 15 décembre 1999.

Présentation d'un imprimé publicitaire

À la demande de l'annonceur, les visages ont été volontairement estompés

© Monoprix

> **Quelques exemples de *Consumer magazines***
> **(*Libre-Service Actualités*, 30 mars 2000)**
>
> *EPOK* (LA FNAC)
> ◆ Objectif : créer de l'image en faisant la preuve par le contenu que l'enseigne a une légitimité forte dans son univers de référence. Sur le fond comme sur la forme, rien ne distingue le support d'un « généraliste » de la culture.
> ◆ Tirage : 600 000 exemplaires pour les deux premiers numéros (diffusion 520 000).
> ◆ Périodicité : 10 numéros par an.
> ◆ Pagination : 120 pages en moyenne.
> ◆ Distribution : en magasin, abonnement à partir d'avril 2000.
> ◆ Financement : vente au numéro (10 francs), le support étant remboursé aux clients adhérents ; publicité (11,8 millions de francs bruts de recettes en 1999, source Sécodip, régie sous-traitée).
>
> *MAISON EN VIE* (LEROY-MERLIN)
> ◆ Objectif : fidéliser la clientèle à travers un magazine qui se veut un mix d'idées de décoration haut de gamme et de conseils pratiques de bricolage.
> ◆ Tirage : 140 000 exemplaires en 1999. Tirage en 2000 : 190 000 pour les deux premiers numéros et 300 000 pour les deux derniers.
> ◆ Périodicité : bimestriel.
> ◆ Pagination : 100 pages en moyenne.
> ◆ Distribution : en magasin.
> ◆ Financement : vente au numéro (10 francs), remboursé aux porteurs de la carte maison ; publicité (7,2 millions de francs bruts en 1999, régie publicitaire sous-traitée).

## 4.3. Unicité ou multiplicité des versions d'un support de marketing direct non-adressé

Différentes versions d'un même imprimé publicitaire sont parfois réalisées par les enseignes de distribution. Celles-ci diffusent alors deux ou trois (ou plus) versions d'un même catalogue ou d'un même *consumer magazine* afin de l'adapter aux zones de chalandise de leurs différents magasins.

Plusieurs raisons militent en faveur d'une déclinaison du support en différentes versions :

➢ Le souhait de **l'adapter aux attentes spécifiques** des clients et prospects résidant dans la zone de chalandise de chaque point de vente de l'enseigne. Les besoins, les goûts des consommateurs varient en fonction de la zone d'habitation des individus, les produits proposés dans les prospectus doivent donc s'adapter à leurs spécificités.

➢ La recherche **d'une proximité** entre le point de vente et le prospect ou client. Le contenu d'un imprimé (*consumer magazine* notamment) est fonction des centres d'intérêt de ses lecteurs ; des rubriques peuvent être développées de manière spécifique en fonction de la vie locale, des manifestations, des événements organisés… dans la zone où est implanté chaque point de vente.

➢ La volonté **d'adapter le support aux différentes surfaces** de magasins. Une enseigne peut avoir des magasins de formats différents ; dans ce cas, la difficulté réside dans la définition d'un assortiment commun au sein du point de vente. De la même manière, l'imprimé va contenir les produits particuliers commercialisés par chaque surface de vente.

À l'inverse, certaines tendances ou difficultés peuvent justifier la volonté de mettre en place une seule version du catalogue ou du magazine. La centralisation des achats permet une harmonisation des produits vendus d'un point de vente à un autre de l'enseigne. La déclinaison en plusieurs versions engendre des coûts supplémentaires en terme d'élaboration et de rédaction du *consumer magazine* ou du catalogue.

Dans tous les cas, il semble qu'un minimum de coordination doit être mis en place entre les équipes qui rédigent les différentes versions de l'imprimé afin :
• de respecter le concept d'enseigne et d'assurer une certaine cohérence entre ces différentes versions ;
• d'éviter la redondance de certains sujets présents en même temps sur plusieurs journaux locaux, sujets qui devraient, en fait, être traités au niveau national de façon à limiter les coûts associés à sa rédaction.

Certaines enseignes semblent hésiter entre multiplicité de versions et version unique d'un *consumer magazine* ou d'un catalogue. Carrefour, par exemple, est passé de soixante treize éditions différentes à une seule version pour son journal.

## 5. La proposition commerciale du marketing direct non-adressé du distributeur

En ce qui concerne le contenu de l'imprimé publicitaire, on pourra s'intéresser aux catégories de produits présentées, à la place qui est réservée aux marques nationales et aux marques de distributeur. Par ailleurs, il est utile d'analyser de manière plus précise le contenu des dépliants selon qu'il s'agisse de dépliants promotionnels, événementiels ou spécialisés.

### 5.1.1. Les catégories de produits présentées dans l'imprimé

L'offre commerciale des dépliants a évolué : les produits peu porteurs d'image (biens banals et produits alimentaires) ou qui permettent difficilement de se différencier (textile) bénéficient d'une place moins importante dans les imprimés publicitaires. En revanche, les produits anomaux (biens durables et produits de haute technologie tels que l'informatique, la téléphonie, les compacts disques, l'équipement satellite) sont davantage présents au sein de la communication non-adressée. Certes, cette tendance s'explique par l'évolution du marché de ces produits fortement porteurs, et donc générateurs de chiffre d'affaires, mais également par le désir des praticiens de se différencier.

Par exemple, en qui concerne les hypermarchés, on constate que les produits dont le nombre augmente le plus au sein des imprimés sont ceux qui concernent la DPH et les loisirs En revanche, on note une diminution du nombre de produits frais représentés sur les prospectus et une stabilité du textile. Les tendances observées dans les supermarchés sont similaires : une progression du nombre de produits dans le domaine de la DPH et dans le domaine des loisirs, une régression du textile et une stabilité du nombre de produits frais. Ces évolutions semblent conforter l'intérêt porté par les distributeurs à présenter une offre commerciale fortement différenciatrice. La place déterminante désormais accordée dans les dépliants aux produits de loisirs et culturels[17] témoigne de cette volonté.

### 5.1.2. Marques nationales et imprimé publicitaire

Lorsque le distributeur met en place une opération de marketing direct non-adressé, il sélectionne certains produits de son assortiment qui seront présentés dans l'imprimé. La sélection des produits est fondamentale, en ce sens que l'acheteur se fera une idée de l'enseigne à partir des produits présents dans le dépliant ou le catalogue. Traditionnellement, le distributeur avait tendance à choisir des marques nationales dans son dépliant publicitaire pour plusieurs raisons.

● *Le pouvoir d'attraction des marques nationales*

Les marques nationales permettent de créer du trafic au point de vente. Elles bénéficient d'un important capital marque en raison de l'importance de la

---

17. *Libre-Service Actualités*, n° 1549, 28 août 1997.

communication dont elles ont fait l'objet. Elles sont, de ce fait, particulièrement demandées par les consommateurs. Certaines marques nationales possèdent ainsi un fort pouvoir d'attraction et leur présence dans les imprimés publicitaires constitue un moyen très efficace d'attirer les prospects et clients dans les points de vente au sein desquels elles sont référencées.

Le choix des marques à faire figurer dans l'imprimé publicitaire dépend de leur capacité à provoquer un déplacement de la part de la cible de communication. La notoriété, l'image, la qualité perçue d'une marque sont autant de facteurs explicatifs de l'attachement de l'acheteur à la marque et de sa motivation à se procurer le produit au sein du point de vente.

### La sensibilité des consommateurs à la marque

L'intérêt de faire figurer des marques nationales connues et réputées dans des imprimés publicitaires dépend aussi de la sensibilité des consommateurs à la marque[18]. Si un acheteur qui souhaite acheter un magnétoscope est sensible à la marque pour cette catégorie de produits, il se rendra exclusivement dans les points de vente dont il pense qu'ils commercialisent des produits de marques connues et réputées. Il ne souhaitera pas se rendre dans les magasins où il pense que de telles marques ne sont pas présentes, parce qu'il accorde de l'importance à la marque et que son choix sera en partie guidé par celle-ci. La présence de ces marques dans les imprimés publicitaires apparaît fondamentale dès lors qu'elle signale au consommateur sensible à la marque qu'il pourra y trouver des marques de qualité et opérer son choix sur la base du critère marque.

### Assortiment et dynamisme de l'enseigne

La présence des marques nationales dans les imprimés publicitaires crée de la diversité. La juxtaposition de nombreuses marques nationales traduit un assortiment large et véhicule ainsi une image de choix auprès du consommateur. De plus, les marques nationales sont souvent des marques à l'origine d'innovation. En sélectionnant dans son dépliant des produits innovants, le distributeur bénéficie, grâce à sa communication prospectus, d'une image d'enseigne innovatrice et dynamique.

---

18. Les consommateurs sont considérés comme sensibles à la marque dans une catégorie de produit s'ils accordent de l'importance à la marque au moment de l'achat. Ainsi, s'ils se posent la question « quelle est la marque ? » au moment où ils effectuent leur choix, c'est que leur décision d'achat va être en partie guidée par la marque qui fédère le produit.

Certaines raisons économiques expliquent la place accordée aux marques nationales dans les imprimés. D'une part, même si les marques nationales sont moins rentables en France que les marques de distributeur, elles contribuent encore davantage aux bénéfices que ne le font les marques de distributeur (55 % environ)[19]. D'autre part, la présence des marques de fabricants dans les imprimés est due, comme nous le verrons ultérieurement, à la participation financière qui est demandée aux fabricants pour qu'une place leur y soit réservée. Les opérations de marketing direct non-adressé prises à l'initiative des distributeurs apparaissent ainsi en grande partie financées par les industriels.

### 5.1.3. Marques de distributeur et imprimé publicitaire

Les marques nationales ont pendant très longtemps été les seules, ou quasiment les seules, à figurer au sein des imprimés publicitaires élaborés par les enseignes de distribution.

Aujourd'hui, les marques de distributeur y occupent une place de plus en plus importante.

⚬ *L'enjeu des marques propres pour les distributeurs*

Différents facteurs expliquent la présence des marques de distributeur dans les imprimés publicitaires de la grande distribution :
• les marques nationales ne permettent pas aux enseignes de distribution de se différencier parce qu'elles sont en général référencées dans la plupart des enseignes et qu'elles sont extrêmement « bataillées » au niveau des prix ;
• l'environnement juridique (la loi Galland) limite la possibilité d'une différenciation par les prix sur les marques nationales ;
• les consommateurs sont moins sensibles à la marque pour certaines catégories de produits.

Face à ce triple constat, le distributeur, pour personnaliser son offre, développe ses propres marques et communique désormais sur celles-ci. Les marques du distributeur sont un moyen de différenciation. Par ailleurs, en étant exclusivement commercialisées au sein d'une enseigne, les marques propres

---

19. *Libre Service Actualités*, n° 1625, 8 avril 1999.

peuvent être fortement porteuses d'image et générer une fidélité du consommateur à l'enseigne.

L'intérêt pour les marques de distributeur s'exprime à de nombreux niveaux. Elles représentent pour l'enseigne de distribution :
• une garantie à long terme dans la mesure où une marque forte fidélise et constitue pour l'enseigne un véritable fonds de commerce ;
• un moyen de lutte contre le développement du commerce électronique puisqu'une réelle différenciation constitue une arme efficace contre le transfert des acheteurs vers ce nouveau mode de distribution[20] ;
• un important potentiel économique. Les marques de distributeur pèsent plus de 800 milliards de francs en Europe et 100 milliards en France. En 1998, elles ont assuré les deux tiers de la croissance des produits alimentaires en France. Leur rentabilité est par ailleurs plus élevée que celle des marques nationales, leur marge nette se situe, en effet, autour de 8 à 10 % contre 3 à 4 % pour les marques nationales[21]. Elles constituent ainsi une source de profit non négligeable pour les distributeurs.

Les marques propres sont aujourd'hui de sérieux concurrents pour les marques nationales. Dans un nombre croissant d'enseignes, et c'est notamment le cas des enseignes telles que Ikea, Gap ou Décathlon, les marques propres reposent sur des valeurs reconnues par les consommateurs. Ces marques exercent une véritable attraction sur le consommateur. Elles se différencient de l'ensemble des marques présentes sur le marché et apportent au consommateur un véritable bénéfice, que celui-ci soit de nature objective ou subjective. Ces enseignes ont alloué des moyens humains et financiers à leur marque afin de leur construire une véritable personnalité. C'est, par exemple, le cas de l'enseigne Marks et Spencer dont la marque peut rivaliser avec les plus grandes marques nationales. L'adoption de méthodes de gestion des marques traditionnellement utilisées par les marques nationales permet à la marque du distributeur anglais d'atteindre un niveau de profit équivalent à celui des fabricants les plus performants. Un constat intéressant a par ailleurs été fait quant au niveau de performance des marques de distributeur : les faits semblent en effet montrer que « plus la part de marché d'une marque de distributeur augmente, plus la différence de prix avec les marques nationales diminue ». Ce qui signifie que le prix ne semble pas être un vecteur explicatif de la performance d'une marque de distributeur et que la construction d'une véritable personnalité pour la marque constitue une alternative particulièrement séduisante.

---

20. *Libre-Service Actualités*, n° 1587, 4 juin 1998.
21. *Libre-Service Actualités*, n° 1625, 6 avril 1999.

Les MDD se trouvent au cœur des stratégies des enseignes. Se pose alors le problème de la communication des marques propres. Il est nécessaire de communiquer sur les marques propres afin d'en améliorer la visibilité et/ou d'en accroître le pouvoir d'attraction auprès des consommateurs.

Les consommateurs considèrent la visibilité des marques propres comme insuffisante. Le baromètre réalisé par *Libre-Service Actualités*/institut Fournier indique que 41 % des clients des enseignes réclament plus de publicité relative aux marques propres. Le pouvoir d'attraction des marques propres demeure lui aussi insuffisant. Le baromètre LSA/institut Fournier/PBH rapporte que la proportion de clients qui déclarent se rendre dans leur magasin principal ou secondaire pour acheter des marques de distributeur est faible et qu'elle n'évolue pas de façon très rapide[22]. Par exemple, en 1999, seulement 15 % des clients des supermarchés avouaient aller spécialement dans leur magasin principal pour acheter des produits à la marque de l'enseigne. Ce taux est encore plus faible pour les clients des hypermarchés puisqu'il n'est que de 10 %. Certes, ce taux progresse pour les hypermarchés de deux points par rapport à 1998. En revanche, il régresse d'autant pour les supermarchés.

La capacité des marques de distributeur à provoquer un déplacement des consommateurs dans un point de vente apparaît encore très faible. Le renforcement du pouvoir d'attraction des marques de distributeur passe inéluctablement par la création d'une véritable identité et d'une personnalité pour ces marques. La capacité d'attraction d'une marque comme « Reflet de France » s'explique en effet par le choix d'un positionnement judicieux, à la fois distinctif et fortement attractif pour le consommateur.

Qu'elle porte sur les valeurs spécifiques de la marque ou permette d'en accroître la notoriété, la communication constitue un outil essentiel de développement des marques de distributeur. Certaines enseignes l'ont bien compris : par exemple, « Sainsbury's et Safeway figurent parmi les cinq premiers annonceurs britanniques »[23]. De même, l'enseigne Marks et Spencer a dépensé 250 millions de francs en 1997 pour communiquer sur sa marque unique. La communication de ces marques ne porte pas sur les prix mais elle est au contraire axée sur la qualité des produits et l'innovation. Les supports de communication qui peuvent être utilisés pour communiquer sur les MDD

---

22. *Libre-Service Actualités* n° 1630, 13 mai 1999.
23. Libre-*Service Actualités* n° 1587, 4 juin 1998.

sont multiples et relèvent à la fois du média et du hors média. Dans le hors média, l'imprimé publicitaire non-adressé occupe une place de choix. En effet, l'imprimé offre, comme nous l'avons dit précédemment, suffisamment d'espace pour communiquer auprès du lecteur sur les valeurs fondamentales de la marque, sur son procédé de fabrication, sur son histoire. En « racontant » la marque, l'imprimé permet de véhiculer une personnalité et d'accroître la capacité d'attraction de celle-ci. Renforcer la capacité d'attraction de la marque constitue une première étape : il s'agit de créer une valeur ajoutée, un attachement du consommateur à la marque. Une fois que la marque bénéficie d'un pouvoir attractif suffisant, son rôle au sein de l'imprimé peut évoluer : sa présence au sein de l'imprimé n'aura plus comme unique mission de développer son capital mais de profiter de la capacité d'attraction qu'elle est parvenue à créer. Ainsi, sa présence dans l'imprimé permettra-t-elle, à l'instar des marques nationales, de provoquer un déplacement des consommateurs, et donc de créer du trafic au point de vente.

Il existe plusieurs marques de distributeur de nature différente. Le distributeur peut développer une ou plusieurs formes de ces marques (marque dédiée, marque drapeau, marque d'enseigne, marque premier prix) au sein de son magasin. Il peut, par ailleurs, choisir de faire figurer un seul ou plusieurs types de marques au sein de son imprimé en fonction des objectifs qu'il poursuit. Le tableau suivant présente une classification des différents types de marques de distributeur.

---

**Les différents types de marques de distributeur (Ducrocq C., Jasmin N. et Lagrange S.[1])**

◆ Les **contre-marques** ou **marques dédiées** sont exclusivement destinées à l'enseigne. Les distributeurs communiquent sur ces marques propres comme si elles étaient des marques de fabricants (ex : Tissaia de chez Leclerc).

◆ **Les marques drapeaux** couvrent une gamme importante de produits. Elles sont partiellement cautionnées par l'enseigne, dans la mesure où le nom de cette dernière est présent sur le packaging, mais il apparaît en complément d'un autre nom de marque qui, lui, est spécifique à une catégorie de produits donnée. La marque drapeau permet, au même titre que la contre-marque, de personnaliser l'enseigne, de la différencier des enseignes concurrentes et de fidéliser le client. Elle engage néanmoins davantage l'enseigne aux yeux du consommateur que ne le fait la contre-marque qui, elle, n'est pas identifiée comme dépendante de l'enseigne.

◆ **La marque d'enseigne** cautionne totalement le produit en le signant de son nom (Carrefour, Décathlon…). En donnant son nom à une marque, l'enseigne s'engage vis-à-vis du client. Ainsi de nombreux distributeurs ont opté pour ce choix. Bâtir une marque d'enseigne (susceptible de rejaillir positivement sur l'enseigne elle-même) est d'autant plus délicat que cette marque devra fédérer un nombre important et hétérogène de références appartenant à des catégories de produits très différentes. La légitimité de la marque d'enseigne, son identité risquent d'être d'autant plus délicates à construire que le nombre de références utilisant ce nom d'enseigne se multiplie. Le territoire de la marque se trouve plus délicat à circonscrire dans la mesure où la marque intervient dans des domaines très différents. Ainsi, par exemple, lorsque « Safeway veut modifier un élément de sa marque, l'enseigne doit non seulement faire un arbitrage entre 17 000 lignes de produits, mais aussi impliquer ses 450 magasins et ses 120 000 employés »[2].

◆ **Les marques premier prix** sont une catégorie transversale. Ce peuvent être des marques partiellement cautionnées par l'enseigne ou des contre-marques, par nature anonymes.

1. Ducrocq C., Jasmin N. et Lagrange S., *La Distribution*, Vuibert entreprise, 1994.
2. *Libre-Service Actualités* n° 1587, 4 juin 1998.

---

Ces marques peuvent être placées sur un plan composé de deux axes, en fonction de leur niveau de gamme et du rôle de caution joué par l'enseigne. Le graphique suivant présente les différents types de marques de distributeur, l'axe vertical représentant le niveau de « gamme », l'axe horizontal le niveau de « caution » assurée par l'enseigne.

La présence des marques de distributeur dans un imprimé, qu'il s'agisse de marques dédiées, des marques drapeaux, des marques d'enseigne ou de marques premier prix, permet de communiquer sur une marque qui est dédiée à une enseigne. Elles constituent un vecteur de fidélisation à l'enseigne. Par ailleurs, une communication portant sur ces marques constitue un moyen de différenciation et de valorisation de l'enseigne lorsque l'image des marques promues est en adéquation avec l'image de l'enseigne.

La présence des contre-marques dans un imprimé publicitaire donne à l'enseigne une image de choix, tout en permettant au distributeur de dégager des marges importantes. Leur présence confère à l'enseigne à la fois une image d'originalité (puisque les produits ne peuvent être trouvés ailleurs) et d'assortiment important. Par exemple, la gamme « Reflet de France »[24] est régulièrement présentée au sein des dépliants et des catalogues.

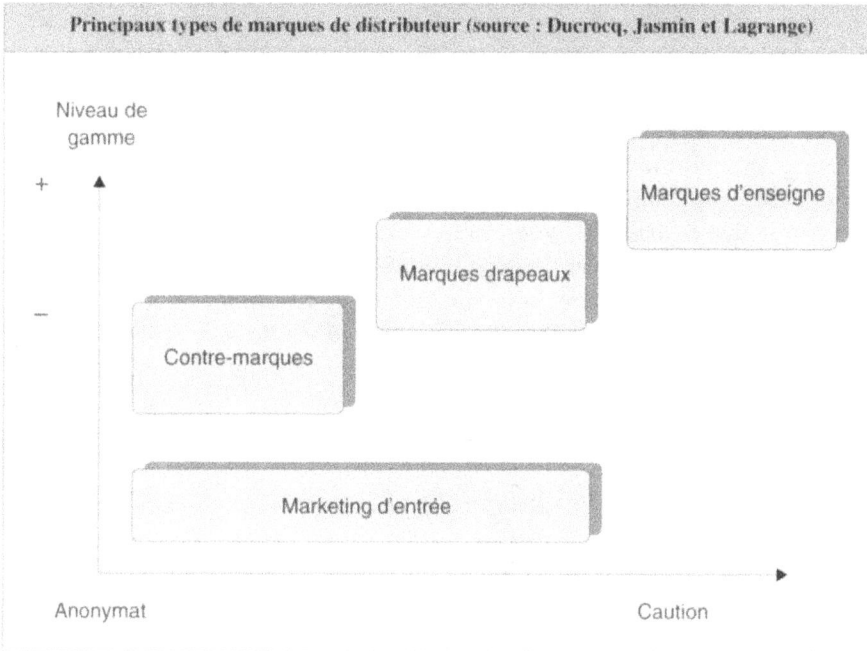

Principaux types de marques de distributeur (source : Ducrocq, Jasmin et Lagrange)

La présence des marques-drapeaux ou de marque d'enseigne sur un dépliant présente, en partie, les mêmes avantages que pour la contre-marque. Toutefois, elle permet de faire connaître, si plusieurs produits partiellement ou totalement cautionnés par l'enseigne figurent dans le prospectus, l'existence d'un ensemble de produit garantis par l'enseigne. L'acheteur satisfait d'un produit-drapeau ou d'une marque d'enseigne aura tendance à inférer de celui-ci un certain niveau de qualité et à se tourner vers d'autres produits cautionnés par l'enseigne. Il devient ainsi possible non seulement de fidéliser le consommateur à une catégorie de produits mais également d'étendre ses achats à d'autres produits qui sont également en partie ou en totalité cautionnés par l'enseigne. L'enseigne réduit le risque perçu associé à un changement de marque puisqu'elle lui apporte sa caution.

---

24. *Libre-Service Actualités*, n° 1542, 5 juin 1997.

La promotion des ventes a pour objectif de stimuler la demande à court terme et donc de provoquer un effet immédiat sur les ventes.

La promotion consiste à offrir un avantage de nature objective ou subjective au prospect ou client durant une période de courte durée. Joël Jallais, Jacques Orsoni et André Fady[25] retiennent de manière plus spécifique la définition suivante de la promotion en magasin : « La promotion en magasin est l'ajout à un produit (ou à un groupe de produits) ou à l'offre habituelle de l'institution distributrice (magasin, centre commercial, chaîne) d'un avantage spécifique (offre spéciale) qui peut être soit matériel (prime), soit immatériel (jeux, concours) et ce pendant une durée limitée. » Les promotions peuvent prendre différentes formes parmi lesquelles : les réductions de prix et les rabais, les essais et échantillonnages, les ventes avec primes, les jeux et concours.

Les acheteurs se rendront au sein des points de vente en cas d'offres promotionnelles s'ils sont sensibles au prix et s'ils sont à la recherche de bonnes affaires.

Les motivations des consommateurs à acheter des produits en promotion sont la volonté d'équilibrer leur budget, le désir de dépenser moins ou d'acheter plus avec moins d'argent, le souhait (pour les maîtresses de maison) de réaliser au mieux le rôle qui leur est imparti.

De plus, le fait de réaliser des bonnes affaires est source de satisfaction personnelle pour certains acheteurs, dans le mesure où cela leur donne une impression de maîtrise de leurs achats. Ils se « félicitent » de leur capacité à payer un produit à un prix moins élevé que ne le feraient les autres. Ils considèrent leur capacité à obtenir des bonnes affaires mieux que les autres comme tout à fait valorisante. Le *dépliant* représente souvent pour certains acheteurs un effet « signal » en ce sens que dans leur esprit ils vont l'associer à une offre de prix intéressant. Ce média est souvent associé dans l'esprit de l'acheteur à des offres promotionnelles intéressantes.

---

25. Jallais J., Orsoni J. et Fady A, *Le Marketing de la distribution*, Vuibert, 1987.

## ● Les dépliants promotionnels

Les imprimés publicitaires constituent un moyen de communiquer sur les offres promotionnelles proposées dans la zone de chalandise du ou des points de vente de l'enseigne, selon que cette offre est réalisée à un niveau local ou national. L'intérêt des distributeurs envers ce support pour communiquer sur leurs promotions est dû aux particularités de ce support :

- l'adéquation entre l'aire de diffusion de ce support et la zone de chalandise du ou des points de vente de l'enseigne concernés par la promotion ;
- l'importance de l'espace disponible qui rend possible la présentation de nombreux produits en promotion ;
- le faible coût au contact utile ;
- la relative rapidité de son élaboration et de sa diffusion ;
- sa proximité avec le consommateur.

## ● La pression temporelle : vers une dramatisation de la dimension temps ?

Les distributeurs utilisent depuis longtemps et de façon intensive la promotion des ventes pour animer la zone de chalandise de leur(s) point(s) de vente et y créer du trafic. L'objectif est alors de faire venir les prospects au magasin en leur proposant une offre particulièrement attractive. Pour attirer les prospects au sein du point de vente, il est nécessaire que l'avantage qui leur est proposé le soit durant une courte période. En effet, pour stimuler un déplacement immédiat, il faut qu'ils ne puissent bénéficier de l'avantage offert que durant un temps bien déterminé. L'offre doit ainsi prendre un caractère d'urgence.

Insister sur la dimension « temps » d'une opération promotionnelle peut donner au consommateur le sentiment de vivre un événement exceptionnel dont il faudra profiter le plus rapidement possible. Les enseignes de distribution utilisent cette méthode au travers de leur imprimé en boîte à lettres. Elle consiste à « dramatiser » la dimension « temps » et à mettre l'accent sur l'immédiateté de l'avantage. Ainsi, certains distributeurs utilisent-ils de façon importante ce mécanisme pour stimuler un déplacement immédiat. Le prospectus est alors employé pour communiquer cette offre exceptionnelle. Citons à ce titre l'exemple d'une enseigne qui proposerait l'opération du mois : « Il y aura 5 000 téléviseurs à vendre, pas plus ». Une telle opération est à l'origine d'une certaine pression temporelle sur les consommateurs puisque seulement 5 000 d'entre eux pourront bénéficier de l'offre.

Des changements importants ont été repérés au niveau du contenu des dépliants publicitaires suite à la promulgation de la loi Galland. Avant celle-ci, les prospectus étaient essentiellement centrés sur les prix. Les propositions commerciales reposaient surtout sur des promotions de type « prix cassé ». Les imprimés publicitaires étaient ainsi utilisés pour attirer le consommateur avec des produits à prix cassés, qui souvent étaient synonymes de (re) vente à perte. Selon la société Arbalet, depuis l'instauration de la loi Galland, les offres promotionnelles qui figurent dans les imprimés publicitaires seraient de plus en plus complexes. Ainsi l'offre devient-elle de plus en plus compliquée à comprendre pour le consommateur : concours, double ou triple mécanisme pour l'obtention d'un prix, des bons de réductions sophistiqués... Par ailleurs, l'imprimé permet de communiquer sur des opérations promotionnelles originales. En témoigne l'imprimé suivant qui indique au lecteur de quelle manière le ticket E. Leclerc lui rapporte de l'argent.

Imprimé publicitaire E. Leclerc

© E. Leclerc

Pierre Volle[26] a proposé une classification des opérations promotionnelles. À ce titre, il distingue les opérations d'entretien, les opérations de rupture et les opérations ciblées. La publicité non-adressée sert souvent de support pour communiquer ces différents types d'offres promotionnelles. La forme et le contenu de la publicité non-adressée est fonction du type d'opération menée.

**Les opérations d'entretien**

Elles visent à consolider l'image du point de vente et ou de l'enseigne, qu'il s'agisse au premier chef de l'image-prix, mais également de l'image-qualité ou de l'image-choix. Les prospectus visent alors à informer les clients sur la nature de l'assortiment et les prix proposés. Dans cette catégorie, on trouve une grande similitude entre les enseignes (catégories de produits, ton, code couleurs, etc.). Toutefois, on assiste à une certaine sophistication, en particulier avec l'enseigne Auchan dont les prospectus traduisent la largeur mais également la longueur de l'assortiment ; l'enseigne ne propose pas seulement les références de fond de rayon, mais également des références originales, marginales, peu communes, souvent régionales ou étrangères.

**Les opérations de rupture**

Les opérations d'entretien créent un bruit de fond promotionnel à partir duquel l'enseigne va organiser des ruptures pour stimuler le trafic ou le panier moyen d'une manière exceptionnelle. De fait, des opérations saisonnières accompagnent les événements saisonniers, comme les fêtes de Noël, Pâques, « la rentrée ». En marge des opérations classiques comme les foires aux vins, qui sont pratiquées par toutes les enseignes depuis longtemps, les distributeurs proposent également des opérations distinctives, spécifiques à telle enseigne et que les clients retrouvent une fois l'an : ainsi Carrefour propose Festimagic, Auchan les 25 jours, Leclerc le Trophée des prix (précédemment les Olymprix), etc. Ces opérations font l'objet d'un apprentissage par les consommateurs (nom, époque…) et sont probablement anticipées ; les distributeurs les protègent en cas de copie par un concurrent, preuve de l'importance de leur caractère distinctif (exemple : Auchan contre But pour les 25 jours).

**Les opérations ciblées**

En plus d'un objectif de rupture par rapport aux opérations d'entretien, les distributeurs poursuivent de plus en plus fréquemment un objectif de ciblage pour tirer parti de l'hétérogénéité des attentes. Ce ciblage est mené à partir de trois directions : le produit, le consommateur et le mécanisme promotionnel. Ces opérations constituent donc un affinement des stratégies commerciales des distributeurs, même s'ils restent toujours tributaires d'un objectif de volume et de coût :

◆ **Les opérations orientées produit** permettent souvent de mettre en avant l'assortiment en produits frais pour les supermarchés, ou les biens d'équipement et de la personne pour les hypermarchés (IE arts de la table, produits blancs ou bruns, bijoux, textile, bricolage).

◆ **Les opérations orientées consommateurs** se développent en particulier pour certaines enseignes d'hypermarchés autour d'assortiments destinés aux bébés, aux enfants ou aux femmes.

◆ **Des opérations orientées promotions**, particulièrement les lots ou les produits gratuits, permettent de consolider le positionnement discount du point de vente mais également d'attirer temporairement des clients particulièrement sensibles aux promotions.

Le dépliant publicitaire constitue un moyen rapide de faire connaître des événements organisés par une enseigne de distribution. Il peut être utilisé seul ou être couplé aux médias traditionnels de la communication.

---

26. Volle P., « Quelles perspectives de développement pour les prospectus promotionnels des distributeurs », *Décisions Marketing* n° 12, septembre-décembre, 1997.

*L'événement* s'inscrit dans la recherche de stimulations de la part des acheteurs, dans leur désir d'être étonnés, stimulés, surpris dans leur acte d'achat. Ils recherchent des changements par rapport à leur comportement habituel d'achat. Si l'offre est toujours la même, l'acte d'achat est trop simple et engendre la monotonie. La lassitude intervient.

L'enseigne habituelle peut chercher à satisfaire ce besoin de stimulation, cette recherche d'effet surprise de manière à éviter que ses clients se détournent vers les enseignes concurrentes. Ainsi, pour que l'acheteur puisse échapper au phénomène de lassitude et qu'il évite de manifester un désintérêt pour son enseigne habituelle, il convient de le maintenir en alerte, en éveil. La création d'un événement majeur, d'une sorte de fête orchestrée par une enseigne constitue sans nul doute un moyen de répondre à cet objectif. À ce titre, l'habillage, la mise en scène liés à l'événement deviennent fondamentaux. Cet habillage doit s'inscrire dans les différentes phases de l'opération, depuis l'opération publicitaire permettant de faire connaître l'événement jusqu'à l'environnement au sein duquel est réalisé cet événement, c'est-à-dire le magasin.

Une enseigne de distribution peut :
• exploiter les temps forts du calendrier (Noël, Pâques, les vacances…),
• créer son propre événement (date anniversaire, par exemple).

La création d'événements semble avoir des retombées très intéressantes en terme de vente pour les distributeurs. Le rapprochement « événement/promotion/prospectus/publicité média » est une offre particulièrement attractive pour les consommateurs.

Carrefour, par exemple, a organisé son opération « Un mois jamais vu en France » entre octobre et novembre 1998. Cet événement majeur a permis de générer un chiffre d'affaires additionnel de plus de 2 milliards de francs en France auprès de deux millions de clients.

L'imprimé en boîte à lettres constitue un moyen efficace de faire connaître ce type d'événement ou d'opérations commerciales auprès des prospects et des clients appartenant à la zone de chalandise du ou des points de vente de l'enseigne. Le marketing direct non-adressé est un moyen rapide, souple et peu coûteux de communiquer sur une opération commerciale organisée par une enseigne. Couplé à de la publicité dans les médias classiques, le dépliant amplifie ses retombées. La couverture de l'événement est importante, permettant à l'opération de prendre une ampleur considérable et de l'instaurer au statut de véritable événement. Par ailleurs, la multiplication des supports de communication de l'opération assure une couverture importante de la cible et favorise les duplications d'audience créant ainsi un véritable événement.

● *L'intérêt de créer un événement*

Si l'organisation d'événements semble avoir des retombées intéressantes pour les distributeurs, la course à l'ampleur conduit les enseignes à y investir toujours plus d'argent : ainsi l'opération « Un mois jamais vu en France » organisée par Carrefour aurait coûté 300 millions de francs, ce qui représente près du quart de son budget publicitaire annuel. Par son envergure, cette opération a fait complètement passer sous silence l'opération annuelle « Les 25 jours » organisée par Auchan.

## 5.4 La communication sur des produits spécifiques : les dépliants spécialisés

Les distributeurs proposent régulièrement des dépliants spécialisés, c'est-à-dire portant sur des produits spécifiques. Cela leur permet de crédibiliser leur image et de se donner une image d'expertise.

La présence de produits à forte capacité d'innovation contribue à dynamiser l'image d'une enseigne. La commercialisation de certains articles valorise le distributeur en ajoutant à l'image de l'enseigne une valeur de compétence. Communiquer sur de tels articles, à travers un catalogue spécialisé qui leur est dédié, crédibilise l'enseigne, lui confère une certaine expertise dans ce domaine. La présence de rubriques d'information, de guide à l'achat renforce cette image d'expertise qui sera associée à l'enseigne. Ainsi, certains distributeurs diffusent-ils des catalogues spécialisés afin de démontrer leur professionnalisme auprès des consommateurs dans une catégorie de produits spécifiques. Une telle stratégie est adoptée par certaines enseignes généralistes qui entrent en concurrence avec des enseignes spécialisées pour certaines catégories d'articles. À titre d'exemple, Auchan édite régulièrement un dépliant consacré aux produits d'équipements de la maison (électroménager, télévidéo, multimédias[27]).

---

27. *Libre-Service Actualités*, n° 1622, 18 mars 1999.

L'avenir semble être aux dépliants spécialisés, dans la mesure où ils permettent d'aborder chaque métier de manière spécifique. Ainsi, la présélection et la description de plusieurs articles répondant à un besoin spécifique du consommateur constitue-t-elle un moyen non seulement de crédibiliser l'enseigne, mais également d'aider le consommateur dans son acte d'achat. Ainsi, l'imprimé spécialisé fournit-il un réel service à son destinataire puisqu'il facilite l'achat et rend les comparaisons entre des produits comparables plus aisées. En renforçant le caractère informationnel du dépliant, l'enseigne contribue à guider l'acheteur néophyte et à le rassurer au moment de l'achat. La présence de rubriques ou de mini-dossiers sur des aspects techniques ou spécifiques d'une catégorie de produits permet à l'acheteur d'être mieux informé et de réduire le risque qu'il associe à l'achat du produit. Le dépliant spécialisé lui permet de mieux cerner les attentes que l'acheteur néophyte a du produit et contribue en quelque sorte à affiner ses critères de choix dans une catégorie de produits qu'il connaît mal.

Mais le dépliant spécialisé renseigne également les acheteurs connaisseurs en les tenant informés des évolutions d'une catégorie de produits.

# 6. La création dans le marketing direct non-adressé

## 6.1. L'importance de la création

L'objectif des catalogues n'est plus simplement de vendre en mettant en avant des articles promotionnels. Leur objet est également de contribuer à développer le capital de l'enseigne. La présentation des articles s'en trouve profondément modifiée par rapport à celle qui est habituellement proposée dans les prospectus.

Ainsi, la conception du catalogue s'inspire-t-elle directement du savoir-faire développé par les spécialistes de la vente à distance. Les articles ne sont plus présentés de façon linéaire. L'importance accordée à chaque article, leur place dans le catalogue, doit permettre de valoriser globalement l'enseigne et l'offre commerciale du distributeur. Le catalogue devient plus qualitatif, plus différenciateur, mais également, comme il l'a été dit préalablement, plus volumineux.

Lors de l'élaboration des imprimés publicitaires, les distributeurs peuvent chercher à accroître le taux et la durée de conservation ainsi que le taux de lecture. L'enjeu est donc pour les distributeurs de rendre leurs imprimés plus attractifs que ceux des autres annonceurs présents en boîte à lettres et avec lesquels ils entrent directement en concurrence. Par ailleurs, l'objectif sera d'essayer d'allonger la présence et la durée de vie du catalogue de manière à en accroître la visibilité au domicile de son destinataire. La présence de celui-ci constitue un moyen de rappeler l'existence de l'enseigne au consommateur et, à ce titre, il représente un vecteur de communication permanent pour l'enseigne chez le prospect ou client. Il multiplie les opportunités de **reprise en main multiple** et la **circulation** au sein du foyer. Il peut même devenir une référence au sein du foyer pour la catégorie de produits concernée.

Accroître la durée de conservation et le taux de lecture d'un imprimé passe nécessairement par une capacité à mettre en valeur cet imprimé : la présentation des produits, des différentes rubriques, la mise en page, la densité par page constituent autant d'éléments qui seront particulièrement soignés par le distributeur.

## 5.2 La présentation des produits dans les dépliants

### ● Positionnement et présentation des produits dans les dépliants

La présentation des produits dans les dépliants et catalogues varie d'une enseigne à une autre en fonction du positionnement voulu par cette dernière. Un positionnement « haut de gamme » se traduit par une densité des produits par page inférieure à un positionnement « choix » ou un positionnement « prix ».

Un dépliant souhaitant mettre l'accent sur des produits de qualité va raréfier l'offre et diminuer le nombre de produits présentés sur une page. En revanche, la volonté de conférer à une enseigne un positionnement « choix » ou « prix » se traduira alors par une densité plus forte des produits proposés par page. La difficulté dans ce cas réside dans la lisibilité des dépliants.

Le schéma qui suit présente le nombre de produits présentés sur 1 m$^2$ de pages de prospectus. Il montre que les enseignes Auchan et Continent avaient en 1998 la densité de produits par page la plus élevée avec respectivement 117 et 109 articles pour 1 m$^2$ de page de dépliant.

| Le nombre de produits par pages |
| --- |
| *Nombre de produits présentés sur 1 m² de pages de prospectus* |
| **(source A3-distrib-Agéna 3 000)** |

| | |
| --- | --- |
| Auchan : 117 | Casino : 92 |
| É. Leclerc : 103 | Hyper U : 91 |
| Intermarché : 100 | Hyper Champion : 86 |
| Carrefour : 100 | Géant : 85 |
| Cora : 96 | Stoc : 82 |
| Champion : 95 | |

● **Vers une communication plus affective et plus émotionnelle**

La mise en page des catalogues s'inscrit également dans une volonté de communication plus affective de la grande distribution, soucieuse de créer des émotions et de mettre en scène des situations et des produits. La mise en page n'est plus nécessairement une mise en page linéaire et une publicité informative mais une véritable communication travaillant sur l'affectif et l'imaginaire.

**Entretien avec les concepteurs du dépliant « La vie est belle à prix confo »**
*(Points de vente n° 789, 15 décembre 1999)*

**Le prospectus Conforama primé marque une évolution dans votre communication. Cela signifie-t-il que votre cible a changé ?**

*Pourquoi vouloir changer une formule qui gagne ? Conforma a une clientèle large et populaire dans le bon sens du terme. Nous sommes très logiquement sur-représentés auprès des familles et des 25-49 ans, comme toutes les enseignes d'ameublement. Par ailleurs, nous sommes bien implantés dans les classes moyennes et les cadres supérieurs fréquentent nos magasins. Cela étant dit, nous n'excluons pas de ratisser plus large. Et c'est vrai que nous sommes attachés à ajouter à notre campagne une dimension style de vie plutôt inhabituel. Nous avons voulu communiquer sur des gens souriants et mettre en valeur les produits différemment. Le traité graphique est plus moderne. Cette campagne est bien dans la tonalité de ce que nous voulons faire désormais.*

**L'évolution est notable, mais vous restez tout de même fidèle à l'image « prix » de Conforama.**

*C'est exact. Toutes les actions que nous menons sont des actions à caractère commercial centrées sur les prix ou la promotion. Nous avons toujours communiqué ainsi et, pour le moment, nous n'avons aucune raison de nous inscrire en rupture. Cette année encore, Conforama a bien progressé. En revanche, nous devons accompagner les courants et ne pas rester sur la touche. C'est la raison pour laquelle nous cherchons désormais à marier dans certaines de nos campagnes l'aspect promotionnel ou prix/produit à l'expression d'un style de vie. Il faut éviter de créer une dichotomie entre la modernité et l'offre commerciale. Cette démarche se retrouve aussi dans l'aménagement de nos magasins, qui est en train d'évoluer comme à Orgeval où un nouveau concept a été mis en place.*

**Ikea of Sweden à la télévision, cela vous donne des idées ?**

*Pour quelqu'un qui a une couverture nationale, la télévision est un média forcément intéressant ! Mais cette opinion n'engage que moi et, en tout état de cause, Conforama ne peut communiquer sur les petits écrans puisque nous ne maîtrisons pas la production des produits que nous commercialisons. Nous organisons quinze à vingt grandes campagnes par an. Chaque magasin définit son niveau de pression publicitaire en arbitrant sur ses investissements locaux : édition, affichage, presse locale et gratuite. Les investissements nationaux se font surtout au travers de la radio et de certaines campagnes d'affichage. Nous avons toujours privilégié l'édition de prospectus : il s'agit de notre plus grande vitrine qui se déplace à domicile, chez le client. Globalement, ceux-ci représentent la moitié de notre budget communication.*

**124**

Ces évolutions reflètent les tendances qui sont observées de manière plus générale pour la plupart des autres supports de communications, qu'ils soient utilisés par la distribution ou non. Il s'agit de créer une attitude positive des lecteurs vis-à-vis de l'enseigne en créant une relation de nature plus affective entre les deux protagonistes. Le modèle de recherche d'expérience proposé par Holbrook et Hirschman[28] considère que les états affectifs et émotionnels peuvent être des facteurs explicatifs du choix des individus. Il considère qu'il existe une alternative aux modèles traditionnels de processus de décision du consommateur qui repose sur la séquence connaissance $\Rightarrow$ affect $\Rightarrow$ comportement. En fait, il propose une séquence du type imaginaire $\Rightarrow$ émotion $\Rightarrow$ plaisir. En communiquant sur l'imaginaire, le distributeur peut induire de l'émotion et du plaisir lors de la lecture de l'imprimé. Travailler sur l'imaginaire peut se faire par le biais de la présentation des produits, des mises en scènes, des couleurs...

Le prospectus Conforama qui a obtenu l'*Écho d'or* du prospectus en 1999 témoigne de cette évolution. Bien que les dirigeants de cette enseigne souhaitent conserver leur positionnement « prix », ils intègrent néanmoins dans leur dépliant « La vie est belle à prix Confo » une dimension « style de vie » qui met en scène des gens souriants dans des situations quotidiennes.

## ● Proximité et connivence avec les lecteurs

Le dépliant publicitaire vise également de plus en plus à développer une proximité et une connivence avec le lecteur. Cela peut se refléter dans la mise en page des produits, des mises en situation plus quotidiennes des individus figurant sur les dépliants. Par ailleurs, le choix de rubriques, la proposition d'astuces dans la vie quotidienne des lecteurs peut renforcer cette perception d'une proximité entre l'enseigne et le lecteur. L'enseigne montre qu'elle s'intéresse à ses lecteurs, connaît leurs difficultés et qu'elle pense à eux dans la résolution de leurs problèmes quotidiens.

La connivence, la complicité, cette entente quasi secrète entre le lecteur et l'enseigne se développent dans les catalogues et dépliants. En témoigne le catalogue thématique de Carrefour spécial fête des mères et intitulé « Interdit aux mamans ».

---

28. Holbrook M.B. & Hirschman E.C., « The Experiential Aspects of Consumption : Consumer Fantasies, Feelings and Fun », *Journal of Consumer Research*, vol. 10, february 1982.

À la demande de l'annonceur, les visages ont été volontairement estompés.

© Carrefour

## Merchandising et dépliant publicitaire

L'évolution de la distribution et des concepts de magasin conduit à des modifications au niveau de la présentation des produits dans les prospectus. Le merchandising évolue, la communication de l'offre commerciale s'en trouve modifiée. Ainsi les distributeurs sont-ils de plus en intéressés par une présentation des produits par univers d'achat. Les univers d'achat se retrouvent dès lors dans les catalogues qui sont les vitrines des magasins. Ainsi, de la même manière que les hypermarchés réorganisent leur rayon de manière à répondre à un même type de besoin, communiquent-ils en respectant ce nouveau type de merchandising. Plutôt que de trouver des prospectus présentant de multiples produits, on va trouver des dépliants spécialisés sur des univers : l'univers du bébé, l'univers des jeunes… avec un ciblage plus ou moins important.

Une part croissante de l'espace du catalogue est consacrée à des éléments d'information divers, non liés de façon directe aux produits présentés. La maquette est de plus en plus éclatée et l'espace accordé au sommaire, aux recettes, aux flashs d'information, aux conseils beauté semble prendre de plus en plus d'importance. Le catalogue qui constitue une véritable vitrine pour l'enseigne de distribution apporte des éléments d'information au consommateur. Il se rapproche du magazine féminin, offre un espace de détente, d'émotion et de plaisir. En ce sens, il permet à l'enseigne d'apporter au consommateur une véritable valeur ajoutée, et ainsi de se différencier. Par ailleurs, fidéliser un consommateur au catalogue de l'enseigne par les éléments complémentaires qui y sont proposés constitue un moyen pour l'enseigne d'être certain que l'acheteur sera exposé régulièrement à ses nouvelles offres commerciales. La fidélisation au catalogue constitue dès lors un outil de fidélisation à l'enseigne.

L'élaboration d'un imprimé publicitaire présente deux principales difficultés, relatives d'une part à la présentation de produits très hétérogènes et, d'autre part, au décalage susceptible d'exister entre la présentation de ceux-ci sur catalogue et leur présentation en magasin.

Un catalogue sera d'autant plus délicat à réaliser qu'il contient des produits hétérogènes, générant des niveaux d'implication et des réponses émotionnelles différentes.

Il est, en effet, particulièrement délicat de faire figurer dans un même catalogue des produits anomaux fortement impliquants et des produits banals, par définition faiblement impliquants. Cette cohabitation est d'autant plus délicate que les mécanismes utilisés pour communiquer sur ces produits sont différents, parce que les attentes des consommateurs envers ceux-ci ne sont pas les mêmes. Ainsi, comment communiquer dans un même dépliant sur un parfum et du produit à vaisselle ?

Le premier produit fait appel à l'émotion, l'imaginaire, le second est rationnel et peu générateur d'émotion !!! Ainsi, lorsque dans un même prospectus cohabitent (même à plusieurs pages d'intervalle) des produits générant une telle différence d'implication, peut-on se poser la question des effets d'une telle cohabitation sur la perception qu'en aura le lecteur.

Certes ce type de problème se pose essentiellement pour les généralistes commercialisant sous un même toit des produits très hétérogènes. Différentes solutions peuvent être trouvées :
• avoir recours à des catalogues spécialisés par type de produit ;
• développer des catalogues au sein desquels seront présents des produits générant des niveaux d'implication comparables ou dont la juxtaposition apparaîtrait logique dans l'esprit du lecteur ;
• réfléchir à une évolution séquentielle de présentation des produits dans le catalogue de façon à ce que le passage d'un produit impliquant à un produit peu impliquant se fasse de la façon la plus naturelle possible et sans « choquer » le lecteur.

### ● Présentation des produits en catalogue et en magasin

Une seconde difficulté réside dans la présentation des produits présentés en catalogue par rapport à leur présentation en magasin. À notre avis, il convient d'éviter deux types de problèmes qui pourraient être source d'insatisfaction pour le consommateur. Il est nécessaire :
• que le consommateur puisse retrouver facilement en magasin le produit présenté dans le catalogue, ce qui se traduit par la nécessité d'une visibilité suffisante en magasin des produits promus dans le dépliant, l'objectif étant alors de limiter le temps et l'effort consacrés à la recherche du produit dans le magasin ;
• qu'il ne perçoive pas un décalage trop important entre les produits tels qu'ils sont présentés dans le catalogue et dans le magasin, une mise en place très agréable sur catalogue avec une présentation peu soignée en magasin risquant de se traduire par une déception du consommateur lors de sa visite au point de vente. La valorisation du produit en magasin doit être cohérente avec celle qui a été faite sur le catalogue. Dans le cas contraire, un décalage entre produit promu et produit effectivement vendu pourrait se traduire à terme par une dévalorisation de l'enseigne dans l'esprit de l'acheteur.

### 6.5. La création en pratique

L'analyse des chiffres relatifs aux imprimés en boîte à lettres montre que le soin apporté à l'élaboration des dépliants par les distributeurs est bien réelle. En effet, on note que la progression des dépenses consacrées aux imprimés est deux fois plus importante que celle des quantités distribuées. Les dépliants sont réalisés en quadrichromie, ils sont plus sophistiqués et plus épais ; les coûts de fabrication augmentent donc.

Les dépliants semblent ainsi être réalisés avec davantage de soin par les distributeurs. La qualité du papier a été améliorée, et les « dépliants sur papier journal en grand format ont quasiment disparu ». En revanche, les catalogues en quadrichromie qui ressemblent à des magazines ou à des documents de vente par correspondance se multiplient. Les distributeurs vont préférer soigner leur communication qui constitue un vecteur d'image de leur enseigne.

De plus, entre 1996 et 1997, les résultats de l'étude Arbalet indiquent un accroissement global du nombre de produits présentés dans les prospectus de 6 %. Pour les hypermarchés, cette progression est de 7 % et pour les supermarchés de 2 %. Ainsi, les publicités en boite aux lettres comprennent-elles plus de produits et davantage de pages.

## 7. L'organisation d'une opération de marketing direct non-adressé

Une campagne de marketing direct non-adressé peut être organisée par une enseigne à un niveau local, régional ou national. L'organisation peut donc être centralisée ou décentralisée. La centralisation de la communication assure une harmonisation de la politique d'enseigne. Elle permet la mise en œuvre d'une communication plus homogène entre des points de vente fédérés pour une même enseigne. Plutôt que de laisser chaque acteur local responsable de sa communication, la centralisation permet d'éviter un non-respect du concept d'enseigne et de véhiculer une image multiple, et donc floue, de l'enseigne auprès du consommateur.

D'autres raisons militent en faveur d'une centralisation des décisions : la possibilité de mettre en œuvre des moyens plus importants au niveau national ou de coupler le marketing direct non-adressé avec d'autres médias (radio, affichage), la possibilité de bénéficier d'économies d'échelle et de réduire les coûts.

Une centralisation ou un minimum de coordination entre des actions de communication menées par différents points de vente doit permettre d'éviter certaines incohérences relatives au déroulement d'actions commerciales menées par plusieurs magasins. « Leclerc a dû instaurer des dates communes pour ses foires aux vins (s'étendant de début septembre à fin novembre) avec un tronc commun d'une dizaine de références et un plan massif d'affichage et de radio. »

Actuellement, on assiste à un accroissement des promotions initiées par les centrales nationales ou régionales au détriment des opérations conçues localement par un magasin[29] ; ainsi, les opérations nationales sont-elles désormais la règle. Un magasin isolé adhère à des programmes nationaux ou régionaux et il réalise peu de communication locale. Leclerc est selon la pige réalisée par A3 Distrib l'une des enseignes où le poids des actions nationales est le moins important.

# 8. Le coût et le financement d'une campagne de marketing direct non-adressé

## 8.1. Le coût d'une opération de marketing direct non-adressé

Le coût d'une opération de non-adressé est fonction de plusieurs paramètres, parmi lesquels le type d'imprimé utilisé (tract, dépliant, catalogue, *consumer magazine*...), la qualité du papier et le volume du prospectus. Les catalogues de fin d'année sont, par exemple, souvent plus coûteux que les autres types d'imprimés en boîte à lettres, en raison du soin particulier qui leur est apporté et de l'importance de leur pagination. Le coût du marketing direct non-adressé varie également en fonction du portage choisi et du ciblage opéré. Selon l'Union française du marketing direct, le coût moyen d'un dépliant peut être évalué entre 1,19 francs et 1,39 francs (distribution comprise), selon le portage choisi avec ciblage ou non.

Pour les distributeurs, le coût d'une campagne de publicité en boîte à lettres serait de 10 millions de francs avant diffusion des imprimés et de 15 millions de francs après leur distribution (Jean-Pierre Leterrier, PDG d'Arbalet – Analyse et recherche dans les boîtes à lettres)[30].

Puisqu'une enseigne de distribution réalise en moyenne deux opérations de marketing direct non-adressé par mois, la seule communication par prospectus représenterait un budget de 150 à 700 millions de francs par an, selon les enseignes. Une grande partie de ce montant est néanmoins supportée par les industriels.

## 8.2. Le financement des imprimés publicitaires

### • La participation financière des fabricants

L'engouement des distributeurs pour les prospectus s'explique, en partie, par leur mode de financement, une partie de leur coût étant pris en charge par les

---

29. *Libre-Service Actualités*, n° 1549, 28 août 1997.
30. « Le marketing direct ciblé supplantera-t-il les prospectus ? », *CBNews* n° 5716 du 17 au 23 mai 1999.

fabricants. En effet, une participation financière est souvent demandée au fabricant lorsqu'un ou plusieurs de leurs produits figure(nt) au sein du prospectus émis par un distributeur. Le niveau de la participation financière est souvent délicat à évaluer, distributeurs et producteurs demeurant particulièrement silencieux sur ce point. Dans l'anonymat, les dirigeants d'une grande entreprise alimentaire affirment que la présence de leur produit dans le prospectus Carrefour pour les 35 ans de l'enseigne leur aurait coûté entre 800 000 et 1 million de francs.

Cette participation au financement se justifierait, selon les distributeurs, par le fait que le prospectus constitue un vecteur de communication pour la marque du fabricant. Le fabricant bénéficiera nécessairement des retombées commerciales sur son produit. De plus, l'organisation d'une campagne de marketing direct non-adressé est à l'origine d'un accroissement de trafic au point de vente, trafic qui pourra, selon les distributeurs, n'être que profitable aux marques présentes en magasin.

La présence des produits dans les prospectus serait d'une certaine manière comparable à l'achat d'espaces publicitaires : le producteur négocie avec le distributeur un espace qui sera dédié à son produit de manière à faire connaître ce dernier, à le faire apprécier ou à le faire acheter par le consommateur. La différence qui existe entre l'achat d'espaces publicitaires et le financement des prospectus réside néanmoins dans le fait qu'en ce qui concerne ces derniers, aucun tarif connu et affiché n'est disponible. Le budget demandé est fixé au moment des négociations, il est fonction du potentiel de la marque : ainsi « un grand producteur tel que Coca Cola paiera plus cher que la petite marque régionale… »

* *Le financement de l'imprimé publicitaire et le développement des marques de distributeur*

La présence accrue des marques propres dans les prospectus répond au souhait du distributeur de se différencier de la concurrence et de fidéliser sa clientèle. Cette présence limite la place qui pourra être consacrée aux marques nationales, privant ainsi le distributeur d'une partie de ses sources de financement. Pourtant, cette diminution de la participation financière des fabricants ne doit pas, semble-t-il, remettre en cause la volonté des distributeurs de communiquer sur les marques propres par le biais des imprimés publicitaires. Les marques de distributeur représentent un potentiel important de développement pour les enseignes de distribution et elles participent activement à la différenciation de l'enseigne.

Le *consumer magazine* possède différentes sources de financement qui lui sont tout à fait spécifiques. D'une part, son financement peut être assuré par les recettes publicitaires. En effet, au même titre qu'un magazine, il est possible de commercialiser des espaces publicitaires auprès des annonceurs. D'autre part, le *consumer magazine* peut être vendu aux clients ou aux consommateurs et non plus offert. La tarification au consommateur garantit alors au distributeur une rentrée d'argent supplémentaire.

Comme le note Philippe Ingold[31], conseil en promotion, « la tentation est grande, quand on a pris l'habitude de vendre aux industriels des espaces dans des prospectus à des prix surévalués par rapport à leur efficacité réelle, de rééditer l'opération avec le magazine. Mais y succomber serait une erreur. Car la loi Galland favorise le meilleur outil de différenciation des enseignes : leur MDD. Ils serait dommage qu'elles l'écartent de leur magazine… pour faire plus de place aux budgets des marques nationales !!! »

# 9. Étude et contrôle des publicités en boîte à lettres

Les distributeurs engagent des sommes très importantes dans la conception des imprimés publicitaires. Il apparaît dès lors fondamental de faire des enquêtes auprès des consommateurs pour évaluer leur perception de ces imprimés, mais également de faire de la veille concurrentielle pour se tenir informé des actions menées par les enseignes concurrentes.

## 9.1. Les enquêtes auprès des consommateurs

Les enquêtes effectuées auprès des consommateurs permettent de mesurer :
• la conservation de l'imprimé publicitaire (le destinataire conserve-t-il ou non le document ?) ;
• la perception des imprimés publicitaires ;
• l'influence des imprimés sur le comportement d'achat des consommateurs ;

---

31. *Libre-Service Actualités*, n°1541, 29 mai 1997.

- les attentes des lecteurs vis-à-vis de la publicité non-adressée (quels sont les produits qu'ils aimeraient y trouver ? Quels sont les produits superflus ?...).

Les tableaux qui suivent présentent le type d'information collectée auprès des consommateurs lors d'études commanditées par la grande distribution. De telles études ont pour objet de permettre une évaluation comparative du catalogue par rapport aux principaux catalogues émis par les concurrents. Elles visent à évaluer l'attraction exercée par le catalogue sur les consommateurs et à mesurer son taux de lecture et sa capacité à provoquer un déplacement au point de vente. Les chiffres qui sont présentés sont relatifs aux imprimés Carrefour distribués lors du « Mois historique » réalisé par l'enseigne.

| Carrefour/concurrence | | Aspect | | Contenu | | Aspect + contenu | |
|---|---|---|---|---|---|---|---|
| | | Attirant | Non attirant | Attirant | Non attirant | Attirant | Non attirant |
| Carrefour | Le mois historique n° 1 +2 +3 | 78 % | 22 % | 69 % | 31 % | 58 % | 12 % |
| Auchan | 3 catalogues | 68 % | 32 % | 59 % | 41 % | 47 % | 15 % |
| Leclerc | 3 catalogues | 71 % | 29 % | 65 % | 35 % | 53 % | 15 % |

| Carrefour/concurrence | | Taux de réception* | Taux de lecture** | Taux de visite |
|---|---|---|---|---|
| Carrefour | Le mois historique n° 1 +2 +3 | 83 % | 82 % | 19 % |
| Auchan | 3 catalogues | 80 % | 86 % | 14 % |
| Leclerc | 3 catalogues | 56 % | 80 % | 16 % |

\* taux de réception et de lecture sur 100 % clientèle sur zone de l'enseigne
\*\* taux de visite total décidé à la réception du prospectus

© Carrefour

Par ailleurs, il convient de noter que des études permettent d'approfondir les éléments d'appréciation du catalogue. Des commentaires des consommateurs sont en effet collectés afin de mieux cerner les éléments forts ou faibles du catalogue ainsi que le rôle joué par les produits au sein de celui-ci.

## 9.2. La veille concurrentielle des dépliants

Parce que les messages destinés aux boîtes à lettres sont moins visibles que les actions de communication réalisées au travers des médias classiques, il est plus difficile pour les distributeurs de se tenir informés des actions réalisées par la concurrence dans ce domaine. Néanmoins la distribution souhaite :

- connaître la nature des opérations effectuées par les concurrents ainsi que la période de la communication ;
- identifier de manière précise le contenu des opérations effectuées par les concurrents (type de produit présenté, prix affiché, mécanisme promotionnel utilisé, conditionnement choisi, thème de communication choisi, méthode d'animation des rayons) ;
- analyser la forme des dépliants et catalogues émis par les concurrents (mise en page, volume du catalogue…).

C'est l'une des missions de la société Arbalet qui recueille des dépliants publicitaires à travers toute la France grâce à un panel créé en 1993 et constitué d'environ 500 panélistes. Par ailleurs, cette société a constitué une base de données à partir de ces dépliants constituée de 110 000/115 000 références. Tous les produits présentés dans les prospectus sont relevés avec leur spécificité, en tenant compte de l'offre promotionnelle éventuelle qui leur est associée.

## 10. L'évolution du marketing direct non-adressé en tant que média de la distribution

Les investissements des distributeurs en prospectus sont colossaux : ainsi la grande distribution achète-t-elle désormais davantage de papier que toute la presse réunie[32]. Il convient de tenter d'analyser les évolutions futures du non-adressé.

### 10.1. La stratégie des enseignes

La tendance des enseignes de distribution est à la construction d'une image afin de se différencier de la concurrence. La forme de l'imprimé publicitaire a évolué et risque de poursuivre son évolution vers des imprimés plus soignés et plus volumineux.

---

32. *Point de vente*, 28 octobre 1998.

Par ailleurs, la volonté de certaines enseignes de profiter du catalogue pour commercialiser leurs produits à distance pourrait également être à l'origine d'une pagination plus importante de l'imprimé publicitaire.

## 10.2. Le développement d'autres formes de communication

### ● Vers un marketing direct adressé ?

De nouvelles formes de communication tendent à se développer dans le secteur de la distribution. Les distributeurs se tournent notamment vers les techniques du marketing direct adressé. Ainsi, à partir de fichiers ou de bases de données marketing souvent constituées grâce aux cartes de fidélités, tentent-ils de personnaliser leur relation avec la clientèle et de leur communiquer, de façon nominative, leur offre commerciale. Ainsi, selon le cabinet Ernst & Young, 85 % de la grande distribution française possède-t-elle un programme de fidélité avec fichier qualifié. Par exemple, dans le groupe Casino, l'enseigne d'hypermarché Géant a diminué son nombre de prospectus de 15 % en 1998[33]. Désormais, sa stratégie de communication évolue en faveur du marketing direct adressé. Les fichiers effectués à partir de sa carte « Avantage » lancée en 1997 constitue le support à ces opérations ciblées.

Le marketing direct adressé s'intègre particulièrement bien aux nouveaux objectifs des enseignes de distribution qui sont passées d'une stratégie concurrentielle à une stratégie de fidélisation. Par ailleurs, le marketing direct adressé permet un ciblage très précis des clients et prospects. De ce fait, il possède un taux de retour supérieur à celui du non-adressé. Ainsi les opérations effectuées par le groupe Casino se traduiraient-elles par des taux de retour de 10 à 47 %.

Néanmoins le coût de l'adressé demeure supérieur à celui du non-adressé.

Le non-adressé et l'adressé peuvent ainsi être considérés, dans certains cas, comme complémentaires, le non-adressé permettant la constitution et le développement d'une base de données marketing indispensable à la mise en œuvre d'opérations de marketing direct adressé. Le marketing direct non-adressé permet en effet d'amener de nouveaux prospects au point de vente auxquels on proposera la carte de fidélité de l'enseigne. Le non-adressé permet également de générer une remontée d'information.

---

33. « Le marketing direct ciblé supplantera t-il les prospectus ? », *CB News*, n° 571 du 17 au 23 mai 1999.

## 10.3. Le risque de saturation

### ● Le volume de l'édition publicitaire de la distribution

L'un des problèmes posés par l'imprimé en boîte à lettres est le risque de saturation des foyers concernés. Ainsi, en période de pointe, les boîtes à lettres contiennent-elles près de 14 tracts par semaine (tous secteurs confondus). Plus de 7 milliards d'imprimés sans adresse auraient été, selon la société Arbalet, diffusés par la grande distribution en 1998[34]. Ce qui correspond à une moyenne de 310 prospectus par foyer chaque année.

### ● La simultanéité des opérations de marketing direct non-adressé

La difficulté réside dans la simultanéité des actions de communication de non-adressé. En effet, les opérations sont en général effectuées durant les mêmes périodes par l'ensemble des distributeurs qui se trouvent en concurrence pour attirer les prospects. Il peut ainsi y avoir un encombrement dans les boîtes à lettres à certaines périodes de l'année, mais également à certains moments du mois, et ce pour différentes raisons :

- Les opérations de marketing direct non-adressé ont souvent lieu à des périodes qui sont des moments clefs de l'année pour le consommateur, en ce qui concerne ses actes d'achat et de consommation. C'est par exemple le cas de la rentrée des classes, des fêtes de fin d'années ou des fêtes de Pâques.
- Les distributeurs privilégient certaines dates dans le mois et ils préfèrent communiquer par le biais du non-adressé en début de mois plutôt qu'en fin de mois, suivant ainsi le rythme des fiches de paie…

Mais cet encombrement des boîtes à lettres est encore renforcé par les actions tactiques des distributeurs qui proposent des imprimés afin de contrer une action de communication d'un concurrent, augmentant ainsi les risques de saturation de la cible (ex Auchan).

## 10.4. L'influence de l'euro sur les imprimés

### ● Le territoire de diffusion des imprimés publicitaires

L'utilisation de la monnaie unique européenne rend particulièrement aisées les comparaisons entre produits identiques ou comparables entre les pays de

---

34. *Libre-Service Actualités*, n° 1618, 18 février 1999.

la communauté. Il devient facile pour un acheteur résidant à proximité d'une frontière de comparer les prix entre des magasins concurrents situés de part et d'autre de la frontière. La mise en place de la monnaie unique risque d'accroître le nombre de déplacements effectués par les acheteurs soucieux de profiter des prix les plus intéressants dans les régions transfrontalières.

Le territoire d'intervention des distributeurs risque de s'en trouver modifié. La présence de l'euro est susceptible de modifier les zones de chalandise des points de vente situés à proximité des frontières.

Les distributeurs pourront agir de manière à ce que cette modification des zones de chalandise se fasse au profit de leur(s) point(s) de vente. Leur communication apparaît fondamentale, en ce sens qu'elle doit permettre de faire connaître l'offre commerciale de leur(s) point(s) de vente auprès des prospects situés en dehors du territoire national. La publicité non-adressée constitue un outil particulièrement intéressant pour élargir le périmètre d'action d'un magasin.

### ● Quelques questions posées quant à l'utilisation du non-adressé

Différentes questions peuvent être posées par les distributeurs dans le cadre de la mise en place d'une opération de marketing direct non-adressé à l'extérieur du territoire national :

➢ Comment utiliser le non-adressé pour élargir la zone de chalandise du point de vente ?

➢ Faut-il proposer les mêmes imprimés publicitaires de part et d'autre de la frontière ou une adaptation (outre la langue) est-elle nécessaire ?

➢ Quelle doit être la forme de ces imprimés ? Tracts ? Catalogues ?... Faut-il réaliser des prospectus ou des dépliants thématiques ?

➢ Quel doit être le contenu de ces imprimés en terme d'offre ? Quels types de produits faut-il proposer pour provoquer le déplacement des prospects des autres pays ? Des produits impliquants sont-ils davantage susceptibles de provoquer un déplacement de comparaison ? Faut-il proposer des offres promotionnelles ? De quelle nature et comment les valoriser ?...

Il convient de noter que certaines stratégies déjà mises en œuvre au niveau national pourront être utilisées dans le cadre de l'élargissement de la zone de chalandise des points de vente. Citons, par exemple, l'offre de « super bon de réduction » qui aurait pour mission d'attirer les personnes dont les lieux d'habitation se situeraient à « cheval » sur la zone de chalandise de deux points de vente concurrents situés de part et d'autre de la frontière.

## 11. Le marketing direct non-adressé dans la politique de communication des distributeurs : quelques chiffres

Actuellement les distributeurs investissent dans de nombreux vecteurs de communication, relevant à la fois des médias classiques et du hors média. « Le hors média représente une part prépondérante du budget de ces annonceurs dans la mesure où il absorbe 75 % des budgets des grandes chaînes alimentaires contre 25 % pour les médias traditionnels. »[35] Pour conclure ce chapitre, il apparaît intéressant de fournir certains chiffres relatifs à l'utilisation de l'imprimé en boîte à lettres par les distributeurs, ainsi qu'à leur évolution.

### ● La place du marketing direct non-adressé dans la communication du distributeur

La publicité en boîte à lettres constitue un outil essentiel dans la stratégie de communication des distributeurs. Les dépliants publicitaires, quelle que soit leur forme, représentent entre 40 et 70 % des budgets publicitaires des GSA[36]. Selon une estimation de la société Arbalet, société d'étude spécialisée dans l'analyse du contenu des boîtes à lettres, le volume de l'édition publicitaire de la distribution aurait été de 6,5 milliards de tracts en 1997. En 1998, la quantité de dépliants diffusés par la distribution peut être estimée à plus de 7 milliards de prospectus. La distribution constitue ainsi un gros utilisateur des imprimés en boîte à lettres.

| Les prospectus (opérations, événements, promotions) (adapté de LSA n° 1618, février 1999) | | | | |
|---|---|---|---|---|
| Poids | Champs d'application | Objectifs | Points forts | Limites |
| Plus de 7 milliards de dépliants par an diffusés par les grandes surfaces Entre 40 % (super) et 70 % (hyper) des budgets publicitaires des GSA | Essentiellement grande surface alimentaire Plus certains spécialistes (Leroy Merlin, But, Casto). | Création de trafic (faire venir des clients qui ne seraient pas venus sans cette sollicitation) Découverte d'univers de produits | Le meilleur outil pour inciter au déplacement Arme contre les actions des concurrents Image discount, dynamisme | Touchent surtout les clients occasionnels et ne récompensent pas les fidèles Actions des concurrents concentrées sur les mêmes périodes : jeu à somme nulle, risque de saturation, de banalisation |

---

35. *Libre-Service Actualités*, n° 1546, 3 juillet 1997.
36. *Libre-Service Actualités*, n° 1618, 18 février 1999.

Selon une étude réalisée par Arbalet pour le compte de l'Union française de marketing direct, la diffusion des ISA par des distributeurs aurait fortement progressé entre 1994 et 1998 : ainsi, le volume d'imprimés **en boîte à lettres** diffusés par la distribution est-il passé de 4,8 milliards de tracts en 1994 à 7,2 milliards en 1998.

| Estimation de la diffusion (en milliards) (source : études Arbalet/UFMD de 1994 à 1997 ; LSA n° 1618, février 1999) | | | | |
|---|---|---|---|---|
| 1994 | 1995 | 1996 | 1997 | **1998** |
| 4,8 | 5,3 | 6,3 | 6,5 | 7,2 |

Le tableau suivant présente le nombre d'opérations réalisées par les différentes enseignes de distribution. Il indique que les généralistes sont les principaux utilisateurs de la publicité en boîte à lettres puisque, sur 7 269 opérations réalisées, 5 875 l'ont été par des enseignes généralistes. Elles sont ainsi à l'origine de 80 % des opérations de marketing direct non-adressée en BAL.

| Nombre d'opérations par catégorie d'enseignes (source : Arbalet/LSA n° 1618, 18 février 1999) | | |
|---|---|---|
| **Enseignes** | **1998** | **1998-1997** |
| Bricolage | 511 | 16 % |
| Freezer | 54 | – 5 % |
| Principaux généralistes | 5 875 | 14 % |
| Hard discount | 441 | 65 % |
| Jardinerie | 212 | 9 % |
| Autres | 176 | 31 % |
| Total | 7 269 | 17 % |

En ce qui concerne les taux de croissance, notons que les *hard-discounters* ont augmenté le nombre d'opérations BAL de 65 % contre 16 % pour les enseignes de bricolage et 14 % pour les enseignes généralistes. Le taux élevé du *hard discount* se justifie certainement par un rattrapage du fait d'une faible utilisation de ce mode de communication.

| Nombre d'opérations par catégorie d'enseignes en 1998 (source : Arbalet/LSA n° 1618, 18 février 1999) | | | |
|---|---|---|---|
| **Répartition** | **Nationale** | **Régionale** | **Locale** |
| Bricolage | 149 | 223 | 139 |
| Freezer | 34 | 18 | 2 |
| Principaux généralistes | 859 | 2 761 | 2 255 |
| Hard discount | 78 | 272 | 91 |
| Jardinerie | 15 | 155 | 42 |
| Autres | 84 | 64 | 28 |
| Total | 1 219 | 3 493 | 2 557 |

Selon Arbalet, le nombre d'opérations en boîte à lettres était de 7 269, 1 219 ayant été réalisées au niveau national, 3 493 au niveau régional (plusieurs magasins réunis sur un département) et enfin 2 557 au niveau local (supportées par un seul point de vente). Le taux de progression du nombre d'opérations menées en 1998 se monte ainsi à 17 % par rapport à 1997.

# CHAPITRE 4

# Le marketing direct non-adressé des producteurs de biens et services de grande consommation

Un producteur de biens ou de services peut mettre en place des opérations de marketing direct non-adressé. Le marketing direct non-adressé lui permet de faire connaître, de faire aimer ou de faire acheter les produits ou services qu'il commercialise. Celui-ci peut être utilisé seul ou couplé avec d'autres supports, l'objectif étant alors de renforcer l'impact de sa communication. Cette forme de communication peut être utilisée dans le cadre d'une stratégie concurrentielle et elle constitue alors un moyen de lutte contre le développement des marques de distributeur ou celui des marques concurrentes. Par ailleurs, le marketing direct non-adressé permet d'instaurer des relations directes avec les consommateurs et de développer avec eux une relation de proximité. Par ce biais, il est susceptible de modifier la nature de la relation entre le producteur et le distributeur, soit en augmentant le pouvoir de négociation ou la capacité de riposte du fabricant vis-à-vis du distributeur, soit en favorisant le développement d'une coopération entre les protagonistes. Enfin, le marketing direct non-adressé s'inscrit parfois dans la stratégie de produits du producteur.

## 1. Les objectifs du marketing direct non-adressé du producteur

### 1.1. Le marketing direct non-adressé dans les stratégies concurrentielles

En premier lieu, la mission du marketing direct non-adressé, dans le cadre d'une stratégie concurrentielle, est de contrer l'expansion des marques

**141**

concurrentes, que celles-ci soient des marques de distributeur ou des marques nationales.

### 1.1.1. Un moyen de lutte contre les marques propres

Les marques de distributeur entrent en concurrence avec les marques proposées par les fabricants. La place prise par les MDD dans les rayons est sans cesse croissante, augmentant encore les difficultés de référencement pour les marques nationales. Le consommateur réagit, par ailleurs, de façon favorable aux produits proposés par les distributeurs et, dans certains cas, il n'hésite pas à se détourner des marques nationales au profit des marques propres qu'il considère comme étant de bonne qualité, mais moins chères. Il semble ainsi accorder moins d'importance à la marque au moment de l'achat.

Devant ce constat, les producteurs cherchent à mettre en place des stratégies afin de contrer l'évolution des marques propres. Le principal enjeu des fabricants est, de ce fait, de re-sensibiliser le consommateur à la marque et de renforcer la présence de leur marque dans son esprit au moment de l'acte d'achat. Le marketing direct non-adressé constitue, à ce titre, un levier d'action particulièrement intéressant.

#### 1.1.1.1. Sensibiliser l'acheteur à la marque.

* *La sensibilité de l'acheteur à la marque*

La marque peut revêtir une importance plus ou moins grande aux yeux de l'acheteur au moment de sa décision d'achat. Un acheteur est dit « sensible » à la marque s'il prend en compte la **marque** dans son processus de décision, si celle-ci joue un rôle dans la formation de ses choix[1]. Le consommateur est sensible à la marque s'il tient à consulter l'information « quelle est la marque » au moment de sa décision d'achat.

Face à un linéaire, un acheteur prendra en compte la marque, lors de son choix dans une catégorie de produits donnés, tandis qu'un autre ne lui accordera qu'une importance secondaire. Par exemple, un acheteur, qui est sensible à la marque aura tendance à opérer son choix entre les différents produits proposés, en tenant compte de la marque qui y est apposée.

Une faible sensibilité à la marque se traduit par un risque d'achat par le consommateur des marques de distributeur. En effet, une personne peu sensible à la marque est susceptible de se tourner vers les marques de distributeur au moment de l'achat. La marque ayant pour elle peu d'importance et n'étant

---

1. Kapferer J.-.N et Laurent G., *La sensibilité aux marques, marché sans marques, marché à marques*, Éditions d'Organisation, 1992.

pas un critère de choix, elle opte alors plus facilement pour les produits proposés par le distributeur.

● Vers un marketing de la différenciation ?

Différents travaux ont permis de mettre en évidence les facteurs explicatifs de la sensibilité à la marque. La croyance aux différences entre marques semble être un facteur explicatif de la sensibilité à la marque. Ainsi un consommateur aura-t-il une faible sensibilité à la marque s'il perçoit une faible différence entre marques nationales et marques de distributeur. Dès lors, les fabricants des marques nationales doivent pratiquer un marketing de la différenciation. Ils doivent se différencier des marques propres et proposer des produits offrant une réelle valeur ajoutée aux consommateurs. La création de valeur peut être réelle et porter sur des éléments objectifs du produit ou être imaginaire et reposer sur des attributs plus subjectifs. Il s'agit de créer un écart entre marques nationales et marque de distributeur et de le conserver.

Créer et maintenir cet écart n'est pas suffisant, encore faut-il que les consommateurs le perçoivent. Les fabricants doivent donc communiquer sur cette différenciation et l'imprimé publicitaire constitue, à ce titre, un support de communication particulièrement bien adapté : en offrant d'importants espaces de communication, l'imprimé publicitaire offre la possibilité de démontrer la supériorité de la marque, de montrer ses innovations, d'insister sur sa valeur ajoutée. Il lui est également possible de développer un argumentaire, de présenter l'origine et les sources de la supériorité du produit, au travers d'une démonstration rationnelle (présentation de la fabrication du produit, des procédures qualités, des matières premières employés, des tests effectués…) ou d'une approche plus affective.

### 1.1.1.2. Renforcer la présence de la marque dans l'esprit de l'acheteur

L'autre moyen d'action pour les fabricants de contrer l'évolution des marques de distributeur est de renforcer la présence de leur marque dans l'esprit du consommateur au moment où celui-ci opère son choix.

● Le moment du choix de la marque

Depuis quelques années, la situation des fabricants a changé. L'un de ces changements majeurs réside, selon Dussart[2], dans le moment du choix de la

---

2. Dussart C., *Décisions marketing*.

marque par les acheteurs. Il y a une dizaine d'années, le choix de la marque se faisait avant d'entrer en magasin et non pas à l'intérieur du magasin. Aujourd'hui les choses se sont inversées. Ainsi, comme le note l'auteur, pour certaines catégories de biens de consommation, la proportion des choix d'une marque pris en magasin est majoritaire. Par exemple, ce chiffre serait de 56 % dans le secteur de l'hygiène beauté en France.

### ● Influer sur le moment de prise de décision

L'enjeu pour les fabricants est de renforcer la présence de leur(s) marque(s) dans l'esprit de l'acheteur avant que celui-ci ne se rende en magasin. L'objectif est d'influer sur le moment du choix de la marque. En effet, l'absence de choix préalable à l'entrée du point de vente se traduit par une forte sensibilité de l'acheteur aux actions promotionnelles en magasin. Par ailleurs, elle renforce le risque que le choix du consommateur ne se fasse en faveur des marques de distributeur, présentes dans les linéaires du point de vente.

Une communication directe avec le consommateur permet de court-circuiter l'omniprésence des distributeurs. L'enjeu est d'« avancer » le moment de la prise de décision du consommateur afin que celui-ci ait une idée précise de la marque qu'il souhaite acheter avant sa venue au sein du point de vente. Il s'agit donc d'influer sur le processus de décision du consommateur. Le fabricant peut pour cela distribuer des imprimés publicitaires dans les boîtes à lettres ou dans des endroits où il est susceptible d'atteindre sa cible avant que celui-ci ne se rende au sein du point de vente. Un simple imprimé, des bons de réduction, la présence des produits dans un *consumer magazine*…, constitue autant de moyens d'inciter les consommateurs à faire un choix préalablement à la visite au point de vente.

---

**Le Bingo des marques : un outil de lutte contre les MDD**

Le Bingo des marques organisé par BSN s'inscrit dans cette stratégie de lutte contre les premiers prix et les marques de distributeur. Conçue par l'agence WCJ en 1993, un remboursement pouvant aller jusque 500 francs était proposé sur seize marques du groupe.

Dix millions de collecteurs ont ainsi été diffusés sur la totalité des bassins de chalandise. Cette opération de promotion directe a été un véritable succès dans la mesure où elle s'est soldée par un chiffre d'affaires additionnel de 350 millions de francs pour un budget total de 100 millions de francs.

Il convient par ailleurs de noter que ce chiffre d'affaires additionnel ne traduit que l'accroissement immédiat lié à la promotion directe. On peut en effet s'attendre à des retombées à plus long terme, difficilement chiffrables, liées à une éventuelle fidélisation de consommateurs qui auraient été séduits par le produit durant la promotion. De plus, une telle opération peut influer sur le rapport de force entre distributeurs et fabricants au moment des négociations.

**144**

## 1.1.2. Une lutte contre les marques nationales

Le marketing direct non-adressé mis en œuvre par les producteurs peut aussi s'inscrire dans le cadre d'une stratégie concurrentielle menée à l'encontre des autres marques nationales. Le marketing direct non-adressé est alors un moyen pour une marque d'être présente dans l'esprit du consommateur au moment où il est confronté à un nouveau besoin, et ce avant que ne le fasse la concurrence. Les fabricants chercheront donc à identifier les individus les plus susceptibles d'être confrontés à un type de besoin : l'objectif est d'être le premier à répondre à un nouveau besoin du consommateur afin de s'intégrer à ses nouvelles habitudes de consommation.

Une telle stratégie est surtout utilisée en marketing direct adressé, dans le mesure où il est possible d'anticiper les besoins futurs des clients grâce à la base de données dans laquelle sont stockées les nombreuses informations sur ces derniers. Cependant, il est possible d'adopter cette démarche dans le cadre du marketing direct non-adressé. Le cas de la *valise rose* remise aux jeunes mamans dans les maternités montre qu'il est possible d'anticiper le besoin des consommateurs et d'y répondre au moment même où celui-ci se fait sentir. Il suffit de choisir un mode et/ou un lieu de distribution des imprimés (et des échantillons) qui soit adapté à la cible. Notons par ailleurs que la publicité en boîte à lettres offre également des possibilités de ciblage sur la base des intentions d'achat. Ce ciblage est possible grâce à un rapprochement avec les méga bases de données de type Claritas ou Consodata.

## 1.2. Le marketing direct non-adressé dans la relation avec le consommateur

Le non-adressé peut être utilisé par les producteurs de biens et services qui souhaitent instaurer des relations en direct avec les consommateurs. Dans ce cas, les objectifs possibles sont multiples : se réapproprier la promotion des ventes, améliorer la connaissance de leur clientèle et construire une base de données, commercialiser en direct les produits de l'entreprise, favoriser le travail de la force de vente sont autant de raisons qui peuvent conduire un producteur à mettre en place des opérations de non-adressé.

### ● Se « réapproprier » la promotion des ventes

Le fabricant peut souhaiter se « réapproprier aux yeux des consommateurs la paternité des promotions qu'ils proposent[3] ». Plutôt que de proposer des pro-

---

3. *Les Dossiers du marketing direct*, n° 195, avril.

motions dans les magasins, promotions qui risquent d'être attribuées au distributeur, le fabricant met l'accent sur l'origine réelle des promotions en la proposant dans d'autres endroits qu'au sein du point de vente (boîtes à lettres notamment).

Cette action de communication est un moyen d'être plus proche des consommateurs et de mettre en évidence le dynamisme commercial de la marque. Elle permet d'éviter que les efforts commerciaux ne soient attribués à l'enseigne de distribution dans laquelle le produit est référencé. Une communication directe de la promotion des ventes par les fabricants a un effet positif sur l'image que les consommateurs ont de la marque mais, en plus, elle contribue à améliorer les relations des fabricants avec les distributeurs, dans la mesure où la diffusion d'imprimés ou d'échantillons aura nécessairement des retombées sur les ventes des points de vente dans lesquels les marques sont référencées.

### ● Améliorer la connaissance de leur clientèle

Certaines formes de marketing direct non-adressé permettent aux producteurs de biens et services d'améliorer la connaissance qu'ils possèdent de leur clientèle. À travers des coupons réponses ou des offres de remboursement, ils peuvent obtenir de l'information sur l'origine, le profil, les attentes ou les comportements de leurs clients ou prospects. Une meilleure connaissance de la clientèle ou des consommateurs leur permet d'adapter leur offre en conséquence. L'instauration d'un lien direct avec le consommateur permet une remontée d'information immédiate et sans interférence.

### ● Construire une base de données marketing

L'information obtenue par le biais d'une opération de marketing direct non-adressé peut, bien sûr, être utilisée par les producteurs pour construire une base de données marketing. Le stockage de l'information permet alors d'instaurer une relation personnalisée avec le client. Cette démarche de marketing relationnel vise à « reprendre en main » la relation avec les clients. L'objectif est donc de communiquer directement avec les clients afin de mieux défendre la marque et/ou de limiter l'influence des distributeurs.

La construction d'une base de données s'inscrit généralement dans le long terme. Les producteurs de biens et services seront amenés à stocker des informations complémentaires résultant de l'ensemble des relations qu'ils auront eues dans le temps avec chaque client. En général, l'utilisation du marketing direct non-adressé dans une perspective de constitution d'une base de données semble être le fait des annonceurs les plus importants.

La construction d'une base de données peut répondre à la volonté des producteurs non seulement de communiquer directement avec leurs clients mais également de leur vendre directement leurs produits. Le marketing direct non-adressé permet de constituer une base de données contenant les noms des prospects susceptibles d'être intéressés par l'offre commerciale des fabricants. Les fabricants peuvent, par la suite, commercialiser directement leurs produits à distance. Une telle stratégie résulte du souhait des dirigeants soit d'étendre leur système de distribution actuel (mise en place d'un système de distribution duale), soit de commercialiser leurs produits uniquement à distance.

Le non-adressé constitue un moyen de qualifier la base de données maison, grâce aux informations collectées par le biais de l'imprimé ou d'un questionnaire joint à l'imprimé.

Le non-adressé constitue, dans certains cas, un moyen d'aider la force de vente dans la commercialisation des produits de l'entreprise. En effet, une remontée d'information par le biais d'un coupon-réponse permet aux vendeurs d'identifier les prospects les plus intéressés qui pourront ensuite être démarchés. Par ailleurs, le non-adressé peut constituer une première phase dans la démarche commerciale, l'objectif étant alors d'annoncer la visite à venir des vendeurs, par le biais de la boîte à lettres notamment.

Le non-adressé peut modifier la nature de la relation entre distributeurs et producteurs en améliorant le pouvoir de négociation de ces derniers et en augmentant leur capacité de riposte. Dans une optique moins conflictuelle et plus axée sur la coopération, le non-adressé peut être appréhendé comme un outil utilisé dans une démarche de construction de partenariat entre distributeurs et producteurs.

### 1.3.1. Augmenter le pouvoir de négociation et la capacité de riposte des fabricants

● **Améliorer le pouvoir de négociation**

L'instauration d'un lien direct avec les consommateurs permet de générer une demande forte qui s'exprimera auprès des points de vente et influencera le pouvoir des différents acteurs au moment de la négociation. Demandée par les consommateurs, une marque a en effet d'autant plus de chance d'être référencée par une enseigne de distribution. Les échantillons directs sont ainsi de plus en plus souvent utilisés par les fabricants comme une aide au référencement Des entreprises telles que L'Oréal, Lever, ou Mölnlycke, utilisent des échantillons dans le cadre du lancement ou du re-lancement de leur(s) produit(s). La distribution d'échantillons en boîte à lettres constitue un moyen d'obtenir une contrepartie de la part des distributeurs au moment des négociations. Notons qu'en raison de leur coût, les distributions d'échantillons sont généralement ciblées.

● **Accroître la capacité de riposte des fabricants**

Le marketing direct non-adressé constitue un outil de riposte des fabricants envers les distributeurs, notamment en cas de déréférencement de leurs produits. Le géomarketing peut, à ce titre en constituer le support.

En cas de retrait de leur produit des linéaires d'une enseigne de distribution, les fabricants peuvent :
* déterminer les points de vente de l'enseigne qui commercialisent des volumes importants de la catégorie de produits concernée ;
* identifier les quartiers dans lesquels résident les principaux clients de ces points de vente ;
* mettre en place une communication en non-adressé, ciblée auprès de ces clients, en leur annonçant une promotion sur leur produit, produit qui n'est présent que dans les magasins concurrents puisque déréférencé dans l'enseigne de distribution en question.

Une telle stratégie entraîne une demande des consommateurs auprès des points de vente de l'enseigne, à laquelle ceux-ci ne sont pas capables de répondre. Elle peut générer une insatisfaction des consommateurs puisqu'ils ne trouvent pas dans les linéaires de l'enseigne les produits promus. Cette stratégie constitue un moyen de pression au moment des négociations et elle devrait aboutir à une réintroduction des produits dans les rayons. Les fabricants peuvent également indiquer sur leur imprimés les points de vente au sein desquels cette opération est mise en place. De cette façon, ils favorisent le trafic au point de vente dans lesquels ils sont présents, au détriment de ceux qui les ont évincés.

**148**

C'est le moyen de riposte que le groupe Danone a utilisé, en 1997, lorsque l'enseigne Intermarché a déréférencé certaines marques d'eaux minérales telles que Évian, Badoit ou Volvic. Le groupe agroalimentaire a fait identifier les magasins de l'enseigne Intermarché qui commercialisaient le plus gros volume d'eau minérale. Puis, le groupe a déterminé les lieux d'habitation des principaux clients de ces points de vente. Enfin, une communication a été mise en place auprès de ces derniers, communication annonçant la réalisation de promotions sur ces marques au sein des points de vente concurrents (Leclerc). Suite à cette riposte, un accord est intervenu entre les protagonistes.

### 1.3.2. Améliorer la coopération entre producteur et distributeur

Mais le marketing direct non-adressé peut être appréhendé par le fabricant non comme un moyen de renforcer son pouvoir de négociation et de riposte mais comme un élément clef dans la construction d'un partenariat avec le distributeur.

* Trade marketing et marketing direct non-adressé

Moins conflictuelles, les relations entre producteurs et distributeurs semblent en France s'orienter progressivement vers des relations plus coopératives. Le développement du *trade marketing*, témoigne de cette évolution. Selon Marc Dupuis et Élisabeth Tissier-Desbordes, le *trade marketing* « est un état d'esprit commun à des fabricants et des distributeurs ayant pour objectif de mieux satisfaire les besoins et les attentes des consommateurs, d'améliorer la rentabilité et la position compétitive des distributeurs en tenant compte de leurs contraintes et de leurs spécificités ».

Pour les fabricants, la vocation du *trade marketing* est de développer, avec les distributeurs, des relations de confiance à long terme en contribuant à l'amélioration de leur rentabilité et de leur position compétitive. L'animation des zones de chalandise des points de vente dans lesquels leurs produits sont référencés peut donc s'inscrire dans une action de *trade marketing*. Les fabricants participent à la création de trafic du ou des points de vente dans lesquelles leurs produits, sont commercialisés. À ce titre, ils répondent à l'une des principales attentes des distributeurs.

La réalisation d'une opération de marketing direct non-adressé dans la zone de chalandise des points de vente dans lequel le produit est présent permet de stimuler la demande et de créer du trafic. Ce trafic sera certes profitable à la marque promue mais également à celle des autres produits présents dans les linéaires du magasin, et notamment à des marques propres de l'enseigne. La marque nationale induit donc en attirant des prospects au point de vente un chiffre d'affaires additionnel pour l'enseigne de distribution.

● *L'intensité de la coopération entre producteur et distributeur en matière de non-adresse*

Différents niveaux de coopération existent entre producteur et distributeur au moment de la mise en place d'une opération de publicité non-adressée. Le fabricant peut diffuser ses dépliants au sein des zones de chalandise des points de vente dans lesquels ses produits sont présents. Les prospects intéressés par l'offre commerciale chercheront alors le produit au sein de différentes enseignes. L'inconvénient majeur est que, sans indication, ils pourront se rendre dans des points de vente ne commercialisant pas la marque promue. Ce qui pourrait entraîner un risque de déception et être à l'origine d'une insatisfaction de la part du prospect, notamment vis-à-vis de la marque[4].

Mais une coopération plus étroite peut être mise en place entre fabricants et distributeurs en matière de publicité non-adressée. Ainsi, un document publicitaire édité par un industriel peut-il être personnalisé en portant le nom et l'adresse du ou des point(s) de vente au sein desquels le produit promu est commercialisé. Une telle action s'inscrit dans une volonté de coopération entre la marque et l'enseigne. La coopération en matière de marketing direct non-adressé, réalisé à l'initiative du producteur, peut être ponctuelle ou au contraire s'inscrire dans le long terme, les protagonistes s'engageant alors sur plusieurs actions concertées dans le temps.

● *Les relations entre producteurs et distributeurs lors d'une opération de non-adressée*

La réussite d'une opération de publicité non-adressée suppose que le client potentiel puisse trouver facilement, au sein du point de vente, le produit promu ou reçu en échantillon. La coopération entre producteurs et distributeurs doit, de ce fait, se poursuivre au niveau du merchandising. Une réflexion commune doit être menée par les protagonistes, de telle sorte que les produits promus soient suffisamment visibles et mis en valeur au sein du ou des point(s) de vente de l'enseigne.

---

4. Il convient de noter qu'une telle stratégie entraîne également, et avant tout, une insatisfaction vis-à-vis de l'enseigne qui ne référence pas les produits promus. À ce titre, elle permet d'accroître, comme nous l'avons dit précédemment, le pouvoir de négociation des fabricants.

### 1.3.3. Répondre aux demandes des distributeurs

Le marketing direct non-adressé, tel qu'il a été présenté précédemment, relate des opérations effectuées à l'initiative des fabricants. Il convient de rappeler que les fabricants, sans être toujours à l'initiative de ce type d'opération, sont souvent présents dans les imprimés publicitaires des distributeurs (cf. le chapitre sur la distribution). Les distributeurs proposent aux fabricants une place pour leurs produits dans les dépliants publicitaires qu'ils conçoivent en échange d'une participation financière.

Dans ce cas, un besoin de contrôle des fabricants par rapport aux distributeurs se fait ressentir :
- les comptes-clefs des industriels vont être « soucieux de vérifier qu'une insertion au sein d'un prospectus et négociée au niveau de la centrale fait bien l'objet d'une distribution au niveau des magasins concernés » ;
- les industriels vont souhaiter s'assurer que les offres qui sont dans les prospectus sont bien relayées en magasin pour vérifier que les têtes de gondoles associées à l'offre sont bien présentes dans les magasins le bon jour et que ce n'est pas un concurrent qui l'occupe.

Ce contrôle peut être effectué par une analyse des prospectus dans le premier cas et par une visite en magasin par certains enquêteurs dans le second[5].

Une opération de non-adressé peut être mise en place par un fabricant pour développer le niveau des ventes d'un produit en utilisant comme support un autre produit de l'entreprise. L'objectif est alors de favoriser les ventes croisées. Ainsi, le packaging d'un produit constitue-t-il un endroit où peut-être déposé un imprimé publicitaire vantant les mérites d'un autre produit commercialisé par la firme et qui lui est complémentaire. La présence d'un imprimé publicitaire au sein de l'emballage d'un produit de la firme permet de communiquer auprès de consommateurs attachés à la marque, consommateurs qui seront donc enclins à acheter d'autres produits fédérés par ce même nom de marque.

En principe, ce système de vente croisée s'effectue entre des produits complémentaires proposés par le fabriquant. L'objectif est en effet d'induire des ventes additionnelles pour le producteur et d'éviter tout cannibalisme entre des produits appartenant à la même gamme de produit.

---

5. La société Arbalet répond à ces deux problématiques : elle analyse les imprimés publicitaires et peut donc vérifier que les insertions négociées en centrales sont effectivement respectées avec la présence des produits dans les prospectus. Par ailleurs, elle dispose d'un réseau d'enquêteurs qui ont pour mission de visiter les magasins.

Toutefois, une opération de communication croisée entre deux produits répondant aux mêmes fonctions de base, et donc appartenant à une même gamme de produit, peut parfois s'avérer pertinente. Le transfert de clientèle entre des éléments d'une même gamme de produit n'est pas toujours synonyme de perte pour l'entreprise. Ce transfert peut parfois être souhaité par celle-ci et faire partie de sa stratégie. Ainsi, dans le cas de l'abandon d'un produit de la gamme, la communication croisée constitue-t-elle un moyen de favoriser le transfert des clients du produit retiré vers un autre produit de la gamme. Il devient ainsi possible de limiter le risque de transfert des clients de ce produit vers des produits concurrents au moment de son retrait.

D'autres cas existent dans lesquels un fabricant peut souhaiter favoriser un transfert de sa clientèle vers un autre produit de la gamme : lorsqu'il souhaite orienter le client vers un produit à plus forte marge, par exemple, ou qu'il souhaite lui montrer une innovation associée à un autre élément de la gamme.

## 2. Segmentation et utilisation du géomarketing

En ce qui concerne les boîtes à lettres, les fabricants peuvent avoir recours au géomarketing pour diffuser leur message. Il est possible non seulement d'effectuer des ciblages géographiques mais également des ciblages plus qualitatifs. Ainsi est-il désormais possible d'opérer des sélections de quartiers où il existe des dominantes de CSP, de familles avec enfants, de consommateurs de Coca-Cola, de Pepsi. De manière très affinée, il est ainsi possible d'avoir des informations sur les comportements de consommation d'une marque dans des zones géographiques grâce à des partenariats qui sont développés avec des méga bases de données de type Claritas ou Consodata. La seconde partie de ce chapitre présente quelques exemples d'utilisation du géomarketing dans le cadre d'une campagne de publicité en boîte à lettres mise en place par le fabricant. Par ailleurs, il montre de quelle manière le géomarketing peut véritablement s'intégrer dans la stratégie marketing de ce dernier.

### 2.1 Exemples d'utilisation du géomarketing par les fabricants

Les techniques du géomarketing permettent de diffuser des imprimés publicitaires dans les zones dont le profil correspond le mieux à la cible marketing du fabricant. La première phase consiste donc pour le fabricant à présenter les principales caractéristiques de sa cible. Les critères classiques de description

152

des cibles peuvent être utilisés tels que, par exemple, les critères socio-démographique, (sexe, âge, catégorie socioprofessionnelle, type d'habitat, effectif au foyer, enfants de moins de 15 ans au foyer), les critères géographiques ou les critères de consommation ou d'équipement.

Les exemples qui suivent présentent deux cas d'utilisation du géomarketing par un fabricant : l'un reposant sur un critère unique d'équipement des foyers, l'autre sur différents critères de type sociodémographique. Dans tous les cas, la logique du géomarketing consiste en la recherche des zones géographiques au sein desquelles la cible marketing du fabricant est sur-représentée.

● Un ciblage sur la base d'un seul critère : l'équipement des foyers

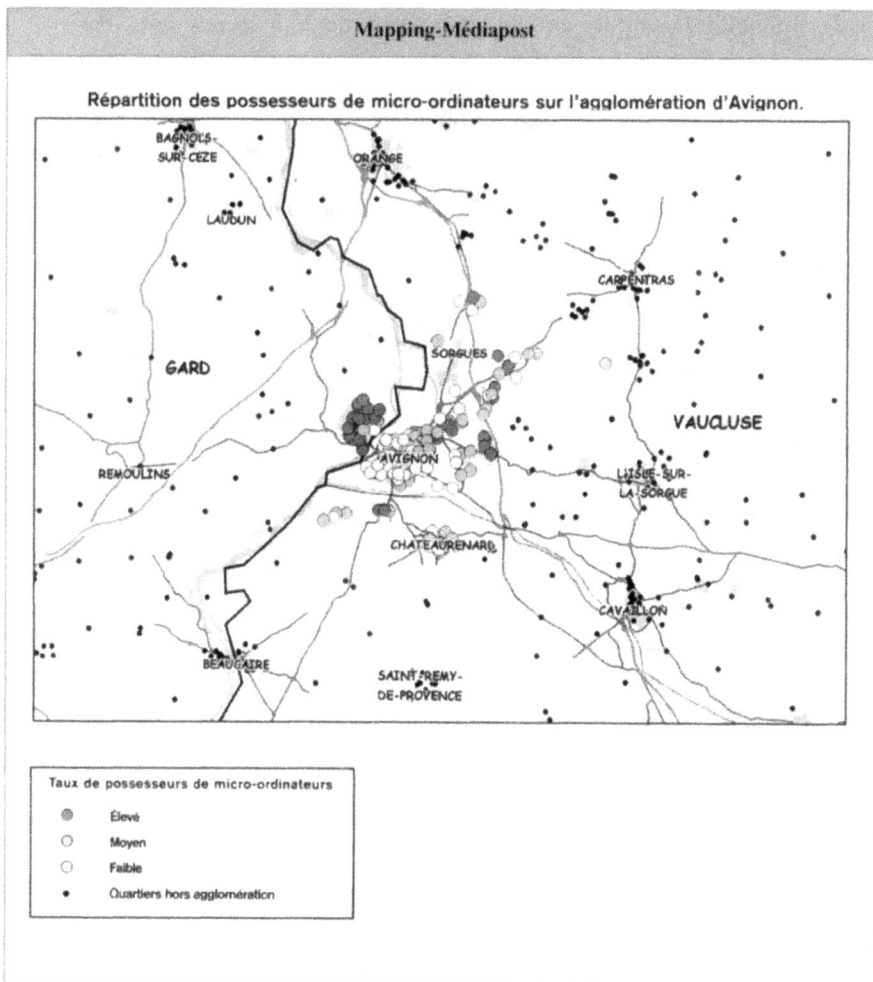

Mapping-Médiapost

Répartition des possesseurs de micro-ordinateurs sur l'agglomération d'Avignon.

Taux de possesseurs de micro-ordinateurs
- Élevé
- Moyen
- Faible
- Quartiers hors agglomération

Une entreprise qui commercialise des logiciels informatiques souhaite identifier les zones dans lesquelles les possesseurs de micro-informatique sont sur-
représentés. La carte page précédente présente une segmentation géographique des foyers effectuée sur la base du critère d'équipement en informatique.
Les quartiers ont ainsi été divisés en fonction du taux d'équipement des
foyers en micro-informatique. Trois niveaux ont été identifiés : élevé, moyen
et faible. Il devient ainsi possible pour l'entreprise de limiter la diffusion de
ses imprimés publicitaires dans les zones à fort potentiel de ventes.

### ● Un ciblage sur la base de plusieurs critères socio-démographiques

Pour les tournées d'un spectacle, la cible marketing étaient les zones dans lesquelles avaient lieu les tournées ainsi que le sexe, l'âge et la catégorie socioprofessionnelle. Les cibles étaient les femmes de 25 à 45 ans de CSP +.

À partir d'une base de données regroupant l'ensemble des foyers français,
enrichie par les variables de recensement INSEE, il a été possible de ne sélectionner que les quartiers où se trouvait sur représentée la cible que l'on souhaitait atteindre.

La sélection sur la base des critères retenus, effectuée sur les six agglomérations concernées par la tournée, a permis de conserver 343 498 foyers parmi
1 581 050 foyers qui auraient été concernés si aucun ciblage n'avait été réalisé. Seuls les quartiers où la présence de deux cibles (âge de 25 à 45 ans,
CSP +) était supérieure à la présence moyenne de chaque agglomération ont
été retenus. Le taux de pénétration de chacune des cible s'en est alors trouvé
amélioré : 40,98 % des femmes de 25 à 45 ans et 26,71 % de CSP +.

Dans le cadre d'une telle opération, la diffusion des imprimés peut être élar-
gie tout en demeurant relativement ciblée. Ainsi, différentes propositions
peuvent-elles être faites si l'on souhaite augmenter le nombre d'imprimés
distribués : le seul critère des âges donne un volume de 738 682 foyers avec
un taux de pénétration sur cible de 40,39 % après ciblage. Par ailleurs, il est
possible, tout en conservant les critères de ciblage (âge et CSP), d'étendre la
diffusion des imprimés aux communes avoisinantes des six agglomérations
concernées par le spectacle.

### 2.2. L'intégration du géomarketing dans la stratégie de l'entreprise

Les techniques du géomarketing peuvent être utilisées comme support d'aide
à la décision lors de la définition de la stratégie marketing de la firme. Elles

© Éditions d'Organisation

**154**

peuvent, ainsi, être utilisées pour différents aspects complémentaires du marketing mix, et notamment le choix de la distribution et de la communication. Ces deux aspects sont en effet, étroitement liés : la communication se fera dans la zone de chalandise des points de vente dans lesquels les produits sont commercialisés. Les points de vente auront, eux, pu être sélectionnés en fonction de l'adéquation de leur emplacement à la cible marketing du fabricant.

Ainsi, le géomarketing intervient-il pour la sélection du lieu de commercialisation des produits et pour la diffusion des imprimés en boîte à lettres. L'intégration du géomarketing dans la stratégie marketing du fabricant peut s'opérer selon différentes étapes : repérage des zones dans lesquelles réside la cible, identification des points de vente implantés à proximité de ces zones (et dans lesquels les fabricants ont à chercher à se faire référencer), détermination des boîtes à lettres correspondant le mieux à la cible.

### ● Le repérage des zones dans lesquelles réside la cible

Le fabricant cherche à isoler les zones au sein desquelles il a le plus de chance de trouver sa cible. Par exemple, il peut rechercher des individus ayant **un certain niveau de revenu** et **très consommateur** d'une catégorie de produits donnée :

➢ En ce qui concerne **le revenu**, le territoire français est découpé en microzones qui sont regroupées en familles homogènes selon certains critères : revenus, tissu économique, population, structure des foyers… Il est alors possible de sélectionner des zones correspondant au niveau de revenu recherché.

➢ En ce qui concerne la **consommation d'une catégorie de produits donnés**, une évaluation du potentiel peut être effectuée pour chacune des zones retenues. En effet, à chacune des zones est attribué un indice de consommation (panel de consommation Secodip, par exemple) qui, multiplié par le nombre d'habitants, permet une évaluation du potentiel pour la catégorie de produits concernés.

Différents niveaux de sélection peuvent être opérés par le fabricant : il peut choisir certaines agglomérations, puis, au sein de ces agglomérations, rechercher les quartiers dont le profil ressemble le plus à la cible. En effet, une agglomération est découpée en quartiers (de 2000 habitants au minimum pour le recensement 1999 – IRIS 2000) regroupés en sept grandes familles homogènes sur la base de caractéristiques socio-démographiques et économiques. Mais l'analyse peut encore être affinée si le fabricant souhaite rechercher au sein de ces quartiers les pâtés de maison où résident ses clients potentiels. En effet, un quartier peut être découpé en plusieurs îlots (rues qui représentent en moyenne 60 ménages).

### ● Le choix des lieux de distribution du produit du fabricant

Pour sélectionner les lieux de distribution les plus appropriés pour la commercialisation de ces produits, le fabricant repère les points de vente situés à proximité des zones où résident ses clients potentiels. Des critères de distance ou de temps d'accès au magasin peuvent alors être retenus pour opérer la sélection des points de vente auprès desquels le fabricant aura intérêt à négocier une présence en linéaire de son ou de ses produits.

### ● La sélection des boîtes à lettres pour la diffusion des imprimés

La communication en non-adressé du fabricant pourra être limitée aux pâtés de maison qui ont été sélectionnés préalablement. Les typologies des habitants par micro-quartiers, proposées par certaines sociétés telles que Delta Diffusion (avec ses delta cibles) ou Médiapost (et ses profils-types) peuvent également être utilisées.

# PARTIE III

# Mise en œuvre d'une opération de marketing direct non-adressé

Choix et distribution de l'imprimé publicitaire
La conception de l'imprimé publicitaire
Les intervenants sur le marché du marketing direct non-adressé

# Choix et distribution de l'imprimé publicitaire

Le marketing direct non-adressé est choisi parmi l'ensemble des moyens de communication (médias et hors média) qui sont à la disposition de l'annonceur. Celui-ci doit, en effet, sélectionner les médias et les supports qui véhiculeront le mieux son message publicitaire vers sa cible de communication. Des techniques et des outils ont été développés pour l'aider à effectuer son choix. Les techniques de média-planning lui permettent d'opérer un choix parmi les médias en fonction de leurs qualités respectives. Elles le guident, par ailleurs, dans son évaluation des supports, l'objectif étant de retenir le ou les supports les plus efficaces au sein de chaque média.

L'objectif de ce chapitre est de montrer que la publicité non-adressée s'intègre dans le plan média et que sa sélection résulte du processus classique de sélection des médias effectué dans le cadre du média-planning. L'agence de communication, ou l'annonceur, met en place un processus rigoureux de sélection à l'issue duquel la publicité non-adressée sera ou non retenue.

Ce chapitre n'est pas uniquement centré sur la publicité non-adressée. Son objectif est, en effet, de resituer la publicité non-adressée parmi les autres vecteurs de communication. À ce titre, il indique comment celle-ci peut être comparée avec les médias et il présente les modalités de la comparaison.

Le processus classique de sélection des médias se déroule en trois phases : choix d'une cible, choix des médias et, enfin, choix des supports de communication. La présentation de ce chapitre reprend cette logique. Une phase supplémentaire est également abordée, à savoir la phase de mise en œuvre de l'opération (distribution et organisation logistique de la distrition).

**159**

```
┌─────────┐
│  Cible  │
└─────────┘
     │
     ▼
┌────────────────┐
│ Choix des médias │
└────────────────┘
     │
     ▼
┌──────────────────┐
│ Choix des supports │
└──────────────────┘
     │
     ▼
┌──────────────────┐
│ La mise en œuvre  │
│  de l'opération   │
└──────────────────┘
```

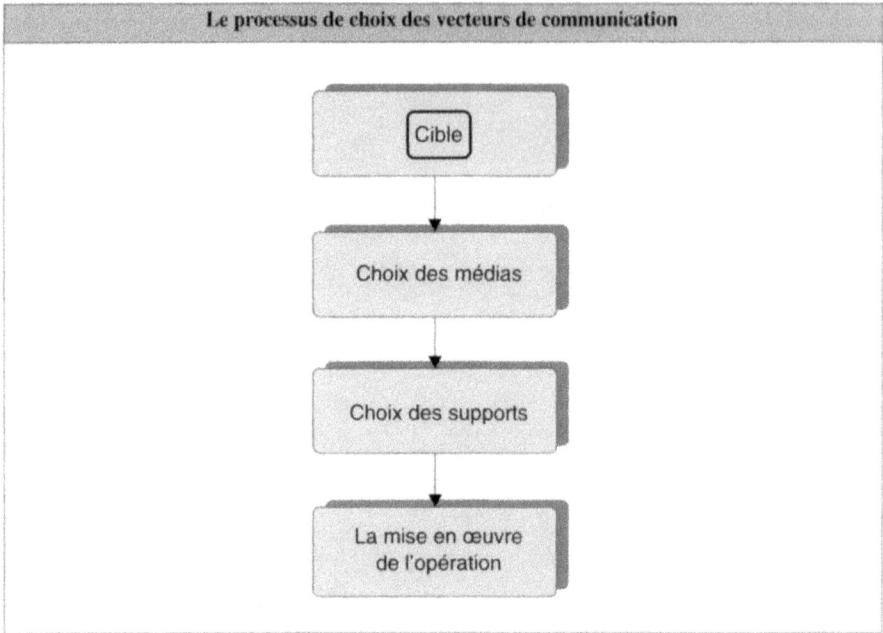

# 1. Détermination de la cible

## 1.1. Le choix d'une cible marketing

Le choix des outils de communication, parmi ceux qui sont à la disposition de l'entreprise, découle, en premier lieu, de la cible de l'annonceur. La sélection des vecteurs de communication dépend de leur capacité à atteindre de manière efficace les individus appartenant à la cible de communication.

Les critères de description des cibles sont multiples. Les critères les plus classiques sont les suivants :
- les critères socio-démographiques (âge, catégorie socioprofessionnelle, sexe…),
- les critères d'équipement de foyers et de consommation,
- les critères comportementaux,
- les critères géographiques,
- les critères psychologiques…

**160**

La publicité non-adressée offre des possibilités de ciblage particulièrement séduisantes : il est en effet possible de sélectionner, uniquement, les individus dont les caractéristiques sont conformes à celles qui sont recherchées par l'annonceur. La diffusion des imprimés publicitaires peut ainsi être limitée aux consommateurs qui appartiennent à la cible de l'annonceur. À l'instar des autres médias, une action ciblée peut alors être mise en place, l'objectif étant de maximiser l'audience utile et de limiter les risques de déperdition associés à toute action publicitaire.

L'imprimé publicitaire en boîte à lettres (BAL) peut être distribué auprès de personnes qui ont été sélectionnées sur la base de variables individuelles, de critères comportementaux, de critères de possession et d'utilisation de produit ou de service... Ce ciblage est possible grâce aux techniques de géomarketing.

## 1.2    Ciblage et géomarketing

Avant de présenter les possibilités de ciblage en boîte à lettres, il convient de présenter le principe et la démarche générale du géomarketing.

### ● Principe et démarche du géomarketing

Le géomarketing[1] s'appuie sur le constat que le lieu d'habitation d'un individu ne résulte pas du hasard et que les gens qui habitent dans une même zone géographique possèdent un certain nombre de caractéristiques communes. Il est alors possible de déduire le profil d'une personne à partir de la connaissance de son adresse. À l'inverse, lorsqu'une entreprise a défini le profil d'un individu qu'elle souhaite atteindre, il devient possible d'identifier les zones géographiques au sein desquelles elle a la probabilité la plus grande d'habiter.

Le fondement du géomarketing est que l'habitat est très structurant par rapport au profil du consommateur. À titre d'exemple, les familles nombreuses avec des revenus modestes ne pourront pas résider dans les logements de centre ville parce que les surfaces n'y sont pas de taille suffisante et que les loyers y sont trop élevés. « Dites-moi où vous habitez et je vous dirai qui vous êtes », tel est le principe général du géomarketing.

Le géomarketing, consiste, au niveau le plus simple, à intégrer une dimension géographique dans une approche marketing. Ainsi, la première approche du géomarketing visait-elle à reporter sur des fonds de cartes les informations provenant

---

1.  Le géomarketing constitue un véritable outil à la décision. Né au milieu des années 80, le géomarketing vient des pays anglo-saxons.

d'une base de données commerciale : il devenait ainsi possible de visualiser sur une carte les points de vente, les clients d'une enseigne et ses concurrents. Puis, des données de nature sociologique, économique et même comportementale ont permis d'enrichir ces fonds de cartes. « Les cartes sont devenues intelligentes par le croisement des différents fichiers informatiques »[2].

La démarche du géomarketing est une démarche qui consiste à probabiliser des comportements d'achat à partir d'une clef géographique associée à des données socio-démographiques. Selon la société Line Data Coref (devenue aujourd'hui Experian) qui fut la première à introduire le géomarketing en France, le géomarketing est « une activité qui consiste à combiner des données géographiques et socio-démographiques pour élaborer des stratégies marketing et définir des plans opérationnels d'action commerciale ».

Le géomarketing a pour principe fondamental la description de profil. La démarche sous-jacente au géomarketing se déroule, en général, selon deux étapes :

- la première étape consiste à déterminer des profils socio-démographiques et comportementaux des clients ou des prospects ;
- la seconde étape doit permettre une détermination des lieux d'habitation des profils qui ont été identifiés.

Par exemple, la société Experian commercialise des géotypes et des îlotypes. Ces variables permettent de qualifier un foyer selon le « profil sociodémographique » de la commune, du pâté de maisons dans lequel se trouve l'habitation.

● *Géomarketing et publicité en boîte à lettres*

Le géomarketing peut être judicieusement utilisé lors de la mise en œuvre d'une campagne de publicité en boîte à lettres. En effet, il est possible, plutôt que de distribuer des messages dans toutes les boîtes à lettres, de limiter leur diffusion aux zones géographiques dans lesquelles la population que l'on souhaite atteindre est sur-représentée.

L'objectif est donc de déterminer les lieux de résidence des individus appartenant à la cible de l'annonceur, de manière à leur faire parvenir le message publicitaire. Le géomarketing est un moyen qui permet de « localiser » les individus correspondant au profil recherché. De ce fait, il permet à la publicité en boîte à lettres de devenir ciblée.

---

2. Gautier V., rapport de stage, Mercuriale, 1998.

Par exemple, il est possible de diffuser des imprimés à des profils spécifiques de prospects qui sont définis selon des critères tels que l'âge, la CSP, l'habitat et le revenu. Par ailleurs, le croisement d'informations géographiques avec des données issues de sociétés d'étude (Sofres, Secodip) ou de méga bases des données offre de nouvelles possibilités en matière de ciblage. Ainsi une opération en boîte à lettres peut-elle être ciblée sur la base de critères tels que :

- les habitudes de consommation,

- des critères comportementaux,

- des critères d'équipement des foyers,

- des critères de possession de produits (produits financiers par exemple).

Un exemple de ciblage en BAL

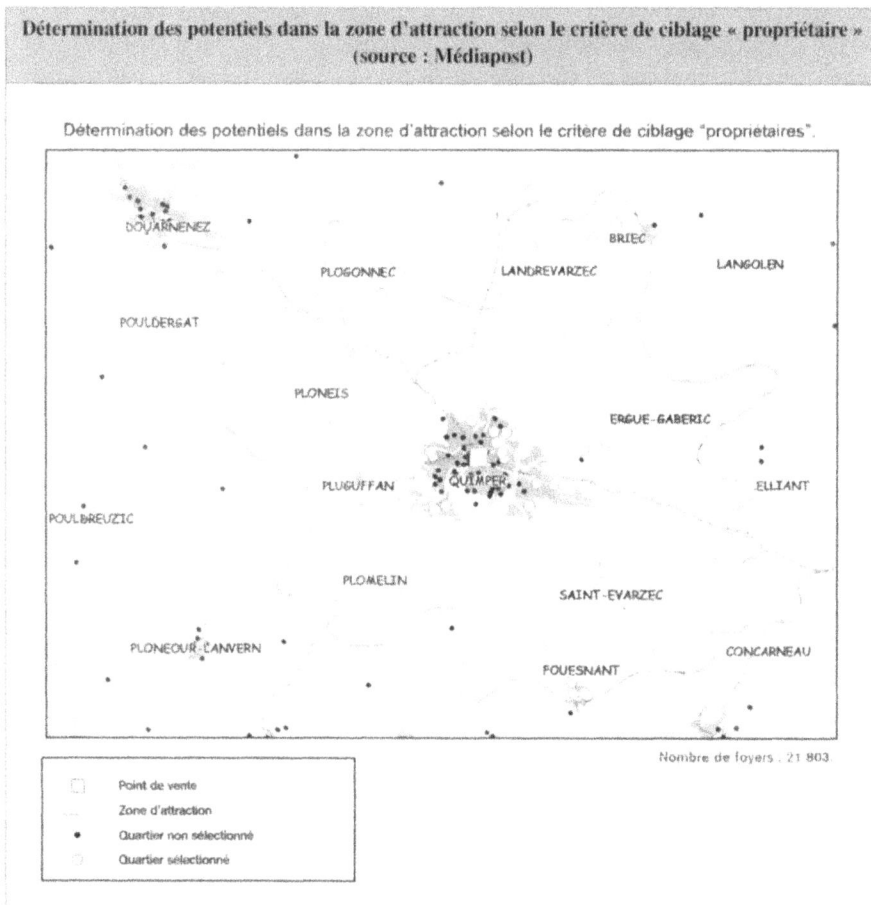

Détermination des potentiels dans la zone d'attraction selon le critère de ciblage « propriétaire » (source : Médiapost)

La carte précédente présente un exemple d'utilisation du géomarketing dans le cadre d'une opération de publicité en boîte à lettres. Cette carte met en scène un point de vente et retrace sa zone d'attraction. Elle identifie les quartiers sur-représentés par rapport au critère « propriétaire ». Ainsi la carte indique-t-elle les quartiers qui doivent être sélectionnés dans le cadre d'une opération en BAL, parce que sur-représentés par rapport au critère recherché. À l'inverse, elle précise les quartiers qui ne doivent pas être retenus lors de cette opération parce que ne correspondant pas de façon suffisante au profil désiré.

### ● Autres domaines d'intervention du géomarketing dans le cadre d'une opération en BAL

D'autres utilisations du géomarketing sont envisageables dans le cadre d'une campagne publicitaire en boîte à lettres. Le géomarketing permet de qualifier un fichier mais également d'évaluer le potentiel d'une zone géographique.

➤ **La qualification du fichier.** Le géomarketing permet d'évaluer le profil des clients répertoriés dans le fichier d'une entreprise grâce à la connaissance de leur adresse. À partir de la qualification du fichier, et en respectant le principe selon lequel « les prospects les plus intéressants sont ceux qui ressemblent à nos clients », il est possible, dans le cadre d'une opération en boîte à lettres, de sélectionner les zones géographiques dans lesquelles résident les individus qui correspondent le plus au profil identifié.

➤**L'évaluation du potentiel d'une zone géographique.** Les techniques de géomarketing peuvent également servir à évaluer le potentiel d'une zone géographique ainsi que le nombre de messages à distribuer. En fonction du ou des critères de ciblage retenu(s) par l'annonceur, une évaluation du potentiel de foyers à cibler dans une zone géographique sera effectuée en fonction de la distance ou du temps qui sépare les prospects du ou des sites considérés (points de vente, agence bancaire, assurance…). L'objectif est donc d'estimer le nombre de foyers qui appartiennent à la zone de chalandise du site et qui, en même temps, correspondent au profil recherché par l'annonceur.

### ● Avantages et limites du géomarketing

L'intérêt fondamental du géomarketing réside dans le fait qu'il permet d'effectuer des opérations ciblées en boîte à lettres, en limitant la diffusion des messages aux zones géographiques correspondant le mieux au profil de la clientèle de la marque ou de l'enseigne. Ce ciblage permet, comme nous l'avons dit, de maximiser l'audience utile et d'augmenter la performance d'une opération en boîte à lettre. En effet, la performance est d'autant plus élevée que l'offre est adaptée à la cible.

Le ciblage limite les risques de déperdition en évitant la diffusion des imprimés auprès d'un public hors cible. De ce fait, même s'il augmente le coût de distribution de l'imprimé sans adresse, il constitue un moyen de réaliser des économies sur les coûts d'impression et de réalisation des documents dans la mesure où le nombre de messages distribués est moins élevé. Autre intérêt du géomarketing pour la diffusion des imprimés : il prend en compte les réalités locales qui, pour une même enseigne, varient d'un point de vente à un autre.

Par ailleurs, la cartographie, support du géomarketing, est particulièrement « parlante » pour un annonceur puisqu'elle est visuelle. Les cartes utilisées en géomarketing représentent les concurrents d'une enseigne, les clients d'une enseigne ou d'une marque et, enfin, différents profils de prospects définis sur la base de caractéristiques choisies par l'annonceur.

Enfin, l'approche fondée sur le géomarketing est d'autant plus fiable aujourd'hui que les données issues du dernier recensement de population ont permis une actualisation des données.

Le géomarketing, malgré tous les opportunités qu'il offre, connaît quelques limites qu'il convient de mentionner.

En premier lieu, le géomarketing est une approche qui fonctionne sur la sur-représentation de profils au sein de zones géographiques. De ce fait, il décrit des tendances qui sont évaluées en terme statistique. Ainsi pourra-t-on considérer que, dans une zone donnée, résident un peu plus ou sensiblement plus de gens qui seront, par exemple, propriétaires de leur habitation. L'approche n'est pas individuelle mais elle est générale.

De ce fait, la pertinence du ciblage suppose que celui-ci ne s'opère pas sur un nombre de critères trop importants ou sur des critères trop spécifiques. À titre d'exemple, il est vain de vouloir localiser les jeunes femmes, actives, ayant deux enfants, habitant en centre-ville et appartenant à une CSP +.

La restriction imposée par la CNIL quant à la diffusion des résultats fournis par l'INSEE limite également les possibilités de ciblage[3]. Les données fournies par l'INSEE sont très réglementées. Par exemple, l'INSEE a l'interdiction de la Commission nationale de l'information et des libertés (CNIL) de

---

3. Le géomarketing s'est développé beaucoup plus rapidement aux États-Unis qu'en France, notamment en raison de la plus grande facilité d'accès aux données, la législation étant plus contraignante dans ce domaine, en France.

commercialiser des données issues du recensement pour des quartiers de taille inférieure à 5 000 habitants dans une ville donnée. Ainsi, par exemple, pour une ville comme Marseille, il est impossible à l'INSEE de diffuser des résultats sur un quartier de moins de 5 000 habitants. En revanche, l'organisme peut communiquer des données de recensement sur une commune de 200 habitants. La limite est donc intra-communale. Néanmoins, on s'attend à un assouplissement de la réglementation et à un abaissement du seuil autorisé, qui pourrait passer de 5000 à 2000 foyers. La date de sortie des IRIS 2000 n'a pas encore été fixée de manière définitive.

Dans certains cas, les données obtenues sont déclaratives[4], avec toutes les limites que comporte ce mode de recueil de l'information. Enfin, pour les entreprises qui souhaitent s'équiper, il convient de noter que les coûts de cartographie apparaissent souvent très importants : l'acquisition d'une cartographie assez précise avec le nom des rues sur l'ensemble des grandes villes en France coûte cher (IGN).

## 2. Le choix des médias

La première phase du processus de sélection des outils de communication consiste à décrire la cible de l'annonceur, dans la mesure où elle conditionne le choix. La partie précédente a permis, à ce titre, de présenter les possibilités de ciblage offertes par le géomarketing.

Abordons maintenant la deuxième étape du processus de choix : le choix des médias. Cette seconde étape présente de quelle manière la publicité non-adressée peut être évaluée et comparée aux autres médias (télévision, affichage, cinéma, presse, radio).

Pour sélectionner les médias, il est en premier lieu nécessaire d'éliminer les médias qui, en raison des contraintes de l'annonceur, lui sont inaccessibles. En second lieu, il s'agit d'évaluer les différents médias parmi ceux qui restent à la disposition de l'entreprise. Enfin, il conviendra de réfléchir aux éventuelles stratégies de couplage entre médias. Cette procédure classique de sélection des médias a été proposée par Brochand et Lendrevie[5] dans leur ouvrage.

---

4. Par exemple, lorsque les données géographiques sont croisées avec des données issues de sociétés d'étude (Sofres, Secodip...) ou de méga bases de données.
5. Brochand B. et Lendrevie J., *Le Publicitor*, Dalloz, 1993.

```
┌─────────────────┐
│      Cible       │
└─────────────────┘
         │
         ▼
┌─────────────────┐
│ Choix des médias │
└─────────────────┘
         │
         ▼
┌─────────────────┐
│ Choix des supports │
└─────────────────┘
         │
         ▼
┌─────────────────┐
│ La mise en œuvre │
│  de l'opération  │
└─────────────────┘
```

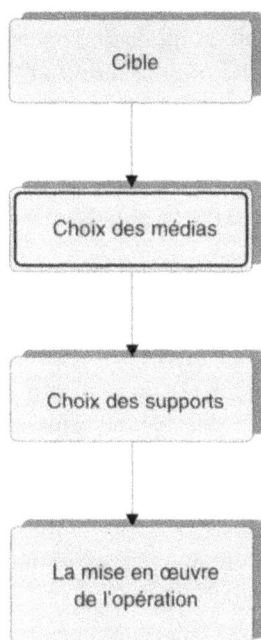

## 2.1. L'élimination des médias impossibles

### ● Les éléments clefs de l'analyse

Les contraintes de l'annonceur limitent parfois son accès à certains médias. Pour éliminer les médias impossibles, c'est-à-dire ceux que l'annonceur ne pourra retenir dans le cadre de sa communication, certains éléments clefs doivent être analysés :

➢ **Les contraintes juridiques**. Des contraintes juridiques interdisent l'accès de certains annonceurs à certains médias. À titre d'exemple, en France, les enseignes de distribution ne peuvent communiquer par le biais de la télévision (sauf dans le cadre de sponsoring).

➢ **Le délai de réservation et/ou d'acheminement du message vers son destinataire.** Un média n'est pas nécessairement disponible lorsque l'annonceur souhaite l'utiliser. Au contraire, des délais de réservation des espaces publicitaires rendent impossible un accès rapide à certains médias. Par exemple, la réservation d'un espace publicitaire à la télévision exige un délai de l'ordre de 3 à 4 mois. Les délais de réservation dans la presse magazine peuvent également être élevés. Si la publicité non-adressée ne comporte pas de délai de réservation, puisqu'il ne s'agit pas de réserver des espaces publicitaires, en revanche, elle comprend un délai (qui peut être très court) d'acheminement du message vers son destinataire. Ce délai correspond au temps nécessaire pour assurer la distribution des imprimés.

➢ **Les délais de production**. Ces délais correspondent aux délais purement techniques de production des messages : le délai requis pour une prise de vue, le tournage d'un film, le montage d'une bande son. Par exemple, le tournage d'un film publicitaire pour la télévision ou le cinéma suppose un délai relativement long.

À ce délai strictement lié à la production du message, il est nécessaire d'ajouter les délais de production qui dépendent des médias utilisés : répartition des copies des films entre les salles de cinéma, impression des affiches publicitaires (affichage) ou des imprimés publicitaires (publicité non-adressée), duplication des bandes son à destination des différentes radios génèrent des délais supplémentaires qui pourront limiter le choix de l'annonceur en matière de média. Ainsi, le désir d'une communication rapide pourrait-il se traduire par l'élimination de médias comme la télévision, le cinéma, la presse magazine, et même l'affichage parce que trop exigeants en matière de délai.

➢ **Le coût du média.** Le budget de l'annonceur limite le ou les médias auxquels il peut avoir accès pour communiquer auprès de sa cible. Certains médias se révèlent très onéreux au niveau de l'achat d'espace et/ou de la production du message. C'est encore le cas de la télévision pour lequel le coût d'achat est élevé et qui comporte souvent des frais de production importants en raison du tournage du film publicitaire. En revanche, l'imprimé publicitaire ne comporte pas de coûts d'achat d'espace publicitaire[6] mais un coût lié à l'acheminement des messages vers leur destinataire (distribution des imprimés).

### La position des médias sur ces différents critères

Contraintes juridique, délai de réservation ou d'acheminement du message, délai de production, coût du média représentent autant d'éléments qui limitent l'accès des annonceurs à certains médias. Le tableau suivant, indique, la position des différents médias, dont l'imprimé publicitaire, sur l'ensemble des caractéristiques citées.

---

6. Sauf dans certains cas pour un fabricant qui sera présent dans l'imprimé d'un distributeur (cf. le chapitre sur les fabricants et les distributeurs).

| Les avantages et les principales contraintes des médias au niveau de leur utilisation | |
|---|---|
| Télévision | Délai de réservation important<br>Coût élevé (coût de production et d'achat d'espace publicitaire)<br>Secteurs interdits |
| Radio | Délai de réservation court<br>Coût faible<br>Relative rapidité de mise en œuvre |
| Cinéma | Frais de production élevé<br>Délai de réservation assez important |
| Presse quotidienne | Délai de réservation court |
| Presse magazine | Délai de réservation élevé<br>Coût de revient important |
| Affichage | Délai de réservation important mais très variable selon les supports |
| **Imprimé publicitaire** | Pas de délai de réservation<br>Délai d'acheminement du message vers son destinataire<br>Pas de coût d'achat d'espace publicitaire<br>Coût d'acheminement du message vers son destinataire (coût de distribution)<br>Relative rapidité de mise en œuvre<br>Coût et délai de production très variables en fonction de la forme et du fond de l'imprimé |

## 2.2. L'évaluation des médias disponibles

Une fois que les médias impossibles ont été éliminés, une évaluation des médias disponibles peut être effectuée. Pour ce faire, il convient d'évaluer leur capacité à véhiculer le message de l'annonceur.

### 2.2.1. Méthode d'évaluation des médias

Pour évaluer et comparer les médias, différents aspects sont à analyser, parmi lesquels :

- **Les objectifs de la campagne de communication.** Les objectifs associés à la communication conditionnent le choix du ou des médias utilisés. La création de trafic passe par l'utilisation de la radio ou de la publicité non-adressée, le développement de la notoriété d'une marque par sa présence à la télévision, la volonté de faire essayer le produit par une opération d'échantillonnage en boîte à lettres…

- **La capacité des médias à atteindre la cible de communication.** Certains médias permettent plus facilement d'atteindre la cible que d'autres. Une analyse de l'adéquation entre la cible visée et les médias considérés doit être effectuée. De manière générale, la cible va-t-elle au cinéma ? Lit-elle la presse quotidienne régionale ? Lit-elle les imprimés publicitaires ? Écoute-t-elle la radio ? Regarde-t-elle la télévision ?

- **La capacité de couvrir la cible de manière économique.** Il est nécessaire de retenir les médias qui couvriront la cible de manière efficace mais également économique. Le caractère économique des médias réside dans leur capacité à provoquer des « contacts utiles » à moindre coût.
- **La capacité du média à communiquer et à valoriser le message.** Le choix du média est déterminé par le message et les éléments à valoriser. Il convient donc, au moment de la sélection, d'évaluer l'aptitude du média à exprimer pleinement le message et à le valoriser : possibilité de couleur, importance de l'espace alloué pour communiquer, possibilité créatrice, mouvement, crédibilité et prestige du média.
- **L'action des concurrents.** La communication des concurrents est généralement prise en compte lors de l'élaboration du plan média. Un annonceur souhaitera se démarquer de ses concurrents en terme de médias ou, au contraire, être présents là où sont présents les concurrents. La Pige Secodip fournit de l'information sur la stratégie médias des concurrents. La Pige Arbalet donne une information sur la publicité qui est réalisée en boîte à lettres par la concurrence.

Capacité à atteindre les objectifs fixés et à faire parvenir le message à la cible de manière économique, aptitude à valoriser le message constituent autant d'éléments déterminants du choix des médias. Chaque média devra être évalué et comparé avec les autres sur la base de ces différents critères. Dans cette perspective, les tableaux qui suivent présentent les principales caractéristiques des différents médias et celles de l'imprimé publicitaire.

| Les caractéristiques générales des cinq médias (adapté de l'ouvrage *La Communication*[1]) | | |
|---|---|---|
| | **Avantages** | **Inconvénients** |
| **Télévision** | Puissance et couverture<br>Valorisation de la marque<br>Média des « ménagères », des enfants et des personnes âgées<br>Fait intervenir le son, le mouvement et l'image | Sélectivité limitée sauf dans le cadre des émissions thématiques ou de la télévision câblée |
| **Radio** | Souplesse d'utilisation<br>Effet rapide<br>Distribution élevée des contacts<br>Créations de logos sonores<br>Synchronismes avec les moments de consommation<br>Sélectivité locale et par âge | Attention réduite<br>Communication éphémère<br>Encombrement publicitaire<br>Mesure d'audience difficile pour les RLP<br>Couverture très hétérogène pour les RLP |
| **Cinéma** | Bonne sélectivité géographique<br>Audience jeune, aisée et urbaine<br>Très fort impact<br>Audience attentive et disponible | Couverture et répétition faibles |

© Éditions d'Organisation

| | Avantages | Inconvénients |
|---|---|---|
| **Presse quotidienne** | Souplesse d'utilisation<br>Sélectivité selon le profil des lecteurs<br>Crédibilité<br>Grande pénétration et bonne sélectivité géographique pour le PQR<br>Grande pénétration, bonne sélectivité CSP et caution intellectuelle pour la presse quotidienne spécialisée | Message éphémère<br>Couverture nationale et coûteuse difficile pour la PQR<br>Qualité de reproduction moyenne |
| **Presse magazine** | Bonne sélectivité de l'audience<br>Longue durée de vie du message<br>Crédibilité et prestige<br>Qualité de la reproduction<br>Couverture importante sur cible<br>Possibilités d'actions promotionnelles | Risque de saturation publicitaire sur certains supports |
| **Affichage** | Excellente sélectivité géographique<br>Officialise et valorise la marque<br>Forte interpellation<br>Influence la distribution<br>Possibilités créatrices étendues | Peu d'argumentation<br>Nécessite une répétition importante pour imprimer le souvenir. |

1. Chirouze Y. et Tarrit J.-M., *La Communication*, Chotard Éditeurs, 1992.

| Les caractéristiques de l'imprimé publicitaire | | |
|---|---|---|
| | **Avantages** | **Inconvénients** |
| **Imprimé publicitaire** | Média des « ménagères »<br>Souplesse d'utilisation<br>Effets rapides<br>Couverture importante<br>Sélectivité géographique<br>Sélectivité de l'audience sur différents critères socio-démographiques, comportementaux, de possession…<br>Audience attentive et disponible au moment de la lecture<br>Longue durée de vie du message (d'où des consultations multiples et une visibilité)<br>Possibilité d'actions promotionnelles<br>Qualité possible de la reproduction<br>Possibilité selon le contenu de l'imprimé de valorisation de la marque ou de l'enseigne<br>Possibilité créatrice étendue<br>Possibilité d'argumentation et d'information importante<br>Circulation possible entre les différents membres du foyers | Risque de saturation de la cible<br>Encombrement des boîtes à lettres<br>Intérêt porté à l'imprimé en boîte à lettres variable selon les destinataires (balophile et balophobe). |

## 2.2.2. Une analyse qualitative comparative des médias et de l'imprimé publicitaire

Pour compléter l'évaluation des différents outils de communication, il est également intéressant d'analyser leurs caractéristiques qualitatives. Le tableau qui suit présente une analyse comparative des caractéristiques qualitatives des médias et de l'imprimé publicitaire, c'est-à-dire leur capacité respective à :

- transmettre une quantité importante d'informations,
- instaurer une relation de proximité avec le consommateur,
- construire et renforcer l'image d'une marque ou d'une enseigne,
- donner un caractère événementiel à une offre commerciale,
- permettre une emprise de l'imaginaire sur le réel.

| Caractéristiques qualitatives des médias et de l'imprimé publicitaire (adapté du Publicitor). | Télévision | Radio | Presse quotidienne | Magazines | Affichage | Cinéma | Imprimé publicitaire |
|---|---|---|---|---|---|---|---|
| 1. Quantité d'informations transmises | (--) | (-) | ++ | ++ | (-) | (-) | ++++ |
| 2. Proximité - Esprit régional | (-) | + | +++ | (-) | ++ | (-) | +++ |
| 3. Construction et renforcement d'image | +++ | + | + | +++ | ++ | +++ | ++ |
| 4. Caractère événementiel : le « signal d'alarme », la « nouvelle » | + | +++ | +++ | + | ++ | (-) | ++ |
| 5. Création d'attitude : emprise de l'imaginaire sur le réel | + | + | (-) | + | + | +++ | + |

L'analyse de ce tableau indique que l'imprimé publicitaire est particulièrement performant sur le critère « quantité d'informations transmises » et le critère « proximité avec le consommateur ». Par ailleurs, il contribue à « renforcer l'image de la marque » et possède une « capacité certaine à créer l'événement ».

En premier lieu, l'imprimé publicitaire est le média qui permet de transmettre la plus grande quantité d'informations auprès de la cible de l'annonceur. En effet, un imprimé offre un espace suffisamment important pour présenter une proposition commerciale de façon détaillée et la valoriser. Il se distingue donc, à ce titre, de l'ensemble des médias.

En effet, même par rapport à la presse quotidienne ou les magazines, l'imprimé publicitaire offre des perspectives bien plus intéressantes puisque l'annonceur y dispose de plus d'espace qu'une publicité présentée en simple page ou même en double page dans un magazine ou dans la presse quotidienne.

L'espace de l'imprimé publicitaire est utilisé non seulement pour détailler une offre commerciale mais également pour construire ou renforcer l'image de la marque ou de l'enseigne à l'origine de l'offre. En effet, l'espace offre des possibilités de création étendues (couleur, graphisme, mise en situation…) qui participent au développement du capital marque ou du capital-enseigne.

En ce qui concerne la capacité de l'imprimé à générer une relation de proximité, l'imprimé publicitaire permet, à l'instar de la presse quotidienne, de prendre en compte les spécificités locales. Il est en effet possible d'adapter une communication à une zone géographique, à une localité, à un point de vente. L'imprimé est susceptible d'intégrer les particularités d'une région et de communiquer sur une proposition adaptée à cette région.

Autre critère sur lequel l'imprimé publicitaire apparaît également relativement performant, c'est le critère « événementiel », le côté signal d'alarme relatif à l'offre commerciale. S'il n'est pas aussi efficace que la radio ou la presse quotidienne pour donner un « caractère événementiel » à une offre, en revanche, il semble se situer au même niveau que l'affichage, loin devant la télévision, le magazine ou le cinéma.

Le point sur lequel l'imprimé publicitaire ne se distingue pas véritablement des autres réside dans sa capacité à induire une « emprise de l'imaginaire sur le réel ». Certes, il pourra générer des émotions de la part de son lecteur au même titre que la lecture d'un magazine mais pas autant que le cinéma, véhicule incontesté des émotions du spectateur.

## 2.3. Choix d'un média et stratégie de couplage

À l'issue de cette seconde étape, deux ou trois médias auront été retenus par l'annonceur. Celui-ci peut décider de la mise en œuvre d'un couplage entre plusieurs médias.

Supposons que les différentes étapes suivies par l'annonceur l'aient conduit à sélectionner deux ou trois médias parmi lesquels le marketing direct non-adressé. L'annonceur pourra alors choisir de coupler le marketing direct non-adressé avec la télévision, la radio, l'affichage, la presse ou même le cinéma. Différentes questions peuvent, à ce niveau, être posées :

➤ Quel est l'intérêt de la mise en œuvre d'une campagne publicitaire couplée ?

➤ Comment choisir le « partenaire » de la publicité non-adressée dans le cadre d'un couplage ?

### 2.3.1 Les objectifs d'une stratégie de couplage

Le couplage permet à l'annonceur de renforcer l'effet de sa communication et/ou d'assurer une plus grande couverture de la cible et/ou d'atteindre une pluralité d'objectifs simultanés. Ainsi, la décision de mettre en place un couplage est-elle fonction de la capacité des médias faisant l'objet du couplage :

- **à amplifier conjointement l'impact de la communication**. Le couplage multiplie les occasions de rencontre avec la cible et, à ce titre, il accroît la visibilité du message publicitaire et sa mémorisation. À titre d'illustration, en réalisant simultanément une campagne radio et une campagne de non-adressé, l'annonceur touche plusieurs fois sa cible et renforce ainsi considérablement l'impact de sa communication. Favoriser la duplication d'audience, tel est l'objectif du couplage !

- **à couvrir, ensemble, la cible de communication**. L'utilisation combinée de plusieurs médias assure une plus grande couverture de la cible. Elle augmente la probabilité que les individus qui appartiennent à la cible voient et/ou entendent ce message ;

- **à atteindre, ensemble, les objectifs qui ont été fixés.** Différents objectifs sont parfois poursuivis par un même annonceur. Par exemple, dans le cadre du lancement d'un produit nouveau, deux objectifs complémentaires sont fixés par l'annonceur : d'une part faire connaître le produit nouveau au consommateur et susciter son intérêt pour ce produit, d'autre part, le lui faire essayer afin qu'il réduise le risque qu'il associe à l'achat de ce nouveau produit. Un média unique permet difficilement d'atteindre ce double objectif. En revanche, le couplage entre deux médias offre cette possibilité. Ainsi, par exemple, l'utilisation conjointe de la télévision et de la publicité non-adressée (échantillonnage) constitue un moyen d'augmenter la notoriété du produit et de réduire le risque perçu, à la fois : la télévision suscite l'intérêt de la cible et exerce une influence positive sur la notoriété de la marque, tandis que la publicité non-adressée (par le biais d'une remise d'échantillon), offre la possibilité d'un essai du produit.

Mais la décision d'utiliser conjointement plusieurs médias peut résulter d'une **hétérogénéité de la situation de l'annonceur** au sein des différentes zones géographiques dans lesquelles il commercialise son produit. Ainsi, la densité du réseau de distribution, l'importance de la clientèle, l'attachement de la clientèle à la marque ou à l'enseigne dans une zone géographique conduisent-ils parfois l'annonceur à privilégier le marketing direct non-adressé au sein de cette zone, tandis que son choix s'effectuera en faveur d'un autre média dans un autre lieu. Les médias sont alors utilisés de manière indépendante au sein de différentes zones géographiques.

### 2.3.2. Le choix des médias dans la stratégie de couplage

Le choix des médias faisant l'objet du couplage est fonction de leur complémentarité, complémentarité qui prend sa source en deux endroits :
*   les médias ont des qualités similaires, leur utilisation combinée démultiplie ces qualités et renforce ainsi considérablement l'impact de la communication ;
*   ces médias possèdent des limites que permet de dépasser l'utilisation d'un média qui leur est complémentaire.

Le couplage constitue un moyen de démultiplier les qualités respectives des médias. À titre d'illustration, le « caractère événementiel » d'une opération, la « valorisation d'une image de marque », la « proximité avec le consommateur » peut être renforcé grâce à l'utilisation conjointe de plusieurs médias particulièrement performants sur chacun de ces critères.

Le « caractère événementiel » d'une opération sera accentué par une combinaison judicieuse de médias qui ont un fort côté « signal d'alarme » et qui interpellent donc le consommateur. À ce titre, les couples PNA-radio, PNA-affichage ou PNA-presse quotidienne avertissent le consommateur d'une offre exceptionnelle. En effet, l'ensemble des ces médias ayant une forte capacité d'interpellation, leur juxtaposition contribue très largement à renforcer le caractère marquant de l'offre commerciale. Leur utilisation conjointe participe à créer un événement, bien plus que ne le ferait un média seul.

De la même façon, la proximité avec le consommateur est accentuée par l'utilisation couplée de la « presse quotidienne » et de la « publicité non-adressée ». Ces médias offrant, tous les deux, des perspectives intéressantes en la matière, leur juxtaposition renforçant cet aspect.

Enfin, la décision de développer et de renforcer une image peut inciter un annonceur à adopter un couplage PNA-télévision, PNA-Magazine ou PNA-Cinéma. La télévision, les magazines, le cinéma valorisent la marque ou l'enseigne, une communication par le biais d'un imprimé venant compléter une telle action.

Le tableau qui suit présente les différents rapprochements susceptibles d'être opérés entre médias, en raison de leur performance respective par rapport aux critères qualitatifs présentés précédemment.

| Une démultiplication des qualités respectives des médias | Télévision | Radio | Presse quotidienne | Magazines | Affichage | Cinéma | Imprimé publicitaire |
|---|---|---|---|---|---|---|---|
| Caractère événementiel « le signal d'alarme », la « nouvelle » | + | +++ ⇑ | +++ ⇑ | + | ++ ⇑ | (−) | ++ |
| Construction et renforcement d'image | +++ ⇑ | + | + ⇑ | +++ | ++ | +++ | ++ |
| Esprit régional | (−) | + | +++ | (−) | ++ | (−) | +++ |

## ● Des médias aux qualités complémentaires

Le couplage constitue également un moyen de dépasser les limites inhérentes à l'un des médias utilisés. À titre d'exemple, la radio a une forte capacité à créer rapidement l'événement. En revanche, elle souffre de ne pouvoir transmettre qu'une quantité limitée d'informations au destinataire du message. Un spot radio annoncera un « anniversaire », une « fête exceptionnelle », « des prix » mais il ne présentera pas de manière très étendue et précise le contenu de l'offre commerciale. Il créera l'événement mais il ne transmettra qu'une information très superficielle concernant cet événement. L'imprimé publicitaire est complémentaire à la radio : en fournissant une information très développée sur la proposition commerciale, il relaye l'action de la radio. Il développe l'argumentaire et présente les produits et les services de l'annonceur. La radio et la PNA sont complémentaires parce que leur apport est réciproque :

- la radio avertit le consommateur de l'événement, et, de ce fait, celui-ci sera particulièrement réceptif aux imprimés distribués par l'annonceur ;
- l'imprimé développe l'information que ne peut fournir la radio.

Tous les médias dont la faculté à transmettre de l'information est faible peuvent être associés à une opération de publicité non-adressée. Ainsi la PNA est-elle particulièrement attractive lors de campagnes de télévision ou d'affichage (cf. le tableau suivant) qui portent sur plusieurs offres ou sur des produits complexes et/ou peu connus, et donc qui nécessitent une information supplémentaire.

| Complémentarité et stratégie de couplage | Télévision | Radio | Presse quotidienne | Magazines | Affichage | Cinéma | Imprimé publicitaire |
|---|---|---|---|---|---|---|---|
| Quantité d'informations transmises | (−) | (−) | ++ | ++ | (−) | (−) | ++++ |

Autre source de complémentarité possible entre PNA et les autres médias, la possibilité qu'offre l'imprimé publicitaire de développer une relation de proximité avec les prospects ou les clients de l'annonceur. En effet, certains médias véhiculent la même offre à l'ensemble des individus et n'apportent pas d'adaptation locale à leurs discours de communication. Ainsi sont-ils éloignés des attentes des prospects et répondent-ils mal à leurs besoins. L'imprimé publicitaire, lorsqu'il est couplé avec un média comme la télévision par exemple, contribue à rapprocher l'entreprise de ses prospects. En effet, la publicité non-adressée peut relayer une action de communication télévisuelle en reprenant les aspects plus locaux de l'offre commerciale présentée à la télévision ou en optant pour un message de communication spécifiquement adapté à la cible.

| Complémentarité et stratégie de couplage | Télévision | Radio | Presse quotidienne | Magazines | Affichage | Cinéma | Imprimé publicitaire |
|---|---|---|---|---|---|---|---|
| Esprit régional | (−) | + | +++ | (−) | ++ | (−) | +++ |

Il existe de nombreuses autres possibilités de complémentarité entre la PNA et les médias. Citons, à ce titre, la PNA et la radio parce que l'une contribue à renforcer l'image de marque tandis que l'autre le fait difficilement. Citons également la télévision et la PNA : l'une suscite l'intérêt et génère la notoriété, l'autre, si elle comporte un incitatif (coupon de réduction portant sur l'offre commerciale présentée à la télévision) favorise le déplacement de la cible.

La multiplicité des sources de complémentarité entre la PNA et les autres médias ne permet pas de les présenter de manière exhaustive. À chaque action de communication, il convient d'analyser les sources de complémentarité entre eux afin d'agir pour la rendre optimale. Le tableau suivant présente quelques exemples de complémentarité entre médias et publicité non-adressée.

| Quelques exemples de complémentarité entre médias et imprimés publicitaire | |
|---|---|
| **Média classique** | **Publicité non-adressée** |
| ◆ Message éphémère (radio, TV, affichage) | ◆ Durée de vie de l'imprimé publicitaire |
| ◆ Faible argumentation (radio, TV, affichage) | ◆ Forte argumentation |
| ◆ Audience peu attentive (TV) | ◆ Attention de l'audience |
| ◆ Faible caractère événementiel (cinéma) | ◆ Fort caractère événementiel |
| ◆ Faible incitativité au déplacement | ◆ Stimulation au déplacement (coupon de réduction) |
| ◆ Faible incitativité à l'essai et à l'achat (risque perçu) (radio, TV, affichage) | ◆ Forte incitativité à l'essai et à l'achat (échantillon) |
| ◆ Peu de services réels au consommateur... | ◆ Service au consommateur car possibilité de choisir librement et tranquillement à domicile sans se déplacer... |

| Récapitulatif : le couplage entre média et imprimé publicitaire |
|---|
| **Les raisons du couplage** |
| Amplification de l'impact de la communication : duplication d'audience |
| Couverture de la cible de communication |
| Poursuite de plusieurs objectifs simultanés |
| Hétérogénéité de la situation de l'annonceur au sein des différentes zones géographiques |
| **Le choix du couplage** |
| Capacité des médias à amplifier conjointement l'impact de communication, à assurer une couverture de la cible et/ou à poursuivre des objectifs complémentaires |
| Complémentarité des médias : équilibre des avantages et des inconvénients associés à l'utilisation de différents médias |
| Renforcement de l'action des médias : utilisation de médias présentant le même type d'avantage de façon à renforcer cet aspect dans le cadre de la stratégie de communication |

## ● Le couplage entre adresse et non-adresse

L'accent a jusqu'à présent été mis sur un couplage entre les médias traditionnels et l'imprimé publicitaire. Il convient de noter qu'un couplage peut être effectué non seulement entre une communication hors média et une communication média, mais également entre plusieurs formes de hors média. Ainsi un annonceur peut-il mettre en place, simultanément ou non, une opération de marketing direct adressé et non-adressé. Les raisons qui motivent le couplage sont les mêmes que celles présentées préalablement. L'encadré suivant présente un exemple de couplage entre adressé et non-adressé.

> **Un exemple de couplage adressé/non-adressé**
>
> Le caviste Nicolas, par exemple, a adopté un couplage adressé/non-adressé. À l'issue d'un diagnostic effectué à Paris et en province, il s'est fixé des objectifs différents au sein de ces deux zones géographiques et a opté pour la dualité adressé/non-adressé. En effet, en province, une implantation plus récente qu'à Paris, et donc une situation plus fragile, le conduit à consolider sa présence et à fidéliser ses clients. Il privilégie alors l'utilisation du marketing direct adressé. En revanche, à Paris où le réseau est dense et la notoriété est bonne, il a mis en place une stratégie de conquête et c'est le non-adressé qui a été retenu.

● Le calendrier des actions

Après avoir sélectionné les médias et décidé de la mise en place d'une stratégie de couplage, l'annonceur arrête un calendrier des actions au sein de chacun des médias ainsi sélectionnés. La communication a lieu soit de façon simultanée, soit de manière séquentielle. Dans le premier cas, le message est envoyé en même temps à son destinataire. Dans le second cas, une hiérarchie est établie quant à la période de diffusion des messages publicitaires en fonction du média qui en est le support.

Les objectifs de l'annonceur et les médias faisant l'objet du couplage déterminent bien sûr très fortement l'organisation des actions dans le temps. Il convient d'ajouter que deux possibilités s'offrent à l'annonceur dans le cadre de sa stratégie de couplage : utiliser un média principal et un média secondaire ou, au contraire, leur faire jouer un rôle comparable.

## 3. Le choix des supports de non-adressé

Une fois, le ou les médias sélectionnés, il importe de s'intéresser de manière plus spécifique au support de communication. En effet, un même média comporte plusieurs supports, parmi lesquels il convient d'opérer un choix.

À titre d'illustration, le média « presse magazine » comprend plusieurs supports : *L'Express*, *L'Expansion*, *Elle*... sont autant de titres de presse qui appartiennent à ce média et pour lesquels un choix s'impose.

Pour la publicité non-adressée, l'annonceur est confronté à la même problématique : déterminer le support qui est le mieux adapté à son action de communication. En effet, le non-adressé recoupe des supports très différents puisqu'il peut prendre la forme :

- d'un simple prospectus d'une page,
- d'un dépliant de quatre pages,
- d'un dépliant de huit pages,
- d'un véritable catalogue d'au moins dix pages,
- d'un échantillon,
- d'une carte de bus-mailing.
- d'un carnet de coupons…

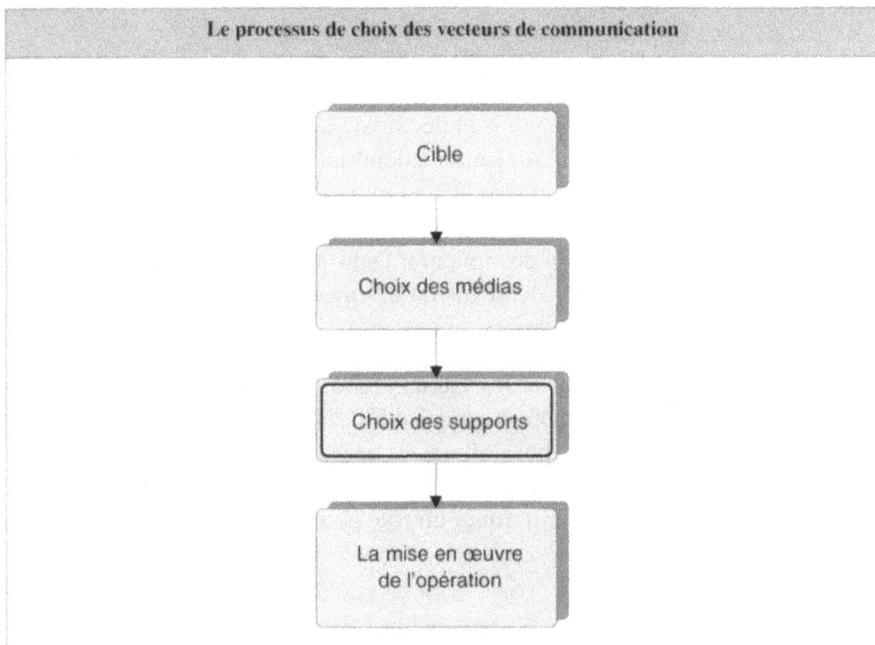

Le processus de choix des vecteurs de communication

Le choix du support de non-adressé est fonction des objectifs de l'action publici-taire, de la cible et du positionnement de l'annonceur. Un ensemble de critères quantitatifs est, par ailleurs, également utilisé pour sélectionner le ou les supports qui véhiculeront le message de l'annonceur vers la cible de communication.

### 3.1. Objectifs de l'action publicitaire, cible de communication et positionnement

#### ● Les objectifs de l'action de communication

Le support utilisé est choisi en premier lieu en fonction de sa capacité à satis-faire les objectifs qui ont été fixés dans le cadre de la campagne de communication :

➤ La communication d'une ouverture de magasins peut se faire par la diffusion d'un simple tract.

➤ Le souhait de faire essayer le produit passe par une stratégie d'échantillonnage.

➤ Le désir de valoriser l'image d'une marque ou d'une enseigne, ou de présenter une offre exhaustive oriente l'annonceur vers la réalisation d'un catalogue.

➤ La simple constitution d'un fichier clientèle amène l'annonceur à privilégier sa présence dans un bus-mailing.

➤ La communication d'une offre promotionnelle, c'est-à-dire d'un avantage provisoire destiné au consommateur, se traduit par un simple tract ou un dépliant peu volumineux parce que le destinataire aura tendance à associer ce type de support à de la promotion...

### ● La cible de communication

De même, la cible de communication détermine le type de support qu'il convient de sélectionner. Il s'agit d'analyser les attentes de la cible vis-à-vis de l'imprimé publicitaire et de s'interroger sur :
• l'importance des informations demandées par la cible sur l'offre commerciale,
• sa capacité à traiter un volume important d'informations,
• son désir de comparer facilement et précisément plusieurs offres commerciales,
• sa volonté d'accéder rapidement et immédiatement à l'information,
• son souhait d'essayer le produit avant achat,
• le plaisir qu'elle associe à la lecture...

### ● Le positionnement de la marque ou de l'enseigne

Le type de support choisi doit respecter le positionnement voulu par l'entreprise. Un catalogue volumineux est prestigieux et il renforce le positionnement plutôt haut de gamme d'une marque ou d'une enseigne. À l'inverse, un prospectus (composée d'une seule feuille) véhicule plutôt une image « prix » et donne une image « bon marché » à la marque ou à l'enseigne.

### 3.2 Les critères quantitatifs de choix d'un support

Des critères quantitatifs sont également utilisés comme aide au choix des supports. D'une manière générale, le ou les supports sont sélectionnés en fonction de leur capacité à atteindre la cible désignée par l'annonceur. En effet, l'objectif est qu'il y ait adéquation entre la cible et le support, c'est-à-dire que la cible soit amenée à fréquenter le support de communication.

Pour les médias traditionnels, de nombreux indicateurs sont depuis longtemps utilisés par les agences de communication dans le cadre du média-planning. Des indicateurs tels que le GRP, l'échelle de puissance, l'échelle d'affinité, le coût par mille, le coût par mille utile, le taux de circulation... servent de bases pour prendre des décisions en matière de choix des supports.

En ce qui concerne le choix des supports en matière de publicité en boîte à lettres, Médiamétrie a posé en 1995 les principes d'une mesure de l'audience de l'imprimé sans adresse en développant l'ISAmétrie. Cette entreprise inter-professionnelle de mesure d'audience et d'étude a proposé un ensemble d'indicateurs qui permet aux agences de communication ou aux annonceurs d'évaluer de façon rigoureuse les supports de publicité en boîte à lettres.

Longtemps, la publicité en boîte à lettres a souffert d'une absence d'outils permettant une analyse quantitative et qualitative de ses lecteurs. Il apparaissait ainsi particulièrement délicat pour une agence de communication de conseiller le choix de ce média dès lors qu'aucun chiffre n'était disponible quant au profil et au nombre de ses lecteurs.

Rendant impossible une évaluation de l'adéquation du support à la cible de communication, les seuls critères qui pouvaient être pris en compte étaient des critères économiques, tels que le coût, ou des critères de réalisation (délai de réalisation, impression...).

Ainsi, bien que très utilisée par de nombreux annonceurs, la publicité en boîte à lettres ne faisait l'objet d'aucune mesure, notamment en terme d'audience. Contrairement aux autres médias, aucun indicateur susceptible de guider le choix dans le cadre du plan média n'était donc disponible au niveau de la publicité en BAL.

La méthode proposée par Médiamétrie permet de mesurer le nombre de contacts réels entre les individus et les imprimés publicitaires qui sont déposés en boîte à lettres. L'objet de cette méthode consiste, de manière plus précise, à estimer le nombre de contacts engendrés par les imprimés en boîte à lettres, et ce, pour les cibles traditionnellement utilisées par les acteurs du marché (« ménagères », « 15-34 ans », « seniors »...). L'ISAmétrie permet, de plus, d'estimer l'audience pour chaque type d'imprimé sans adresse, défini par Médiamétrie (cf. le tableau suivant).

| Typologie des ISA – Isamétrie 98 (enquête Isamétrie ®-Médiamétrie) |
|---|
| ◆ **Hyper et supermarchés** |
| Prospectus (une feuille) |
| Dépliants de 4 pages |
| Dépliants ou catalogues de 6 à 8 pages |
| Catalogues d'au moins 10 pages |
| ◆ **Grandes surfaces spécialisées** |
| Prospectus (une feuille) |
| Dépliants de 4 pages |
| Dépliants ou catalogues de 6 à 8 pages |
| Catalogues d'au moins 10 pages |
| ◆ **Secteurs d'activité** |
| Automobile, |
| Banques/Assurances |
| Habillement |
| Immobilier |
| Loisirs/Tourisme |
| Télécommunication |
| Santé/Hygiène/Beauté |
| Services et restauration à domicile |
| Alimentaire hors grande distribution |
| Optique |
| Autres |
| ◆ **Échantillons** |
| ◆ **Journaux gratuits en boîte à lettres** |
| ◆ **Bulletins municipaux ou d'information/vie locale** |
| ◆ **Coupons ou bons** |
| ◆ **Carnet de coupons** |

À l'issue de résultats proposés dans l'ISAmétrie, il est, par exemple, possible de connaître l'audience des prospectus (une page), des dépliants de quatre pages, des dépliants de huit pages, des catalogues émis par les hypermarchés et les supermarchés. De la même façon, une analyse de l'audience des différents types de publicité en BAL émis par les grandes surfaces spécialisées peut être effectuée. Une connaissance des lecteurs des publicités en boîte à lettres existe également en fonction des secteurs d'activité concernés.

De plus, une exploitation des résultats de l'enquête, au niveau spécifique des enseigne d'hypermarché et de supermarché, est envisageable par Médiamétrie. Une telle analyse est possible pour les enseignes de distribution qui diffusent un nombre suffisant d'imprimés en boîte à lettres durant la période d'enquête et dans la mesure où les tailles d'échantillons le permettent.

Les indicateurs retenus par Médiamétrie ont été développés dans un souci de cohérence, d'une part avec les utilisateurs du marché publicitaire actifs dans le secteur de la publicité en boîte à lettres, d'autre part avec les principaux indicateurs de mesure traditionnellement utilisés par les autres médias.

Les indicateurs retenus dans la cadre de l'ISAmétrie permettent ainsi de calculer :
• un nombre de contacts par individus (sur la base des cibles marketing et socio-démographiques traditionnelles) ;
• un nombre de contacts par type d'ISA, selon la classification établie par Médiamétrie (cf. le tableau précédent).

De manière générale, les indicateurs permettent de mesurer :
• l'offre et l'audience des publicités en boîte à lettres ;
• des taux tels que le taux de conservation, le taux de contact, le taux d'incitativité, le taux d'intention d'achat ;
• des indicateurs de média-planning.

Le tableau qui suit présente une liste exhaustive des indicateurs ISAmétrie.

---

**Indicateurs Isamétrie 98**
**Enquête Isamétrie® – Médiamétrie**

**Offre et audience**
◆ **L'offre** : nombre hebdomadaire d'ISA distribués en boîte à lettres.
◆ **L'audience** : nombre moyen de contacts hebdomadaires entre un individu de la cible choisie et un type d'ISA.
◆ **L'audience hors boîte à lettres** : nombre moyen de contacts hebdomadaires entre un individu de la cible choisie et un type d'ISA, en dehors du moment d'ouverture de sa boîte à lettres.

**Les taux**
◆ **Le taux de conservation** : nombre d'ISA conservés par les ouvreurs de boîte à lettres au moment de son ouverture, pour 100 ISA distribués.
◆ **Le taux de contacts** : nombre de contacts générés par 100 ISA distribués dans les boîtes à lettres de la cible choisie.
◆ **Le taux de contacts hors boîte à lettres** : nombre de contacts hors boîte à lettres générés par 100 ISA distribués dans les boîtes de la cible choisie.
◆ **Le taux d'incitativité** : pourcentage d'individus lecteurs d'ISA incités à se renseigner, se déplacer ou acheter le ou les produit(s) proposé(s).
◆ **Le taux d'intention d'achat** : pourcentage d'individus lecteurs d'ISA incités à acheter le ou les produit(s) proposé(s).

◆ Les indicateurs média-planning
◆ **Le nombre total de contacts** : nombre total de contacts générés par la distribution de x ISA.
◆ **Le GRP total** : nombre total de contacts générés par la distribution de x ISA, rapporté à la population totale de la cible (France entière) et multiplié par 100.
◆ **Le GRP cible potentielle** : nombre total de contacts générés par la distribution de x ISA, rapporté à la population potentielle de la cible sur la zone distribuée et multiplié par 100. Cet indicateur est mathématiquement égal au taux de contacts.
◆ **La couverture totale** : pourcentage des personnes de la cible totale (France entière) ayant été exposées au moins une fois à l'ISA distribué x fois.
◆ **La couverture cible potentielle** : pourcentage des personnes de la cible potentielle (sur la zone distribuée) ayant été exposées au moins une fois à l'ISA distribué x fois.
◆ **La répétition** : nombre moyen de contacts parmi les personnes de la cible ayant été exposées au moins une fois, c'est à dire appartenant à la couverture.
◆ **Le coût aux mille contacts** : coût pour 1 000 contacts effectués sur la cible choisie.
◆ **L'indice d'affinité** : un indice de 100 signifie que la cible est représentée à son poids dans l'audience par rapport à son poids dans la population totale ; un indice supérieur à 100 indique que la cible est sur-représentée dans l'audience du support et qu'elle est donc en « affinité » avec le support.
◆ **L'indice d'affinité cible potentielle** : un indice de 100 signifie que la cible est représentée à son poids dans l'audience par rapport à son poids dans la population de la zone distribuée ; un indice supérieur à 100 indique que la cible est sur-représentée dans l'audience du support et qu'elle est donc en « affinité » avec le support.

Certains indicateurs peuvent être présentés :

➢ En ce qui concerne l'offre et l'audience, on peut par exemple évaluer l'offre moyenne d'ISA. Cet indicateur permet une estimation du nombre moyen de documents publicitaires distribués dans les boîtes à lettres des individus de la cible choisie. Il devient, par exemple, possible de mesurer le risque de saturation de la cible en matière d'imprimés en boîte à lettres et de mesurer le niveau de concurrence entre différents imprimés reçus.

➢ En ce qui concerne les taux, le taux de conservation indique le nombre de publicités conservées par les « ouvreurs de boîte à lettres », le taux d'incitativité mesure la capacité de la publicité à inciter le lecteur à se renseigner, se déplacer ou à acheter les produits proposés.

➢ Les indicateurs média-planning font référence aux indicateurs utilisés dans la cadre du média-planning tels que, par exemple, le Gross Rating Point, la couverture, la répétition.

### ● *Une intégration de la publicité en BAL dans le média-planning*

L'ISAmétrie permet donc une estimation de l'audience pour chaque type d'ISA, tel que défini par Médiamétrie, et pour chaque type de cible considérée. Il devient dès lors possible, à l'instar des autres médias, d'intégrer ces données dans des plans médias grâce à des résultats qui seront ventilés par critères socio-démographiques, par cibles comportementales (fréquentation des supermarchés, des GSS, possession de biens de consommation) et par types d'imprimés.

L'ISAmétrie est donc un outil qui permet une mesure de l'adéquation d'un type d'iimprimé publicitaire en BAL à la cible de communication de l'annonceur. Les indicateurs proposés permettent une comparaison avec les médias traditionnels et rendent possible la réalisation du média-planning.

L'annonceur (ou l'agence de communication) peut donc comparer les médias traditionnels et l'ISA afin de déterminer le moyen de communication qui est le plus adapté à sa cible, l'objectif étant de maximiser l'audience utile. Par ailleurs, au sein des imprimés sans adresse, une sélection peut également être opérée en fonction de celui qui aura la probabilité la plus élevée d'être en contact avec la cible de l'annonceur.

* Un exemple de résultats pour les imprimés sans adresse

Le tableau suivant fournit un exemple de résultats pour la distribution de 1 000 000 d'imprimés en boîte à lettres. Il donne une évaluation des résultats (nombre de contacts et couverture) si l'opération est effectuée avec ou sans ciblage.

| Un exemple de médiaplanning (sour Médiamétrie) | | |
|---|---|---|
| Cible : maison individuelle  Hypothèse : nombre d'ISA distribués : 1 000 000  GRP : 342,6  Couverture (taux) : 79,3  Répétition : 4,3 | | |
| **RESULTATS** | **Sans ciblage** | **Avec ciblage** |
| **Nombre total de contacts** | 3 660 306 | 6 167 133 |
| **Couverture (Nombre d'individus)** | 846 667 | 1 426 522 |

* Les sources de connaissance des supports de communication

Pour communiquer auprès de sa cible, il est nécessaire, comme nous l'avons dit précédemment, que l'annonceur ait une connaissance quantitative et qualitative

© Éditions d'Organisation

des lecteurs, auditeurs ou spectateurs des différents supports. Des études sont effectuées régulièrement afin de mesurer l'audience des différents supports et de produire les indicateurs relatifs à celle-ci. Dans le domaine des médias, différents organismes concourent à mieux connaître les lecteurs et auditeurs des supports : le Centre d'étude des supports de la publicité fournit des informations sur les personnes qui fréquentent les différents supports publicitaires, des instituts mesurent l'audience de la télévision, l'Office de justification de la diffusion vérifie la diffusion de plus de mille titres de presse. De la même manière, Médiamétrie collecte régulièrement des informations sur les lecteurs des imprimés afin d'actualiser les indicateurs fournis dans le cadre de l'ISAmétrie. La méthodologie de recueil des données relatives à l'ISAmétrie se déroule en deux phases :

➢ Un panel postal permettant de mesurer l'offre, c'est-à-dire l'offre des imprimés sans adresse déposés en boîte à lettres. Mille boîtes à lettres sont à ce titre relevées.

➢ Une enquête téléphonique réalisée en parallèle sur des personnes habitant dans le voisinage des panélistes postaux. 4 500 interviews téléphoniques ont à ce titre été réalisées.

## 4. La mise en œuvre : distribution et logistique de l'opération de marketing direct non-adressé

Une fois que les médias et les supports de communication ont été sélectionnés, il importe de réfléchir aux modalités pratiques de la mise en œuvre de la campagne de publicité non-adressée. Trois aspects pourront, à ce titre être passés en revue : la distribution de la publicité non-adressée, l'organisation logistique de la campagne et, enfin, le contrôle de la distribution des imprimés.

### 4.1. La distribution de l'imprimé publicitaire

Dans ce chapitre, l'accent a été surtout mis sur la distribution des imprimés en boîte à lettres (BAL). En effet, d'une part, ce mode de distribution des imprimés est largement le plus utilisé par les annonceurs, d'autre part, les techniques et les outils qui ont été développés et présentés dans le cadre de ce chapitre concernent essentiellement les opérations de publicité en boîte à lettres. Ainsi, le géomarketing, qui rend possible le ciblage, ou les outils d'analyse des supports tels que l'ISAmétrie proposée par Médiamétrie sont-ils appliqués uniquement dans le cadre d'opérations en BAL.

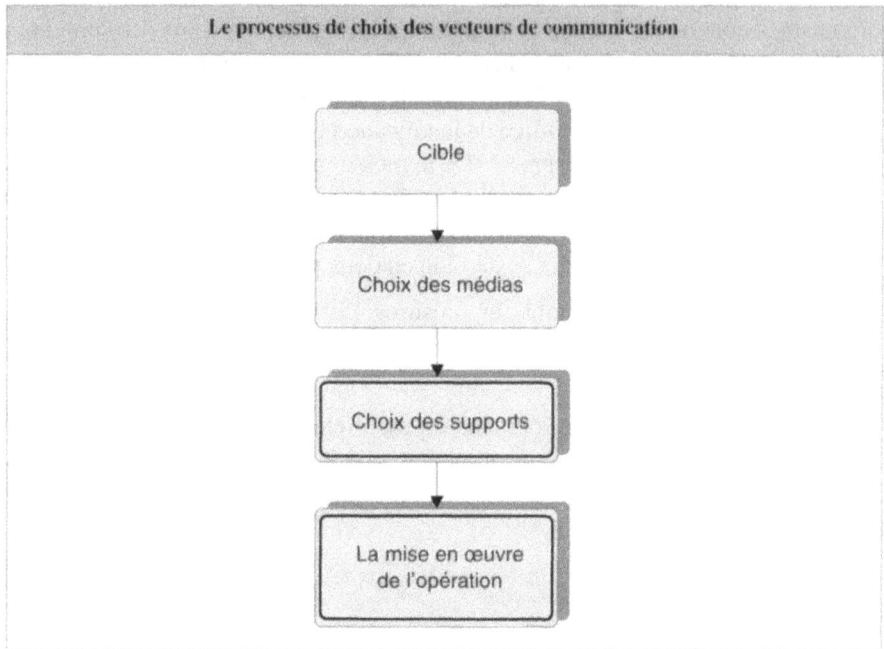

## Le processus de choix des vecteurs de communication

Cible

↓

Choix des médias

↓

Choix des supports

↓

La mise en œuvre
de l'opération

Avant de présenter la problématique de l'organisation logistique d'une opération non-adressée, il nous semblait important d'aborder, même très rapidement, les autres modes de distribution susceptibles d'être utilisés dans le cadre d'opérations de non-adressé. En effet, le marketing direct non-adressé regroupe, comme nous l'avons dit dans le cadre de cet ouvrage, d'autres modes de diffusion des imprimés que la boîte à lettres, même si celle-ci demeure très largement prépondérante.

L'imprimé publicitaire peut, en effet, être remis directement dans les mains de son destinataire ou déposé dans un endroit ou un lieu où il pourra être pris par celui-ci. Il sera ainsi distribué à l'intérieur ou à la sortie d'un magasin, à la sortie d'une école, d'une crèche, d'une université, d'une boîte de nuit... De même, il sera déposé dans des trains ou des avions, dans des cabinets médicaux, dans des centres de loisirs et de sports, sur des pare-brises de voiture... Les possibilités sont infinies.

Si les techniques d'analyse et d'étude apparaissent peu développées pour la publicité non-adressée qui ne relève pas de la boîte à lettres, une réflexion préalable doit néanmoins être menée au moment du choix du mode de remise du document à son destinataire. Les éléments sous-jacents à la réflexion sont similaires à ceux qui ont été présentés dans le cadre de ce chapitre. En effet, différents facteurs déterminent le choix du mode de diffusion de l'imprimé, parmi lesquels :

➤ **L'adéquation entre le mode de distribution et la cible visée**. Il s'agit en effet de maximiser l'audience utile, c'est-à-dire de toucher le maximum d'individus appartenant à la cible de communication. L'objectif est de s'assurer de l'affinité de la cible avec le mode utilisé pour la distribution de l'imprimé publicitaire. Le ciblage des jeunes pourra se traduire par une diffusion des imprimés à la sortie des lycées ou dans les boîtes de nuit. Vouloir toucher les maîtresses de maison peut inciter l'annonceur à distribuer ses imprimés au sein des points de vente fréquentés.

➤ **L'adéquation entre le mode de distribution, le positionnement de l'enseigne ou de la marque et le message de l'imprimé**. Une distribution d'échantillons en sortie de boîte de nuit contribuera par exemple à donner à une marque une image de « marque branchée » et proche des jeunes.

➤ **La situation dans laquelle l'annonceur souhaite que se trouve la cible au moment de la réception du message et de la prise de connaissance de la proposition commerciale**. Par exemple, le désir que le destinataire prenne connaissance de l'offre à un moment où il est disponible peut amener l'annonceur à déposer ses imprimés dans des lieux tels que des trains ou des avions.

➤ **La recherche d'un effet de surprise**. Elle peut conduire à favoriser certains modes de distribution telle qu'une remise des imprimés et des échantillons pendant les vacances.

➤ **La volonté de favoriser certains indicateurs tels que le taux de conservation, le taux de contact, le taux d'incitativité**. Elle peut le motiver à privilégier certains modes de diffusion des messages publicitaires.

Revenons maintenant à l'organisation logistique de l'opération de non-adressé. Une fois que l'annonceur a décidé de mettre en place une campagne de non-adressé, il doit en effet s'interroger sur les modalités pratiques de la diffusion de son imprimé publicitaire.

Pour cela, il est souhaitable qu'il puisse analyser l'ensemble des étapes à mettre en œuvre pour que le message parvienne dans les meilleures conditions possibles à son destinataire. L'annonceur est toujours confronté à une organisation logistique en émission, parfois il doit également assurer une logistique en réception.

Réfléchir à la démarche de la logistique en émission suppose l'adoption d'une vision globale de l'organisation des différentes opérations physiques. Une lecture synoptique des opérations permet, à ce titre, de visualiser le processus d'acheminement du message vers son destinataire.

Par ailleurs, l'organisation logistique de la distribution des imprimés nécessite une connaissance des éventuelles contraintes relatives à leur diffusion, l'objectif étant de pouvoir les prendre en considération au moment de l'organisation de l'opération. Une organisation logistique efficiente suppose, de plus, une réflexion préalable afin, d'une part, de tenter de réduire les coûts de distribution du message, d'améliorer, d'autre part, la vitesse d'acheminement du message vers son destinataire ainsi que les conditions dans lesquelles il parvient à celui-ci.

L'organisation d'une opération de non-adressé s'intègre souvent dans un plan média qui incorpore d'autres médias (stratégie de couplage). À ce titre, une réflexion logistique globale doit être menée afin qu'imprimé publicitaire et autres médias s'intègrent dans un même plan d'action. Les vecteurs de communication sont envisagés les uns par rapport aux autres, et de leur bon déroulement dans le temps dépend leur efficacité.

Une opération de non-adressé peut être organisée durant des événements inhérents à la vie du consommateur (rentrée des classes, vacances…) ou lors d'événements qui sont créés par l'annonceur (journée anniversaire, par exemple) afin d'y promouvoir son ou ses produit(s). Les caractéristiques et les contraintes de l'événement influent sur l'organisation logistique de l'opération, l'objectif étant, bien sûr, d'assurer une cohérence entre la diffusion des messages publicitaires et l'événement.

Lorsque l'imprimé publicitaire comprend un élément de réponse de la part de son destinataire (coupon réponse, coupon de réduction…), il convient d'assurer la logistique de réception, c'est-à-dire de mettre en place (en interne ou en externe) une base logistique de traitement des remontées. En effet, qu'il s'agisse de collecter des adresses ou de faire bénéficier le consommateur de coupons de réduction, il est nécessaire que l'annonceur réfléchisse à l'organisation pratique du traitement des réponses : système informatique, personnel chargé d'effectuer les saisies, modalités pratiques de réponse au consommateur sont autant d'éléments à prendre en compte lors de la mise en œuvre de l'opération. La capacité de l'annonceur à traiter rapidement les remontées (dans le cas d'offres promo-

© Éditions d'Organisation

**190**

tionnelles, par exemple) influence en effet l'image que le consommateur aura de l'entreprise émettrice. De la même manière, en cas de numéro vert ou autre, l'annonceur s'intéressera à la mise en place du *call center*.

4.3. Le contrôle de la distribution

### 4.3.1. La justification du contrôle de la distribution

Les annonceurs veulent sécuriser le portage du dépliant vers son destinataire. Ils souhaitent s'assurer que la distribution de l'imprimé publicitaire a effectivement eu lieu et s'assurer du niveau de qualité de cette distribution. Ils veulent avoir la garantie que leur document a été bien distribué, sur la bonne zone, et avec un souci du respect du cahier des charges. À ce titre, ils peuvent instaurer un contrôle de la distribution des imprimés publicitaires. Ce contrôle se justifie par le coût qui est associé à une distribution déficiente mais également par l'absence de visibilité qui caractérise la distribution des imprimés.

● *Le coût d'une distribution déficiente*

Le contrôle de la distribution de l'ISA est essentiel pour l'annonceur : une distribution déficiente génère un manque à gagner, le message n'ayant pas été acheminé vers son destinataire à la date prévue. Par ailleurs, il est très difficile d'évaluer la perte de chiffre d'affaires générée par une mauvaise distribution de l'imprimé. En effet, une distribution de mauvaise qualité aura des conséquences sur les ventes de l'entreprise sur des horizons temporels différents :

➢ À court terme. Si l'imprimé publicitaire est mal distribué, l'entreprise perd des ventes sur des produits présentés dans le dépliant ainsi que sur des produits non présents dans le prospectus mais que le consommateur aurait pu se procurer au moment de sa visite en magasin.

➢ À long terme. Lorsque le catalogue présente, par exemple, un assortiment permanent de l'annonceur et qu'il est donc consultable durant toute une année ou une saison par son destinataire.

La perte en terme de chiffre d'affaires est d'autant plus difficile à évaluer que des effets constatés, *a priori* à court terme, peuvent avoir des retombées dans le plus long terme : par exemple, un consommateur qui se serait rendu dans un point de vente afin de bénéficier d'une promotion présentée sur un dépliant aurait pu être amené, si son expérience au sein de celui-ci avait été positive, à y faire d'autres visites. Autant de visites qui n'auront pas lieu puisque le message initial n'est pas parvenu à son destinataire !

Une distribution déficiente non seulement est à l'origine d'une perte de chiffre d'affaires à court et/ou long terme mais elle fait supporter à l'annonceur un ensemble de coûts qui ne seront pas rentabilisés. Coût d'impression, de réalisation, de distribution des documents... sont autant de dépenses engagées par l'annonceur pour des messages qui ne parviendront pas à leur destinataire. La nécessité d'un contrôle de la distribution se justifie ainsi d'autant plus que l'imprimé est volumineux et que son coût de conception et de fabrication est élevé.

### ● L'absence de visibilité de la distribution

Le contrôle s'explique également par l'absence de visibilité de la distribution des imprimés. En effet, si l'annonceur peut vérifier la mise en œuvre d'une campagne télévisuelle, il lui est, en revanche, beaucoup plus délicat d'appréhender ce qui se passe réellement, par exemple dans les boîtes à lettres.

Le contrôle de la distribution permet non seulement d'évaluer la qualité de la distribution mais également de mettre une pression sur les personnes qui distribuent les imprimés. Ces dernières, se sachant contrôlées, effectueront vraisemblablement des efforts supplémentaires lors de la remise des dépliants à leur destinataire.

### 4.3.2. Méthodologie de contrôle de la distribution de la publicité (en boîte à lettres)

Un contrôle de la distribution permet donc de s'assurer du portage de l'imprimé vers son destinataire. Un contrôle de la distribution peut être effectué quels que soit les modes de diffusion des imprimés vers leur destinataire (BAL, colis, points de vente...). Le contrôle de la diffusion des imprimés apparaît particulièrement bien organisé pour le média « boîte à lettres ». C'est donc les procédures de contrôle en BAL qui seront présentées dans le cadre de cette partie.

Parmi les procédures utilisées pour mesurer la qualité de la distribution des imprimés sans adresse, on peut citer le contrôle par visualisation, le contrôle par enquête et celui par panel.

### ● Présentation des principales méthodes de contrôle de la distribution

Les méthodes par visualisation consistent à vérifier de manière visuelle que les documents ont bien été remis dans les boîtes à lettres. Le constat visuel permet non seulement de vérifier que la distribution des imprimés a bien été effectuée dans une zone donnée mais également d'évaluer les conditions de la distribution, c'est-à-dire la qualité de la distribution. À titre d'illustration, si, dans un immeuble, une pile de 60 documents publicitaires a été déposée au dessus des boîtes à lettres, alors même que l'immeuble ne comporte que 30 boîtes à lettres, le contrôle terrain va permettre de mettre en exergue la mauvaise qualité de la distribution. Ces méthodes par visualisation offrent donc l'avantage, par rapport au contrôle effectué par enquête, d'évaluer la qualité de la distribution. En effet, par enquêtes, les personnes interrogées confirment qu'elles ont ou non reçu le dépliant mais elles n'indiquent pas si les imprimés ont été distribués dans de bonnes conditions, c'est-à-dire si elles ont été remises dans les boîtes à lettres (et non en dehors de celles-ci) et dans les quantités adéquates.

Les méthodes de contrôle par enquête consistent, comme le nom l'indique, à interroger les personnes rapidement, après la distribution des imprimés, de manière à vérifier qu'ils ont bien reçu les documents qui leur étaient destinés. Le contrôle de la distribution par le biais de données déclaratives présente l'inconvénient de mesurer davantage le souvenir de la distribution qu'en ont les destinataires que la réalisation de la distribution. De plus, la personne qui a été interrogée par téléphone ne peut être considérée avec certitude comme celle qui a ouvert la boîte à lettres.

Les contrôles par panel consistent à questionner de manière régulière un échantillon permanent de répondants sur la réception des documents en boîte à lettres.

● *Les résultats fournis à l'issue du contrôle de la distribution*

Le type de résultat obtenu pour l'évaluation de la qualité de la distribution des imprimés dépend de la méthodologie retenue[7].

Lorsque la vérification est effectuée à partir d'entretiens réalisés auprès des destinataires du message, les résultats pourront être de nature dichotomique et être de type « reçu/non reçu ». Dans d'autres cas, les évaluations pourront préciser les niveaux de qualité de la distribution telles que, par exemple[8] :

• bonne distribution,
• distribution de qualité satisfaisante,
• distribution de qualité problématique.

---

7. Il existe des sociétés spécialisées dans le contrôle de la distribution. Celles-ci seront présentées dans le chapitre relatif aux intervenants sur le marché du non-adressé.
8. Entretien

Par exemple, il est possible, pour une opération de publicité en non-adressée, de proposer un résultat du type : « 60 % de distribution de bonne qualité, 30 % de qualité satisfaisante et 10 % de qualité problématique ».

Ces résultats permettent, certes, d'effectuer des évaluations statistiques du niveau de la qualité de la distribution mais, surtout, ils offrent la possibilité pour l'annonceur de remédier à la situation en temps réel, c'est-à-dire au moment même où la défaillance est observée. Le contrôle permet d'améliorer la qualité de la distribution en temps réel et, à ce titre, il joue un rôle de pilotage de la distribution. Le management de la qualité de la distribution en temps réel aura bien évidemment des répercussions immédiates sur la performance de l'opération de publicité non-adressée et sur le chiffre d'affaires de l'annonceur.

# CHAPITRE 6

# La conception de l'imprimé publicitaire

Si l'annonceur décide de mettre en place une opération de marketing direct non-adressé, il sera amené, au moment de la conception de l'imprimé publicitaire, à répondre à différentes questions parmi lesquelles :

➢ Quel sera le contenu de l'imprimé publicitaire ?

➢ Quelle forme doit prendre ce document ?

➢ Comment organiser le document ?

➢ Quelle stratégie créative mettre en place dans le cadre de cet imprimé ?

➢ Comment évaluer la qualité de l'imprimé publicitaire ainsi créé ?

Autant de questions auxquelles nous tenterons de répondre dans le cadre de ce chapitre où chacune des questions est traitée sous forme de partie. Mais, avant de répondre à ces questions, il convient de s'attarder sur la stratégie de l'annonceur, parce qu'elle conditionne le contenu de l'imprimé publicitaire, ainsi que la façon dont seront présentés les différents produits et rubriques au sein de l'imprimé.

## 1. L'imprimé publicitaire dans la stratégie de l'annonceur

La stratégie marketing et la stratégie de communication de l'annonceur doivent constituer le point de départ à l'élaboration de tout imprimé publicitaire.

**195**

En effet, ces stratégies vont guider la conception de l'imprimé tant au niveau du fond que de la forme.

### 1.1.1. Les objectifs marketing

● *Les différentes stratégies marketing*

Dans le cadre de sa stratégie marketing, le praticien peut poursuivre différents types d'objectifs. Une classification est habituellement effectuée entre trois types de stratégie, la stratégie concurrentielle, la stratégie de développement de la demande globale et la stratégie de fidélisation.

Le praticien met en place une stratégie concurrentielle lorsque son objectif est de prendre du chiffre d'affaires à la concurrence. S'il opte pour une stratégie de développement de la demande globale, son but est d'agir, d'une part, pour favoriser le développement du marché et, d'autre part, pour tirer profit de ce développement. Dans le cadre d'une telle stratégie, il cherche alors soit à transformer en consommateurs des non-consommateurs de la catégorie de produits (stratégie extensive), soit à augmenter le niveau d'achat des individus qui sont déjà consommateurs de la catégorie de produits (stratégie intensive). Enfin, dans l'optique d'une stratégie de fidélisation, il est conduit à mettre en place des actions favorisant le ré-achat de sa marque ou une nouvelle visite au sein de son point de vente.

● *Stratégie marketing, contenu et forme de l'imprimé publicitaire*

La stratégie marketing poursuivie par l'annonceur conditionne le contenu et la forme de l'imprimé publicitaire. Dans le cadre d'une stratégie concurrentielle, la vocation de l'imprimé publicitaire est d'attirer les consommateurs qui sont clients des marques ou des points de vente concurrents. Dans ce cas, l'imprimé publicitaire comprendra une offre dont le but est de déclencher un premier achat et/ou une première visite en magasin. L'offre commerciale doit être suffisamment intéressante pour compenser les coûts qui sont associés, dans l'esprit du prospect, à tout changement de marque ou changement d'enseigne. L'offre suscitera une réaction immédiate de la part du prospect (achat ou déplacement) si elle est perçue comme réellement avantageuse par le prospect et si elle ne dure que pendant une courte durée. C'est ainsi que, dans le cadre des stratégies concurrentielles, les prospectus ont souvent pour mission de présenter des promotions, fortement mobilisatrices auprès des

**196**

clients des marques ou des enseignes concurrentes. L'avantage offert par la promotion incite les prospects à un changement, et réduit leur fidélité aux marques et aux enseignes concurrentes.

La forme de l'imprimé est également largement influencée par la nature de la stratégie. Un imprimé qui s'inscrit dans le cadre d'une stratégie concurrentielle aura un « effet signal » fort auprès du destinataire du message : sa forme (couleur, format, type de papier…) indiquera immédiatement et clairement au destinataire que le message est d'ordre promotionnel.

En revanche, si l'objectif de l'imprimé est de fidéliser les clients d'une marque ou d'une enseigne, sa mission sera de créer des coûts au changement afin que les clients ne soient pas sensibles aux actions marketing, et notamment promotionnelles, des concurrents : favoriser leur attachement à la marque ou à l'enseigne et développer leur confiance envers celle-ci constituent donc un impératif logique pour l'annonceur dans le cadre de sa stratégie de publicité non-adressée. Cela passe par une communication sur les valeurs et l'identité de l'entreprise et/ou par une plus grande proximité avec les destinataires du message. La publicité doit renforcer l'unicité de la marque ou de l'enseigne afin qu'elle ne soit pas perçue, dans l'esprit du consommateur, comme pouvant être facilement remplacée par les marques ou les enseignes concurrentes. Le souhait de l'annonceur de créer des coûts au changement et de favoriser un attachement du consommateur à la marque ou à l'enseigne se traduira au niveau de l'imprimé, tant au niveau du fond que de la forme. Les produits et rubriques choisies, les éléments d'information, mais également la façon dont ceux-ci seront présentés, seront conditionnés par l'image, l'impression, l'émotion, les valeurs… que l'entreprise souhaitera communiquer auprès de sa cible et qui influenceront son intérêt et sa confiance envers celle-ci.

Dernière stratégie possible de la part de l'annonceur : la stratégie de développement de la demande globale. Si l'imprimé s'inscrit dans le cadre d'une stratégie extensive, son objectif sera de démontrer les avantages qu'un consommateur est susceptible de trouver lors de l'achat et de la consommation d'une catégorie de produits. En revanche, dans le cadre d'une stratégie intensive, il sera de présenter les différentes utilisations possible d'un produit afin d'augmenter le niveau d'achat des consommateurs actuels de ce produit.

### 1.1.2. le positionnement

Le positionnement voulu de la marque ou de l'enseigne est un autre élément de la stratégie marketing qui influence le contenu et la forme de l'imprimé publicitaire. Aujourd'hui, fabricants et distributeurs tentent en effet, dans un univers devenu très concurrentiel, de différencier leur offre commerciale et de proposer une marque ou un concept d'enseigne spécifique. Leur objectif est de donner une personnalité, une image à leur marque ou à leur enseigne de manière à se différencier de la concurrence.

Un annonceur choisit un positionnement « prix » tandis qu'un autre souhaitera véhiculer une image de « qualité » ou de « produits traditionnels ». Le positionnement voulu par l'annonceur est fonction des attentes de sa cible mais aussi de l'image des concurrents puisque l'objectif est de s'en différencier.

Comme pour tout support de communication, il est nécessaire que l'imprimé véhicule une image conforme à celle que l'annonceur veut se donner et même qu'il renforce le positionnement voulu de la marque ou de l'enseigne. Le positionnement influence donc de façon considérable les produits, les services, les rubriques qui figureront dans l'imprimé publicitaire. Par ailleurs, il détermine la manière dont l'imprimé sera organisé et les produits seront présentés.

À titre d'exemple, l'adoption d'un positionnement « tradition » suppose un choix de produits, des photographies, des couleurs, une mise en scène, un textuel, et même une typographie qui confère au consommateur une impression « d'autrefois », un goût de tradition. L'imprimé consacré aux produits « Reflets de France » nous semble à ce titre particulièrement évocateur.

L'exemple des produits : « Reflets de France »

© Reflets de France

### 1.2.1. Analyse de l'environnement et de la situation de l'annonceur

Pour élaborer son imprimé publicitaire, l'annonceur doit se tenir informé, d'une part, des caractéristiques de l'environnement dans lequel évoluent ses prospects et clients, et, d'autre part, de la demande et de l'offre relatives aux catégories de produits qui figureront dans l'imprimé.

* L'environnement de la marque ou de l'enseigne

L'environnement de l'entreprise, qu'il soit économique, politique, socioculturel, monétaire… influence le contenu de l'imprimé. Produits, informations, rubriques dépendent de l'environnement général dans lequel se trouvent les clients et les prospects de l'entreprise.

À titre d'illustration, dans un contexte de hausse du prix du pétrole, un concessionnaire insistera, dans son imprimé, sur le caractère économique de son modèle parce que cela correspond aux préoccupations des consommateurs. De la même façon, dans un contexte de crise alimentaire, un annonceur dans le secteur de l'alimentaire pourra-t-il insister sur l'obtention d'un label ou décrire le processus de fabrication de ses produits, parce que ces éléments sont des gages de qualité pour les consommateurs.

* La demande dans la catégorie de produits (ou le service)

La connaissance de la demande des produits et des services commercialisés par la marque et par l'enseigne est également indispensable pour l'élaboration de l'imprimé publicitaire. En effet, le contenu de l'imprimé mais également la présentation de celui-ci dépendent des besoins et du comportement de l'acteur vers lequel est orientée la communication, à savoir le consommateur. Pour lui proposer une offre commerciale qui l'intéresse et le séduise, il convient, en premier lieu, de bien le connaître et de cerner ce qu'il recherche lorsqu'il achète et consomme le produit.

Des informations pourront ainsi être rassemblées sur :
• les caractéristiques socio-démographiques et psychosociologiques des utilisateurs et des non-utilisateurs du produit ou du service ;
• les avantages recherchés lors de la consommation et de l'utilisation du produit ;
• les motivations et les freins associés à l'utilisation ou à la non-utilisation d'un produit ou d'un service ;

**199**

- les nouvelles tendances de consommation ou d'achat ;
- les habitudes d'achat, les lieux d'achat, les quantités achetées…

Le contenu de l'imprimé publicitaire est largement influencé par les réponses à ces questions. À titre d'illustration, le texte d'un imprimé sera construit de façon à lever les freins que ressent un consommateur à l'achat d'un produit. Il s'agit, en connaissant les freins psychologiques ressentis par le consommateur, de bâtir un argumentaire de manière à le convaincre de l'intérêt de l'offre et, comme tout bon vendeur, de lever les freins à l'achat. De la même manière, une photographie est susceptible d'indiquer au consommateur que le produit répond aux avantages qui sont recherchés lors de la consommation et de l'utilisation du produit : recherche de practicité, de modernité d'un produit économique, d'un produit valorisant, autant d'avantages qui pourront être mis en avant lors de la conception de l'imprimé publicitaire.

### • L'offre concurrente

L'élaboration de l'imprimé publicitaire suppose également une bonne connaissance des caractéristiques de l'offre commerciale des concurrents. L'analyse du positionnement des concurrents (directs et indirects) et de leur support de communication constitue ainsi un préalable à l'action de communication.

L'analyse des imprimés distribués par la concurrence est également nécessaire puisqu'il s'agira de s'en différencier. Leur analyse permet à l'annonceur de déterminer les bénéfices supplémentaires que son imprimé pourra procurer au destinataire du message par rapport à ceux distribués par la concurrence : plaisir de la lecture, information, offres commerciales intéressantes…

### • L'annonceur, ses produits et ses actions de communication antérieures

Mais l'élaboration de l'imprimé suppose également une analyse de l'identité, de l'histoire et de l'image de l'annonceur, dans la mesure où cela peut en influencer le contenu. De même, les communications antérieurement réalisées par l'annonceur (et ce, quels que soient les supports et les médias utilisés) doivent être prises en compte puisqu'il est préférable d'assurer une continuité au niveau de la communication de l'annonceur. L'objectif est, avant tout, de donner une image claire de la marque ou de l'enseigne dans l'esprit du consommateur.

### 1.2.2. Objectif de communication et cible de communication

Parallèlement à l'analyse du contexte dans lequel intervient l'imprimé publicitaire, l'annonceur devra prendre en compte des objectifs de communication qui sont associés à cet imprimé puisqu'ils déterminent son contenu et sa forme.

● *Les principaux objectifs de communication*

De manière générale, trois grands types d'objectifs de communication peuvent être associés à une opération de communication :

➤ **Un objectif cognitif**. L'objectif général est de « faire connaître » au prospect ou au client l'existence d'un magasin, d'un produit, d'une offre commerciale, d'une promotion, de nouveaux services, d'une carte de fidélité… La communication a alors une mission informative, en ce sens qu'elle véhicule un élément objectif de connaissance relatif à la proposition commerciale nouvelle, modifiée ou peu connue des prospects. Ainsi, un point de vente qui s'implante dans une nouvelle zone géographique pourra-t-il faire connaître son existence grâce à une opération de publicité en boîte à lettres au sein de sa zone de chalandise.

➤ **Un objectif affectif**. Il s'agit ici de « faire aimer », c'est à dire de créer une image favorable de la marque ou de l'enseigne auprès du prospect. En effet, le produit (ou l'enseigne) peut être connu(e) et posséder une réelle notoriété mais ne pas être pour autant choisi(e) par le prospect. L'image du produit ou de l'enseigne apparaît en ce sens fondamentale. L'objectif de la communication est donc de développer une image positive afin que le consommateur apprécie la marque ou l'enseigne et qu'il l'envisage au moment de son choix.

➤ **Un objectif conatif**. Il s'agit de « faire agir » le destinataire du message. Faire agir, cela peut signifier l'inciter à se rendre dans un point de vente, l'inciter à appeler un numéro vert, le motiver à faire une demande d'information ou à remplir un bon de réduction.

La forme et le fond de l'imprimé publicitaire dépendent des objectifs de communication associés à l'opération de publicité non-adressée. Le message mais également la stratégie créative seront différents selon que l'imprimé publicitaire possède une mission simplement informative ou un objectif purement affectif. Dans le premier cas, le message devra être simple, puisque le but est de véhiculer un élément d'information objectif relatif à l'offre commerciale de l'annonceur. L'annonce doit délivrer immédiatement l'essentiel du message et avoir une vitesse de communication suffisante. Dans le second cas, il s'agit de transmettre un message plus affectif, qui ne repose plus uniquement et simplement sur des informations de nature objective. La stratégie créative en sera différente : elle doit être valorisante pour l'annonceur, mettre en avant les avantages de son offre, que ces avantages soient de nature réelle ou symbolique. Lorsque l'imprimé a un objectif conatif, c'est-à-dire qu'il vise à faire agir son lecteur, il devra posséder une force de conviction suffisante, de manière à le faire réagir à la proposition de l'annonceur.

### ● La cible de communication

La cible de communication a une influence déterminante sur la stratégie créative. En effet, le message, la façon dont ce message va être construit, est largement déterminé par le profil de celui auquel il est destiné. Ainsi un annonceur ne s'adresse-t-il pas, de la même manière à des jeunes qu'à des personnes plus âgées pour leur vendre le même type de produit. Les mots, les expressions utilisées, la stratégie créative sont influencés par le vocabulaire courant de la cible de communication auquel il convient de s'adapter. Par ailleurs, la mise en page, les mises en situation des produits, le choix des personnages en cas de mise en situation des produits dépendent largement des personnes auxquelles le message est destiné.

La cible de communication, à laquelle l'imprimé s'adresse est largement conditionné par le processus d'achat en milieu familial, processus qu'il convient donc d'analyser.

### ● Le processus d'achat au sein de la famille

En milieu familial, différentes personnes sont susceptibles de prendre part ou d'influencer la décision d'achat. Le mari, l'épouse ou les enfants peuvent avoir une place prépondérante pour l'achat de certaines catégories produits et, au contraire, jouer un rôle secondaire ou négligeable sur l'achat d'autres produits.

Pour un même produit, plusieurs membres de la famille peuvent intervenir au moment de la prise de décision. Une distinction est habituellement opérée entre différents intervenants dans le processus d'achat en famille. On y distingue : l'acheteur, le consommateur du produit ou du service, le décideur, le prescripteur et d'autres types d'influenceurs.

Lors de la mise en place d'une campagne de communication, il importe de définir le plus précisément possible les modalités de prise de décision au sein de la famille pour le type de produit commercialisé : le père a-t-il un rôle majeur dans la décision d'achat ? La mère décide-t-elle seule ? Quel est le rôle des enfants ? L'objectif est, en effet, d'identifier la personne la plus à même de prendre les décisions, de manière à développer une communication qui leur sera spécifiquement destinée.

La connaissance des différents intervenants dans le processus de décision conditionne la nature du message publicitaire envoyé au destinataire. Par ailleurs, à partir du moment où un document publicitaire peut-être consulté par plusieurs membres de la famille, il convient de s'intéresser tout particulièrement au comportement d'ouverture et de lecture de l'imprimé. Différentes questions peuvent, à ce titre, être posées parmi lesquelles :

➢ Qui reçoit ou ouvre le premier l'imprimé publicitaire ?

➢ Qui est le plus susceptible de décider en premier lieu de la conservation ou de la suppression de l'imprimé ?

➢ L'imprimé circule-t-il entre les différents membres de la famille ?

➢ Si oui, qui lit l'imprimé publicitaire au sein de la famille ?

➢ Y a-t-il transmission de l'imprimé à la personne de la famille la plus susceptible d'être intéressée par l'offre commerciale ?…

La réponse aux deux premières questions influence le contenu et la stratégie créative de la première et de la quatrième de couverture. L'objectif est en effet de séduire la personne qui va recevoir l'imprimé et qui va donc décider ou non de conserver l'imprimé. La réponse aux autres questions peut avoir une influence sur le contenu et la forme de l'imprimé, dès lors que des rubriques spécifiques peuvent être dédiées aux différents lecteurs.

Néanmoins, le risque d'un imprimé conçu pour des profils de lecteur différents réside, bien entendu, dans le manque de cohérence de celui-ci, dans la mesure où il comporterait alors des rubriques très hétérogènes. La solution est, bien sûr, de cibler le principal décideur dans une catégorie de produits, de manière à conserver une relative cohérence de l'imprimé.

## 2. Le contenu de l'imprimé publicitaire

Lorsqu'il conçoit un imprimé publicitaire, l'annonceur est amené à s'interroger sur les produits ou services qui figureront dans l'imprimé ainsi que sur les rubriques et les autres informations qui y seront développées. Il importe, dans cette perspective, d'analyser les éléments qui détermineront le contenu de l'imprimé avant de mener une réflexion sur le contenu de l'imprimé lui-même.

Différents facteurs influencent le contenu de l'imprimé. En premier lieu, comme il l'a été dit précédemment, le contenu de l'imprimé est fonction de la stratégie marketing et de communication de l'annonceur. Par ailleurs, son contenu est fonction des objectifs qui lui ont été associés et, de manière concomitante, du type et de la forme de l'imprimé.

* *Les objectifs de l'opération de non-adressé et le type d'imprimé*

Les objectifs associés d'une opération de non-adressé sont multiples. Contrer le développement des marques propres, montrer le dynamisme de sa marque, « reprendre en main » les relations avec sa clientèle, renforcer son pouvoir de négociation avec les distributeurs… sont autant d'objectifs susceptibles d'être poursuivis par un producteur dans le cadre d'une opération de publicité non-adressée.

Le distributeur recourt également à l'imprimé publicitaire pour de nombreuses raisons : créer du trafic au point de vente, augmenter le panier d'achat moyen, faire connaître ses marques propres et ses caractéristiques, bâtir une personnalité pour l'enseigne… constituent quelques illustrations des motivations qui poussent un distributeur à mettre en place une opération de publicité non-adressée.

Les tableaux suivants récapitulent les principaux objectifs qui sont associés à de la publicité non-adressée par les producteur et les distributeurs.

---

**Les objectifs du non-adressé dans la stratégie marketing du fabricant (et de la société de service)**

**Les relations du producteur avec l'acheteur et le consommateur :**
♦ Favoriser le choix de la marque avant de se rendre en magasin ;
♦ Contrer l'importance des marques propres ;
♦ Montrer le dynamisme de la marque (et se « réapproprier » les promotions) ;
♦ Vers une « reprise en main » de la relation avec la clientèle.

**Les relations du producteur avec le distributeur :**
♦ Renforcer le pouvoir de négociation des fabricants face aux distributeurs de façon à améliorer :
   – les possibilités de référencement,
   – la part de linéaire consacrée à la marque de fabricant ;
♦ S'inscrire dans une démarche de *trade marketing* et dans une coopération commerciale.

**Stratégie concurrentielle et lutte contre les autres marques nationales.**

**Qualifier le prospect.**

**S'intégrer à un nouveau comportement d'achat ou le favoriser.**

**Compléter une action publicitaire…**

**204**

◆ Bâtir une personnalité à l'enseigne (notion de positionnement voulu et de concept d'enseigne).
◆ Constitution, enrichissement ou qualification d'un fichier clientèle.
◆ Créer du trafic au point de vente, augmenter le panier d'achat moyen, augmenter la fréquence de visite des magasins, fidéliser la clientèle, prendre des clients à la concurrence, prospecter de nouveaux acheteurs ; stratégie de développement de la demande globale.
◆ Faire connaître les marques propres de l'enseigne ainsi que leurs caractéristiques.
◆ Communiquer sur une promotion.
◆ Compléter une action de communication existante.
◆ Faire prendre connaissance au consommateur de l'offre commerciale existante...

Les objectifs poursuivis par l'annonceur influencent, bien sûr, le contenu de l'imprimé. Par exemple, le désir du fabricant de contrer les marques de distributeur l'incitera, d'une part, à présenter au sein de l'imprimé des produits particulièrement innovants et, d'autre part, à mettre en avant le bénéfice de ses produits par rapport à ceux proposés par les distributeurs. Le but sera de communiquer sur la valeur ajoutée de ses produits afin de maintenir un écart entre la perception que les consommateurs en ont et celle qu'ils ont des marques de distributeur. De même, le souhait du fabricant de montrer son dynamisme commercial se traduira par la proposition, au sein de l'imprimé, d'offres promotionnelles, originales et porteuses d'image. La réalisation d'une opération de non-adressé dans la perspective d'une « reprise en main » de la relation avec la clientèle se soldera par la conception d'un imprimé intégrant un coupon-réponse.

Pour le distributeur, la logique est la même : par exemple, le désir de développer son capital-image et de renforcer la confiance de la clientèle envers son enseigne le conduit à élaborer un imprimé qui « racontera » l'entreprise, ses produits, leur histoire... Les informations présentes ne seront pas exclusivement commerciales puisqu'en dehors des produits et promotions, seront développées des rubriques qui auront pour mission de favoriser l'attachement de la clientèle à l'enseigne. La constitution d'un imprimé à des fins de création de trafic se traduit par la présence d'offres de prix particulièrement attractives au sein de l'imprimé...

Une réflexion sur les objectifs poursuivis dans le cadre de la publicité non-adressée constitue un préalable indispensable à la détermination du contenu de l'imprimé publicitaire. Notons qu'un imprimé peut répondre à plusieurs objectifs, pourvu que ceux-ci soient compatibles entre eux.

## Le type d'imprimé publicitaire

En fonction des objectifs fixés, l'annonceur élabore un type spécifique d'imprimé qui détermine, de par sa définition même, le contenu de l'imprimé. On distingue, rappelons le ici :

➢ **Les dépliants événementiels** qui ont pour vocation de faire accéder au véritable statut d'événement une opération commerciale réalisée par une enseigne ou une marque. L'accession à ce statut suppose la sélection d'offres commerciales exceptionnelles. Les informations et les rubriques présentées véhiculeront également le caractère marquant de l'opération.

➢ **Les dépliants spécialisés** qui ont pour mission, d'une part, de donner une crédibilité à l'annonceur dans la catégorie de produits concernée et, d'autre part, de rassurer l'acheteur au moment de son achat. Des informations précises et parfois techniques sur l'offre commerciale de l'entreprise apparaissent, à ce titre, particulièrement importantes. À la limite, le dépliant peut être un véritable guide d'achat pour l'acheteur potentiel du produit.

➢ **Les dépliants thématiques** qui ont pour objectif d'exploiter des thèmes (Asie, Afrique, produits nouveaux…) de manière à faire entrer de la variété dans la vie du consommateur.

➢ **Les dépliants promotionnels** qui ont pour objectif, comme leur nom l'indique, de faire connaître les offres promotionnelles auprès du consommateur.

## 2.2. L'offre commerciale de l'imprimé publicitaire

Lorsqu'il détermine le contenu de son imprimé publicitaire, l'annonceur définit l'offre commerciale qu'il souhaite y voir figurer. À ce titre, il est amené à sélectionner, d'une part, les produits et services, d'autre part, les offres promotionnelles qui seront proposées au sein de son imprimé.

### 2.2.1. Les produits présentés dans l'imprimé publicitaire

#### ❖ Présentation exhaustive ou présélection d'articles ?

Un imprimé peut présenter de façon exhaustive la collection du fabricant ou l'assortiment du distributeur, ou, au contraire, n'en présenter qu'une partie réduite. Le choix dépend bien évidemment, en premier lieu, des objectifs qui sont associés par celui-ci à l'imprimé publicitaire et à l'importance de l'assortiment du praticien.

Un catalogue qui présente de façon exhaustive la collection du fabricant ou l'assortiment du distributeur apparaît particulièrement séduisant lorsque la collection ou l'assortiment se compose de produits permanents (exemple d'Ikea). Le catalogue présent au sein du foyer est conservé par son lecteur, en perspective de besoins futurs dans la catégorie de produits concernée, et ce, parce qu'il sait que l'assortiment présenté est valable durant une période suffisamment longue.

Le catalogue peut également ne présenter qu'une sélection d'articles de la collection ou de l'assortiment de l'annonceur. L'objectif est d'attirer l'attention du consommateur en sélectionnant judicieusement des produits et services susceptibles de l'intéresser. Le catalogue joue alors le rôle de vitrine pour l'annonceur, puisque c'est à partir de cette représentation que le consommateur se fera une idée de l'ensemble de l'offre commerciale proposée par la marque ou présente en magasin. Les produits sélectionnés devront donc être représentatifs et typiques de la collection du fabricant ou de l'assortiment de l'annonceur. Dans tous les cas, il est nécessaire, lors de la sélection, de veiller à la cohérence de l'offre commerciale ainsi qu'au respect de l'image de marque ou de l'enseigne que cette sélection est supposée représenter.

### ● Une ou plusieurs catégories de produits au sein du catalogue ?

Un annonceur a le choix entre un catalogue généraliste qui présente plusieurs catégories de produits et un imprimé spécialisé centré sur une catégorie de produits spécifique.

Ainsi, une enseigne d'hypermarché diffusera-t-elle un catalogue présentant des catégories de produits aussi diverses que l'alimentaire, l'habillement, les produits de nouvelles technologies ou, contraire, proposera-t-elle plusieurs dépliants ou mini-catalogues, chacun d'entre eux présentant une catégorie de produits : un catalogue spécialisé pour l'alimentaire, pour l'habillement, pour les produits de nouvelles technologies.

Catalogue généraliste et catalogue spécialisé possèdent leurs avantages et leurs limites. Le catalogue généraliste, en présentant plusieurs catégories de produits commercialisés par la marque ou par l'enseigne, permet de renseigner le lecteur sur l'ensemble des besoins auxquels l'enseigne ou la marque est susceptible de répondre. Elle offre au consommateur une « vue d'ensemble » des catégories de produits disponibles en magasin. De ce fait, elle contribue à favoriser des déplacements en faveur de l'enseigne ou de la marque, pour toute catégorie de produits que le consommateur aurait identifié comme susceptible d'être commercialisée au sein de telle enseigne.

La difficulté principale relative à la conception d'un catalogue généraliste réside dans la présentation de produits parfois fort hétérogènes qui génèrent des niveaux d'implication très différents de la part de son destinataire. De plus, l'émotion associée à l'achat varie fortement d'une catégorie de produits à une autre. Ainsi, dans un catalogue généraliste, le risque est que la séduction et le rêve, associés à des produits tels que les parfums, les bijoux ou le textile, « soient réduits à néant » par l'offre de lessive, le rayon « boucherie », présentés dans les pages qui les suivent ou celles qui les précèdent. La décomposition du catalogue, apparaît, comme nous le verrons par la suite, fondamentale lors de son élaboration.

Par ailleurs, certaines catégories de produits exigent des traitements spécifiques ou des actions de communication à des moments donnés dans le temps. Leur parution dans un catalogue généraliste apparaît alors peu adaptée.

Les catalogues spécialisés offrent la possibilité :
• de présenter des produits générant un même niveau émotionnel ou le même type d'implication ; il devient ainsi possible de jouer sur le même registre de persuasion au travers du dépliant – approche rationnelle, émotionnelle…
• d'adapter le catalogue à une cible spécifique. Par exemple, le rayon « informatique » d'un magasin risque de ne pas être mis en valeur de la même façon selon qu'il se trouve dans un catalogue généraliste ou un spécialisé.

Mais le catalogue spécialisé est également porteur d'image pour la marque ou l'enseigne : ainsi, certaines enseignes ou marques communiquent-elles sur certaines catégories de produits parce qu'elles sont fortement valorisantes et qu'elles contribuent à développer leur image. De plus, une communication centrée sur une catégorie de produits est un moyen d'acquérir une crédibilité et une expertise dans cette catégorie. Pour les enseignes d'hypermarchés, le catalogue spécialisé, et l'expertise qu'il procure, constitue un moyen d'attaquer de front les grandes surfaces spécialisées.

Ajoutons que le désir des distributeurs d'acquérir une image d'expert auprès des consommateurs, grâce aux dépliants spécialisés notamment, s'explique parfois par leur stratégie de développement de leur marque propre : il s'agit d'obtenir une expertise dans une catégorie de produits donnée en vue du développement futur de leur propre marque dans cette même catégorie de produits…

• Les produits présents dans l'imprimé publicitaire

Que le catalogue soit généraliste ou spécialisé, l'imprimé publicitaire présente des produits dont les rôles sont très différents au sein de celui-ci. Par exemple, une distinction peut être opérée entre :

- les produits d'appel qui visent à attirer l'attention du lecteur, à susciter son intérêt pour l'offre et à créer du trafic au point de vente ; ils ont pour mission de donner une image prix compétitive de l'enseigne ou de la marque ;
- les produits leaders qui sont des produits ou des marques connues et appréciées (grandes marques) des consommateurs ;
- les produits tactiques dont la présence vise à gêner les actions des concurrents ;
- les produits d'image qui ont pour mission de valoriser la marque ou l'enseigne ;
- les produits qui répondent au besoin de stimulation et au comportement de recherche de variété des consommateurs ; c'est, par exemple, le cas des produits exotiques, des produits locaux, des produits originaux, produits nouveaux…
- les produits qui préparent l'avenir et qui ont pour mission de positionner l'enseigne sur des produits qui assureront demain les résultats de l'entreprise…

Certains imprimés présentent exclusivement des produits ayant des rôles similaires. À titre d'exemple, un prospectus dont l'objectif est de créer du trafic au point de vente proposera essentiellement des produits d'appel ou des produits leader vendus dans des conditions intéressantes. Le but sera, par la suite, c'est-à-dire au sein du point de vente, d'orienter les consommateurs vers des produits à plus forte marge.

La sélection des articles dépend donc du type d'imprimé et des objectifs associés à l'imprimé par l'annonceur. Des réflexions peuvent, par ailleurs, être menées quant à la présence de produits de différents types : des produits de destination (qui sont à l'origine d'un déplacement dans les magasins), des produits d'impulsion, des produits saisonniers, des produits permanents…

Pour les distributeurs, une analyse doit également être effectuée afin de décider de la présence ou non de leurs marques propres au sein de l'imprimé. La décision dépend de leur stratégie choisie en matière de marque propre. Par ailleurs, la place qui leur est accordée est fonction des objectifs qui sont associés à leur présence dans l'imprimé (accroître la visibilité des MDD, augmenter leur pouvoir d'attraction, induire un déplacement de la part de la cible).

### 2.2.2. Les promotions proposées dans l'imprimé publicitaire

Autre élément de la proposition commerciale susceptible de figurer dans l'imprimé : les promotions. À cet égard, plusieurs questions seront posées :

➢ Dans quel cas faut-il proposer des offres promotionnelles dans un imprimé ? Quel est l'intérêt de telles offres ?

➢ Comment sélectionner les promotions ?

Sans prétendre répondre à ces questions de manière détaillée, nous tentons de fournir quelques éléments de réflexion.

● De l'intérêt de la présence de promotions sur le dépliant publicitaire

En raison de son caractère à la fois exceptionnel et temporaire, la promotion oblige le consommateur à acheter rapidement : il ne bénéficiera de l'offre que durant une période limitée et il doit donc la saisir au moment où elle lui est communiquée.

La présence d'offres promotionnelles sur un imprimé induit une réaction rapide de la part du consommateur en terme de déplacement et/ou d'achat. Elle possède un pouvoir fortement incitatif. Cela est d'autant plus vrai que certains segments de consommateurs sont très sensibles à la promotion et qu'ils n'achèteront la marque ou ne visiteront le point de vente que si les produits proposés sont en promotion. Il convient, par ailleurs, de noter que certains imprimés ont un effet « signal ». Ce qui signifie qu'ils sont associés, dans l'esprit des consommateurs, à de la promotion et, donc, à des offres de prix intéressantes. Ainsi, le support de la promotion devient-il intrinsèquement le vecteur de son contenu. Cet effet signal est déterminé, comme nous le verrons ultérieurement, par la forme de l'imprimé.

La présence des promotions dans un imprimé procure une image de dynamisme à la marque ou à l'enseigne et lui confère une image « prix intéressant ».

Néanmoins, une présence trop fréquente des promotions dans un dépliant pourrait, à terme, détériorer l'image de la marque ou de l'enseigne et n'attirer que les prospects sensibles à la promotion. Ce sont souvent ceux qui, par ailleurs, sont peu sensibles à la marque ou à l'enseigne.

L'intérêt de la réalisation de promotion des ventes et de leur communication par la biais d'un imprimé publicitaire apparaît, de façon générale, particulièrement difficile à évaluer : il est délicat d'en mesurer les retombées à court, moyen et long terme parce que les effets peuvent prendre place à des moments différents.

**210**

Quelles techniques promotionnelles sélectionner au sein de l'imprimé ? Plusieurs types de techniques promotionnelles existent qu'il est possible de classer en quatre grandes catégories :

- les réductions de prix et les rabais,
- les ventes avec prime,
- les jeux et concours,
- les essais et les échantillonnages.

---

**Définitions de quelques techniques (source *Libre-Service Actualités*)**

**I. Ventes avec prime**

- Prime directe : offre d'un article supplémentaire, gratuitement remis en même temps que la marchandise achetée.
- Prime recette : offre de fiches recettes en prime à tout acheteur d'un produit.
- Prime différée : offre d'un avantage supplémentaire (prime) dont la remise est différée par rapport à l'achat.
- Prime à échantillon : technique consistant à remettre en prime directement un produit échantillon.
- Prime contenant : technique consistant à transformer le conditionnement pour en faire un contenant réutilisable pour l'acheteur.
- Prime produit en plus : offre d'une plus grande quantité de produit pour le même prix.
- Offre auto-payante : proposition d'un article à un prix particulièrement avantageux et véhiculée par une marque déterminée, sans que cette dernière ait à en subir la moindre répercussion financière.

**II. Jeux et concours**

- Concours : promesse d'un gain substantiel acquis à la faveur d'une compétition faisant appel aux qualités d'observation, de sagacité et de créativité des participants.
- *Game*, loterie, *sweepstake* : formes diverses de jeux de type « tirage au sort » avec promesse d'un gain acquis grâce à l'intervention du hasard.
- *Winner per store* (un gagnant par magasin) : réalisation par un producteur d'un tirage au sort dans un point de vente donné permettant à celui-ci de faire gagner un de ses clients, sans qu'il y ait obligation d'achat.

**III. Réduction de prix et de rabais**

- Bon de réduction : coupon ou titre donnant droit à une réduction déterminée sur le prix normal du produit.
- Offre spéciale : prix spécial consenti au public pendant une période déterminée.
- 3 pour 2 : technique consistant à proposer trois produits pour le prix de deux, quatre pour le prix de trois...
- Vente groupée : ensemble de produits vendus en même temps.
- Offre de remboursement : réduction différée sur le prix d'une marchandise donnée et sur présentation d'une preuve d'achat.
- Reprise de produit : rachat par un fabricant d'un vieux produit.

**IV. Essai et échantillonnage**

- Échantillon : taille réduite d'un produit diffusé gratuitement pour faire connaître une nouveauté.
- Cadeau gratuit : distribution d'un cadeau pour inciter le public à une action déterminée (ex : s'abonner à un journal ou visiter un supermarché).
- Essai gratuit : offre d'un essai gratuit d'un nouveau produit, sans aucune obligation d'achat.
- Démonstration : présentation commentée des qualités d'un produit avec, le cas échéant, dégustation de celui-ci ou essai pratique.

Le choix des techniques promotionnelles est fonction de la cible et de son intérêt envers chaque type de promotion. Par ailleurs, le choix est guidé par leur capacité respective à générer une réaction de la part du destinataire, puisque telle est leur mission. À cet égard, comme le note Pierre Desmet, on peut s'interroger sur l'efficacité relative des avantages offerts dans le cadre de l'offre promotionnelle :

➢ Est-il préférable de proposer une forte réduction de prix sur quelques produits (tout en respectant l'environnement juridique) ?

➢ Faut-il au contraire « saupoudrer » le budget sur de nombreux produits ?

En ce qui concerne le contenu des promotions figurant sur les imprimés, notons que celles-ci peuvent être originales et porteuses d'image, Elles peuvent être plus ou moins complexes et sophistiquées. Elles peuvent, même, être multi-marques, multi-mécanismes, et même multi-acteurs (P. Desmet). Le choix de la promotion figurant dans l'imprimé dépend de la perception de son efficacité par les dirigeants, du but poursuivi par ceux-ci dans le cadre de son élaboration et de l'environnement juridique en vigueur[1].

## 2.3. L'offre non-commerciale de l'imprimé

Outre l'offre commerciale (produits et services, promotions), l'annonceur peut proposer dans son imprimé des informations et des rubriques dont le but n'est pas exclusivement et immédiatement commercial. Il peut faire figurer au sein de son imprimé :

• des informations relatives aux produits de l'entreprise et à l'entreprise elle-même,

• des informations permettant de guider le consommateur dans son processus de choix,

• des rubriques générales,

• des éléments permettant l'instauration d'une relation avec le consommateur.

### 2.3.1. Des informations sur les produits et l'entreprise

#### ● Des informations sur les produits

L'imprimé comporte parfois des informations précises sur les produits commercialisés par l'entreprise. Outre les informations contractuelles (prix,

---

1. Loi Galland.

caractéristiques du produit) entourant la proposition commerciale, l'annonceur développera alors d'autres aspects relatifs au produit. Historique du produit, modalité et lieu de fabrication de celui-ci, composants, origine, spécificité… sont autant d'éléments susceptibles d'influer sur la perception que le consommateur aura des produits et de l'entreprise qui le commercialise. L'intérêt de ces informations complémentaires réside dans le fait qu'elles :

• rassurent le prospect en réduisant le risque qu'il peut associer à l'achat et à la consommation de certains produits ;

• développent la confiance du consommateur envers les produits achetés et envers l'entreprise qui en est à l'origine, dans la mesure où il y a une transparence et une volonté de l'entreprise de communiquer sur la vie de ses produits ;

• augmentent la crédibilité et l'expertise perçue de l'entreprise dans la catégorie de produits, dès lors que celle-ci met en évidence son savoir-faire et précise l'origine de ce savoir-faire.

• améliorent et renforcent le positionnement du produit et de l'enseigne puisque l'information permet d'insister sur certaines variables clefs de son positionnement. À titre d'exemple, il est possible de renforcer un positionnement « qualité » ou « tradition » en présentant le procédé de fabrication d'un produit, ou un positionnement le « prix » en indiquant les sources d'économie obtenue sur le produit.

L'exemple d'IKEA

**213**
Mise en œuvre d'une opération de marketing direct non-adressé

L'imprimé peut comporter des informations relatives aux produits mais également des informations relatives à l'entreprise elle-même. Le document relate alors l'histoire et la vie de l'entreprise. Il décrit la vie sociale au sein de l'entreprise, présente les hommes et les femmes qui la composent (présentation d'un individu ou d'un groupe d'individus), raconte l'identité de l'entreprise, sa culture, ses buts, sa mission…

La présentation de l'entreprise dans laquelle le produit est fabriqué ou commercialisé présente plusieurs intérêts. Cela permet :
- d'humaniser cette entité qu'est l'entreprise, qui est souvent perçue comme « lointaine » et qui est méconnue ;
- de développer une plus grande proximité avec le consommateur en le tenant informé de l'entreprise et de son évolution ;
- de créer un intérêt et un attachement du consommateur envers l'entreprise et d'accroître la confiance qu'il a envers celle-ci ;
- de montrer les valeurs de l'entreprise et ainsi d'améliorer ou de conforter l'image de cette dernière.

Des informations relatives aux relations de l'entreprise avec son environnement peuvent également figurer sur l'imprimé publicitaire. En communiquant sur ses relations avec d'autres entreprises (fournisseurs locaux, par exemple), sur les partenariats mis en place avec différentes institutions ou organismes (école, université, ville…), ou encore sur les modalités de son intégration dans sa ville d'implantation (aide scolaire des salariés aux enfants défavorisés de la région…), l'entreprise pourra bénéficier d'une image très favorable auprès des citoyens qui sont aussi des consommateurs. Elle accède ainsi au statut d'entreprise citoyenne puisqu'elle est perçue par les lecteurs de l'imprimé comme participant au développement de la vie de la cité.

### 2.3.2. Des informations pour aider le consommateur dans son choix

● *Le guide d'achat du consommateur*

L'imprimé comporte parfois des éléments qui guident le consommateur dans sa décision d'achat. Certains imprimés ont comme unique ou comme principale mission d'être un outil d'aide à la décision au moment de l'achat (exemple de la Fnac). Le consommateur devenu mature et avide d'informations et il est parfois particulièrement sensible à ce type d'imprimé.

La proposition d'éléments permettant d'aider le consommateur dans son choix apparaît particulièrement judicieuse lorsque les offres commerciales relatives à la catégories de produits sont multiples et que, de ce fait, le consommateur a du mal à s'y « retrouver ». Par ailleurs, ces informations sont d'autant plus utiles que les produits proposés se différencient peu ou qu'ils sont techniques et donc difficiles à appréhender par le consommateur.

Enfin les produits dont les caractéristiques évoluent très rapidement peuvent nécessiter la présence de ce type d'informations, dans la mesure où il apparaît particulièrement difficile de se tenir informé « en temps réel » des évolutions.

L'élaboration d'un tel guide d'achat ou d'une aide à l'achat montre au consommateur la connaissance que l'entreprise possède dans la catégorie de produits concernée. De ce fait, le guide lui donne crédibilité et expertise et lui permet d'acquérir une certaine neutralité, puisqu'il offre un panorama généralement comparatif des différentes offres disponibles. Il contribue donc à développer la confiance que le consommateur possède envers l'entreprise en question. Enfin, le guide d'achat, et c'est sa principale mission, rassure le prospect et réduit les doutes associés au choix.

Le seul problème relatif au développement d'un guide d'achat réside dans le fait que celui-ci peut être utilisé par le consommateur au moment de son choix sans que l'achat ne se fasse chez l'annonceur en question. Dans ce cas, l'annonceur supporte seul les coûts associés à l'élaboration et à la conception de l'imprimé sans bénéficier des retombées.

### Les informations du guide d'achat

Deux types d'informations sont susceptibles de figurer dans le guide d'achat :

➢ Des informations générales relatives à la catégorie de produits (exemple de l'informatique) : ces informations présentent au prospect la catégorie de produits, ses composants, ses caractéristiques, son fonctionnement. Leur but est de participer à la formation du consommateur et de contribuer au développement de son niveau de connaissance général dans la catégorie de produits. L'objectif de ces informations est donc de fournir à l'acheteur toutes les clefs nécessaires à sa prise de décision. Elles améliorent ainsi la compétence de l'acheteur dans la catégorie de produits et elles contribuent à le rassurer sur sa capacité à prendre les bonnes décisions.

➢ Des informations sur les produits et les marques qui sont proposés dans la catégorie de produits : il s'agit, une fois que le consommateur a acquis des informations générales sur la catégorie de produits, de présenter les principales caractéristiques des marques commercialisées dans la catégorie de produits. Une présentation comparative des différentes marques sur les différents critères de choix peut également être effectuée.

Le guide d'achat apporte une véritable valeur ajoutée à son lecteur et au consommateur. Sa décision d'achat est en effet largement facilitée dans la mesure où la collecte et le rassemblement d'informations dans la catégorie de produits ont déjà été effectués.

Certaines entreprises proposent de ne faire figurer au sein de leur imprimé que les produits donnant un certain niveau de satisfaction et ayant atteint certaines normes fixées en interne. Dans ce cas, des tests de produits sont réalisés préalablement dans l'entreprise, de manière à s'assurer de la qualité et de la fiabilité du produit.

Ces tests, qui aboutissent en fait à une présélection des produits, facilitent l'achat du consommateur et réduisent son processus de recherche d'information préalable à son acte d'achat. Un telle présélection le rassure au moment de l'achat, notamment puisqu'elle est supposée être effectuée par une entreprise qu'il juge experte en la matière.

Pour bénéficier d'une crédibilité dans une catégorie de produits, il faut avoir une certaine neutralité. Notons que le guide d'achat, s'il aide, comme son nom l'indique, à guider l'acheteur dans sa décision, peut aussi parfois orienter sa décision.

### 2.3.3. Les rubriques non commerciales

D'autres rubriques, non commerciales, peuvent être développées dans le cadre d'un imprimé. Ces rubriques de différentes natures peuvent apporter une véritable valeur ajoutée pour le lecteur du catalogue et, à ce titre, retenir son attention. Après avoir présenté de façon synthétique les différents types de rubriques pouvant figurer dans l'imprimé, il est intéressant d'en montrer les enjeux et d'en présenter les modalités pratiques de sélection.

● Les rubriques non exclusivement commerciales

Un imprimé comporte parfois des rubriques qui n'ont pas un contenu purement commercial. Ces rubriques peuvent être multiples et porter tant sur la vie du consommateur que, de manière plus générale, sur celle du lecteur.

Les informations qui concernent la vie du consommateur sont des informations liées aux modalités d'utilisation des produits achetés (recettes, astuces de consommation, modalités de consommation...) ou des informations plus générales qui visent à faciliter l'organisation de la vie du consommateur, que ce soit lors de ses courses, de ses achats, ou de ses préparations...

Mais l'imprimé comporte parfois des éléments d'information qui ont trait non plus seulement à la vie du lecteur en tant que consommateur mais à sa vie

© Éditions d'Organisation

en tant qu'individu. Des rubriques sont alors développées sur des thèmes aussi variés que ceux présentés dans les magazines : le thème de l'environnement, le thème des vacances et de leur organisation, le thème des enfants, celui des bébés, de l'hygiène de vie…

PREVENTION DES ACCIDENTS DOMESTIQUES

GUIDES PRATIQUES N°22

Carrefour

ALIMENTATION

SÉCURITÉ &QUALITÉ des aliments

GUIDE PRATIQUE N°36     Carrefour

## L'hygiène du corps

### Priorité aux mains propres

Quelques règles simples mais indispensables

Bien se laver les mains

Hit-parade des toilettes publiques

Soigner la coupe des ongles

## En forme jusqu'au bout des dents

Attention :

A la demande de l'annonceur, les visages ont été volontairement estompés.

© Carrefour

La présence de rubriques non-commerciales constitue un moyen d'accroître l'attractivité de l'imprimé publicitaire auprès de son destinataire, son envie de le lire et sa conservation. En effet, le lecteur y trouve des rubriques qui l'intéressent, des informations diverses qui le motivent à le lire et à le conserver. Cette lecture lui apporte une véritable valeur ajoutée, en terme d'information et/ou de plaisir.

Favoriser la conservation de l'imprimé et sa lecture constitue un enjeu fondamental pour l'annonceur puisque cela conditionne la lecture des autres pages de l'imprimé, et donc l'exposition du destinataire à son offre commerciale. À charge pour ces pages, le moment venu, de retenir l'attention du lecteur.

De plus, la présence de rubriques concernant la vie du consommateur ou, de manière plus générale, celle du lecteur montre à ce dernier l'intérêt que lui manifeste l'entreprise : elle s'intéresse à lui, elle connaît ses difficultés quotidiennes et elle réfléchit afin de lui proposer des solutions ; à un problème de consommation ou d'utilisation, elle lui répond par une astuce ou lui offre une proposition pratique. Elle renforce ainsi sa proximité avec le consommateur.

De plus, de telles rubriques permettent à l'annonceur de prendre position (thème des OGM, par exemple) et d'indiquer clairement ses valeurs et de valoriser son image.

La présence de rubriques non-commerciales dans un imprimé comporte cependant un coût. En effet, ces rubriques occupent un espace de l'imprimé qui ne sera pas rentabilisé de manière immédiate, bien que l'on puisse en attendre des résultats à long terme (très difficilement chiffrables) puisqu'elles contribuent à valoriser l'image de l'entreprise.

● *La sélection des rubriques*

De manière logique, le choix des rubriques figurant dans l'imprimé est fonction du positionnement que souhaite lui donner l'annonceur et du positionnement de l'enseigne ou de la marque. Les rubriques choisies dépendent également des goûts et attentes des lecteurs.

Il peut, en particulier, s'agir de rubriques ou de thèmes que le consommateur souhaitera conserver. Un suivi des sujets préoccupant les lecteurs constitue un moyen de les fidéliser à l'imprimé. Par ailleurs, les rubriques présentes doivent être cohérentes entre elles, elles peuvent porter sur des thèmes d'actualité. Mais les rubriques peuvent également traiter de sujets qui se renouvellent et de thèmes

**218**

qui sont dans l'ère du temps. Les sujets pour lesquels l'annonceur dispose d'une crédibilité et d'une légitimité constituent des sujets tout à fait adaptés (exemple : Danone qui parle de santé et de nutritionnel).

Si l'imprimé comporte de nombreuses informations non-commerciales et qu'il se positionne donc comme un *consumer magazine*, il devra, dans le temps, assurer une continuité éditoriale afin de bénéficier d'une véritable identité auprès de ses lecteurs.

### 2.3.4. La relation avec le consommateur

Pour renforcer sa proximité avec le consommateur, pour passer d'un échange purement marchand à une véritable relation à long terme avec celui-ci, l'annonceur met en place un dialogue avec son prospect ou client. Une espace est alors réservé au sein de l'imprimé afin que le dialogue puisse avoir lieu.

Ainsi, le *courrier des lecteurs,* à l'instar des magazines, laisse-t-il s'exprimer les lecteurs sur les produits, sur l'entreprise et sur les rubriques de l'imprimé. Par ailleurs, il les incite à communiquer sur leurs besoins, leurs sources de satisfaction et d'insatisfaction.

L'instauration de ce dialogue constitue, de nouveau, un moyen pour l'entreprise d'indiquer à ses clients et prospects qu'elle les écoute, se préoccupe de leur problème, intègre leur demande dans sa proposition commerciale et cherche à trouver des solutions aux problèmes rencontrés.

Pour rentrer en contact avec le lecteur, l'entreprise peut également réserver dans son imprimé un espace pour la présentation d'un coupon-réponse. L'objectif est ainsi de collecter les coordonnées du lecteur afin de dialoguer avec lui ultérieurement par le biais de courriers adressés. Enfin, le dialogue peut s'établir par la proposition d'un numéro de téléphone grâce auquel le consommateur pourra effectuer ses requêtes ou ses demandes d'information.

### 2.3.5. Les autres informations figurant dans l'imprimé

D'autres informations peuvent figurer dans l'imprimé parmi lesquelles :

➢ **Sa date de parution et sa périodicité.** L'objectif est alors d'indiquer la date de sortie du prochain numéro afin de favoriser la fidélisation du consommateur à l'imprimé. Par ailleurs, cela pourrait induire une plus grande conservation des imprimés.

➢ **Des éléments d'information relatifs au prochain contenu de l'imprimé** distribué par l'enseigne ou la marque. De nouveau, il s'agit de fidéliser le lecteur à l'imprimé en suscitant son intérêt envers les rubriques du prochain imprimé afin qu'il soit attentif à sa parution.

➢ **La période de validité de l'imprimé.** Elle permet de limiter la durée de l'offre dans le temps et d'indiquer tout simplement au consommateur à quelle période il peut se procurer l'offre commerciale figurant sur le prospectus.

➢ **La valeur de l'imprimé.** Elle augmente l'impression d'un véritable cadeau qui serait remis au consommateur.

➢ **Des publicités d'autres annonceurs**, notamment dans le cas des *consumer magazine* (cf. encadré).

---

**Le cas du *consumer magazine* : les espaces publicitaires**

En plus des informations commerciales relatives aux produits commercialisés par l'annonceur, l'imprimé, lorsqu'il s'agit d'un *consumer magazine*, peut comporter des publicités relatives à des produits qui ne sont pas ceux de l'annonceur. En effet, des espaces publicitaires sont commercialisés auprès d'annonceurs désireux de communiquer avec les lecteurs du magazine. La décision de faire figurer des publicités offre l'avantage, outre le fait de permettre la collecte de recettes publicitaires, de donner au *consumer magazine* de véritables allures de magazine. Par ailleurs, elle donne au lecteur l'impression d'une neutralité de l'imprimé, dans la mesure où celui-ci remarque que les produits vantés ne sont pas uniquement ceux de l'annonceur (bien que la façon dont sont disposés les produits puisse être différente). En revanche, la présence de la publicité est dans certains cas susceptible de « polluer » le magazine, et de noyer les offres commerciales de l'annonceur dans la masse d'informations commerciales qui y est déjà présentée.

---

# 3. La forme de l'imprimé publicitaire

Parallèlement au choix du contenu de l'imprimé publicitaire, devront être prises des décisions relatives à la forme de l'imprimé, c'est-à-dire à son format et au type de papier, support de la communication.

## 3.1. Le format

### 3.1.1. Le choix du format de l'imprimé

● *Les différents types de formats*

Le format du catalogue constitue le premier élément visible par le lecteur. En ce sens, il représente le premier vecteur d'image et moyen de différenciation par rapport aux imprimés diffusés par les concurrents.

Les formats possibles sont évidemment multiples : les tout petits formats (dimensions 13/15 cm sur 19/21 cm), les petits formats (dimensions 15/19 sur 21/23 cm), les formats moyens (dimensions 20/21 cm sur 25/27 cm) et les grands formats (dimensions supérieures à 21 cm sur 27 cm) (classification de Delbecq)[2].

Le choix du format de l'imprimé est déterminé par le positionnement de l'annonceur et par le message que celui-ci souhaite faire passer auprès de sa cible de communication. Par ailleurs, il est conditionné par les objectifs qui sont associés à l'imprimé (communication de promotions, communication d'événement…) et par les types de produits présents au sein de cet imprimé. Le budget de l'annonceur influence également le choix du format.

* Les formats de grande taille

Les imprimés publicitaires de grand format sont des vecteurs de communication plus prestigieux que ceux de petit format. Ces imprimés offrent en effet suffisamment d'espace pour mettre en valeur le produit et permettre une mise en scène sophistiquée.

Le grand format constitue non seulement un moyen de se distinguer des imprimés concurrents mais il se traduit également par une durée de conservation plus longue, à partir du moment où une présentation soignée lui est associée. La durée de conservation de l'imprimé s'en trouve alors accru, ce qui apparaît d'autant plus intéressant que celui-ci présente effectivement des produits permanents commercialisés par l'enseigne. Enfin, le grand format offre de l'espace pour la présentation et la démonstration de produits techniquement complexes ou relativement sophistiqués.

* Les formats de plus petite taille

Contrairement aux grands formats, les petites surfaces permettent difficilement de « travailler » la mise en scène et ils ne rendent possible qu'une présentation basique des produits. Ils sont adaptés pour présenter des produits techniquement peu complexes ou ayant une valeur unitaire relativement faible. Le coût des petits formats étant plus faible, ceux-ci peuvent être utilisés pour une présentation de produits à plus faible marge. De plus, le coût modéré des petites surfaces permet leur utilisation dans le cadre de campagne de prospection et de collecte d'informations sur les prospects.

---

2. Delbecq A., *Vendre sur catalogue*, Éditions d'Organisation, 1996.

Les imprimés de petite taille sont généralement associés à des offres commerciales qui ont un positionnement « prix » ou qui s'inscrivent dans le cadre d'actions
promotionnelles. La durée de conservation des formats de petite taille est certainement plus faible que pour les formats de taille plus importante. De ce fait, ces
petits formats semblent être particulièrement bien adaptés aux promotions puisque l'objectif est de communiquer sur un avantage spécifique (offre de prix, produits en plus…) qui est offert par la marque ou par l'enseigne durant une courte
période. La fait que le lecteur le conserve après la période promotionnelle n'est
pas judicieux : une trop longue conservation, permettant des comparaisons dans
le temps des conditions de l'offre d'un même produit par une même enseigne,
pourrait dans certains cas lui être préjudiciable.

Le schéma ci-dessous décrit les principales étapes de sélection du format de
l'imprimé publicitaire.

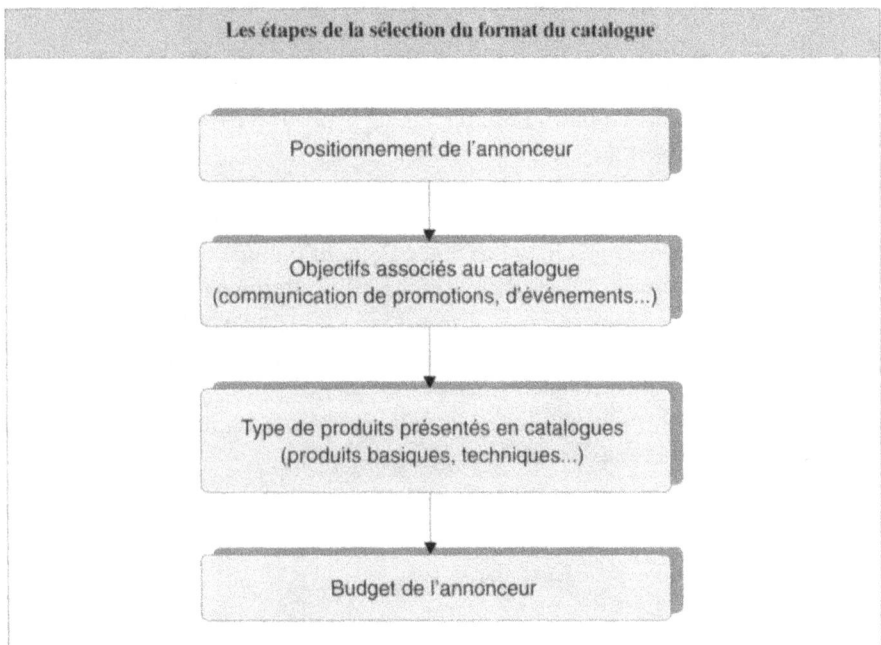

Les étapes de la sélection du format du catalogue

### 3.1.2. Uniformité ou alternance des formats des imprimés publicitaires

Deux possibilités pour une marque ou une enseigne : adopter un format unique pour l'ensemble des imprimés publicitaires qu'elle distribue ou, au contraire, jouer l'alternance des formats.

Le choix d'un format unique participe à assurer une continuité temporelle de
l'identité de la marque ou de l'enseigne au même titre que la charte graphi-

que. De plus, le choix d'un format unique d'imprimé facilite l'attribution de celui-ci par son destinataire. Ainsi, si le destinataire possède une attitude favorable envers la marque ou l'enseigne, il repère facilement, parmi l'ensemble des documents qui lui ont été remis, celui qui provient de la marque ou de l'enseigne et qu'il souhaite donc conserver. Un magasin qui aurait pris l'habitude de communiquer auprès des consommateurs appartenant à sa zone de chalandise par le biais d'un imprimé au format original est rapidement identifié par son destinataire parmi l'ensemble des prospectus déposés dans sa boîte à lettres.

Alterner la taille des formats constitue un moyen de créer une dynamique des imprimés et de générer une discontinuité temporelle. Le changement de format a pour mission de différencier l'imprimé de ceux habituellement distribués par la marque ou l'enseigne parmi ceux qui le précèdent ou qui le suivent. Ainsi, une enseigne qui communique habituellement avec un imprimé de taille moyenne peut-elle, pour un événement spécifique, choisir un format de taille plus importante.

Le changement de format, dans certains cas, est occasionnel, l'objectif étant pour l'annonceur de créer une forte différenciation, et ce, afin de renforcer l'impact d'un événement. Mais faire alterner les formats de manière plus systématique est également possible : chaque format est alors supposé véhiculer un contenu de nature spécifique. L'alternance traduit la pluralité des offres commerciales, chaque format étant associé à une offre de nature déterminée. Ainsi, la taille du format peut-elle être un indicateur du type d'imprimé émis par l'annonceur (imprimés promotionnels, spécialisés, événementiels ou thématiques) et/ou des objectifs associés à l'imprimé (simple catalogue, guide d'achat, rubrique d'information, magazine) et/ou du contenu de l'imprimé (catégorie de produits...)

## 3.2 Choix du papier et qualité de l'impression

Le papier demeure avec le format le premier élément visible de l'imprimé publicitaire. À ce titre, une réflexion doit être engagée quant aux caractéristiques techniques du support utilisé pour faire parvenir l'offre commerciale au prospect.

### ● Les caractéristiques du papier

Dans son ouvrage *Vendre sur catalogue*, Delbecq indique qu'un arbitrage peut être effectué entre le coût du papier et la qualité de présentation. La qualité de l'impression apparaît d'autant meilleure que le papier possède, grâce à son poids, une opacité naturelle. Plus le papier sera blanc, meilleure sera l'image.

En revanche, la baisse du poids sous un seuil critique, estimé à 70 g le m$^2$, se solde par une opacité moindre et se traduit par une moins bonne qualité de l'impression[3].

### ● Les déterminants du choix du papier

Le poids, et donc la qualité, du papier est déterminé par la stratégie marketing de la marque ou de l'enseigne. Ainsi, le désir de donner une image de qualité à une enseigne ou à la marque peut-elle se traduire par la sélection d'un papier de « grammage » plus important.

Les types de produits et les particularités de l'offre commerciale orientent également le choix qu'il convient d'opérer en la matière. Des produits basiques, peu porteurs d'image, s'accommodent d'un imprimé de faible poids. La qualité du papier est en effet, intrinsèquement, un indicateur du contenu de l'imprimé. Le papier utilisé joue un effet signal puisqu'il indique, clairement et immédiatement à son destinataire, la nature de l'offre qu'il trouvera au sein du dépliant. Des prospectus basiques de faible poids véhiculent l'idée de « bonnes affaires » et d'offres promotionnelles avantageuses. Une cohérence doit donc être respectée entre le contenu de l'imprimé et son support papier.

Notons enfin qu'une cohérence doit également exister entre le papier et le format choisi, ces éléments extérieurs devant être porteurs d'un même signe pour leur destinataire. Par ailleurs, l'utilisation d'un papier recyclé peut permettre de conforter le positionnement « respect de l'environnement » que souhaite se donner un annonceur.

## 4. L'organisation de l'imprimé publicitaire

Lors de la création et de la conception de l'imprimé publicitaire, plusieurs questions fondamentales sont habituellement posées :

---

3. Certes, il est possible, comme le note l'auteur, d'introduire du support bois (fibres de bois) dans le papier afin de maintenir l'opacité du papier mais, parallèlement, cela sera à l'origine d'un jaunissement du papier.

- ➤ Comment faire pour que le destinataire du message ouvre l'imprimé publicitaire ?
- ➤ Comment agir, une fois qu'il a ouvert l'imprimé, pour qu'il circule dans l'imprimé et soit donc exposé le plus possible à l'offre commerciale de l'annonceur ?

Autant de questions qui sont abordées dans le cadre de cette partie et dont les réponses, serviront d'éléments de réflexion pour l'organisation de l'imprimé publicitaire.

## 4.1. « L'entrée » dans l'imprimé publicitaire

Faire entrer le destinataire dans l'imprimé publicitaire constitue un enjeu fondamental de l'imprimé. Outre les éléments de forme vus précédemment (papier, format), une attention toute particulière doit être accordée aux éléments extérieurs du document (1$^{re}$ et 4$^e$ de couverture) qui conditionnent son ouverture par le destinataire. La table des matières influence également la lecture du document.

### 4.1.1. La première et la quatrième de couverture

#### L'importance de la première et de la quatrième de couverture

La première et la quatrième de couverture influencent l'ouverture de l'imprimé et donc le contact entre le prospect et l'offre commerciale de la société émettrice. Quels que soit les objectifs qui sont associés par l'annonceur à l'imprimé publicitaire (vente, création de trafic au point de vente, création d'une attitude favorable et d'une fidélité à l'enseigne, aide à l'achat, obtention d'une crédibilité dans une catégorie de produits...), la condition sine qua non de sa performance réside bien sûr dans sa capacité à le faire ouvrir par son destinataire.

Si le soin accordé à la première de couverture est fondamental, celui donné à la quatrième de couverture est également très important puisque de nombreux lecteurs entrent en contact avec l'imprimé par son intermédiaire.

Selon le modèle classique AIDA, la première et la dernière de couverture ont donc une mission fondamentale :
- attirer l'**Attention** du prospect vers l'imprimé,
- susciter son **Intérêt** pour celui-ci,
- provoquer le **Désir** d'en savoir plus et d'ouvrir le document,

- induire l'**Acte** de lecture de l'imprimé, c'est-à-dire inciter le prospect à ouvrir l'imprimé afin qu'il prenne connaissance de l'offre proposée par l'annonceur.

Cette « vitrine » de l'imprimé publicitaire que représentent la première et la quatrième de couverture constitue également un moyen de se différencier des autres documents publicitaires avec lesquels il entre nécessairement en concurrence en terme de lecture.

La première et la quatrième de couverture doivent être attractives pour le destinataire visé. Les éléments qui les composent suggéreront que la lecture du document l'intéressera parce que celui-ci porte sur une offre commerciale qui le concerne ou qu'il comprend des rubriques qui répondent à ses attentes.

La construction de cette « vitrine » suppose donc une bonne connaissance des lecteurs, de leurs centres d'intérêts, de leurs besoins et de leurs attentes. Cette « vitrine » montrera au destinataire de l'imprimé que celui-ci retirera une valeur ajoutée de la lecture du document. Cette valeur ajoutée peut être :

➤ **Marchande**. Le lecteur prend connaissance de produits dont il a besoin ou de produits proposés dans des conditions avantageuses.

➤ **Informationnelle**. La lecture lui fournit des informations spécifiques sur des catégories de produits qui l'intéressent et le tient au courant des nouveautés. Mais l'information porte également sur des sujets plus généraux portant sur sa vie en tant que consommateur ou en tant que citoyen.

➤ **Ludique**. La lecture de l'imprimé lui procure du plaisir et constitue, au même titre que les magazines, un véritable moment de détente. Par ailleurs, son renvoi à l'imaginaire, au rêve, lui fournit de véritables stimulations émotionnelles. La valeur ajoutée est donc intrinsèquement associée au plaisir que lui procure le fait de feuilleter le document.

La première et la quatrième de couverture doivent donc immédiatement véhiculer l'idée de la valeur ajoutée que le destinataire du message retirera de la lecture de l'imprimé. L'accroche sur ces pages devra donc attirer l'attention et posséder une force de conviction suffisante.

### ● L'exécution créative

Lors de la conception de ces pages « vitrine », deux possibilités s'offrent à l'annonceur :

- opter pour une présentation proche des magazines, aucun produit spécifique n'étant alors présenté sur celles-ci, l'objectif étant de véhiculer les valeurs fondamentales de l'entreprise ;
- utiliser les « hot spots », selon la terminologie utilisée par certains Américains, pour communiquer une offre produit spécifique, une démarche commerciale étant alors adoptée dès la première de couverture.

Les photographies suivantes présentent ces deux stratégies : une première de couverture dédiée à une catégorie de produit, deux autres qui ne présentent aucune offre marchande.

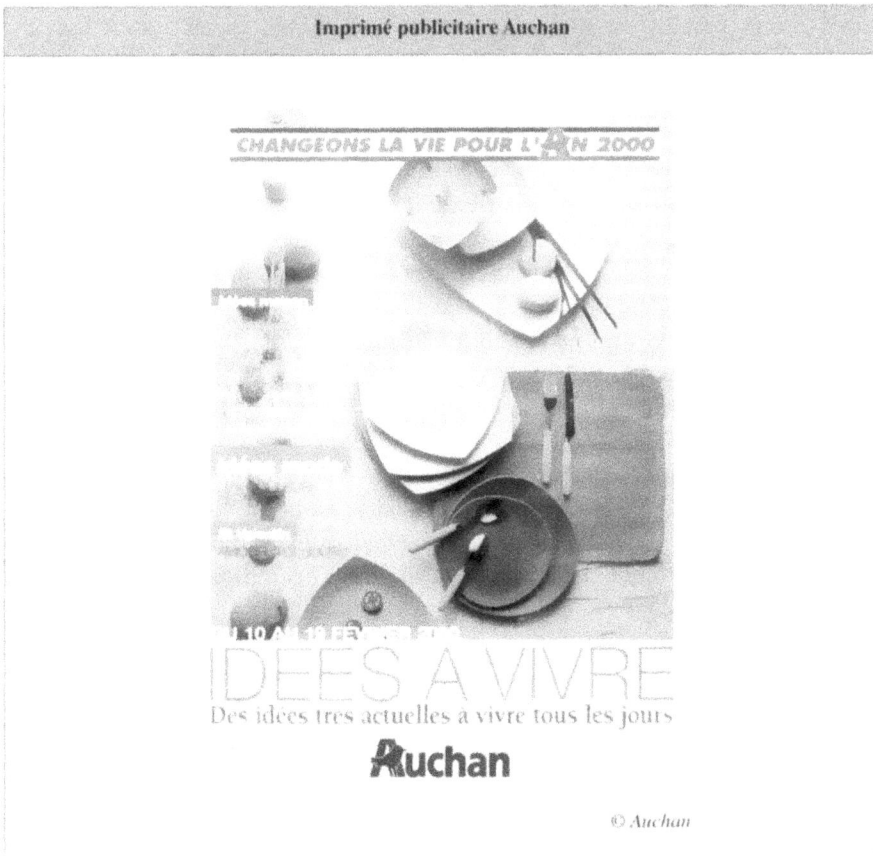

Imprimé publicitaire Auchan

© Auchan

DU JEUDI 12 AU SAMEDI 21 OCTOBRE 2000

DU JEUDI 21 AU SAMEDI 30 SEPTEMBRE 2000

10 JOURS QUI COMPTENT **POUR**
**LES AMOUREUX DU SOLEIL**

Parfums de Méditerranée
Halloween : préparez-vous à avoir peur

LA VIE. LA VRAIE.  **Auchan**

LES JOURS QUI COMPTENT
POUR TOUT LE MONDE

LA VIE. LA VRAIE.  **Auchan**

© Auchan

Quelle que soit la stratégie choisie, il convient d'accorder, lors de l'élaboration de la première et de la quatrième de couverture, une importance toute particulière au choix des photographies, du texte et de la mise en page, puisqu'elle influence la perception que le consommateur a de l'imprimé. Par ailleurs, certains éléments, tel que le choix des couleurs dominantes, par exemple, véhiculent une perception, une impression, une sensation qui doit être conforme à ce que le lecteur trouvera dans l'imprimé. À titre d'illustration, un imprimé publicitaire où la couleur « rouge » prédomine en première et quatrième de couverture véhicule l'idée de « promotions », de « bonnes affaires ». Certaines catégories de produit possèdent également leur propre code couleur : le respect de ce code couleur, dès la première de couverture, indique la catégorie de produits que le lecteur trouvera au sein du catalogue. Notons, que les produits informatiques sont, par exemple, souvent associés à la couleur « bleu ».

Par ailleurs, l'utilisation du code couleur d'une marque ou d'une enseigne peut être envisagée pour la première et/ou la quatrième de couverture. Le respect de la charte graphique de la marque ou de l'enseigne permet une attribution immédiate de l'imprimé reçu à son émetteur.

**228**

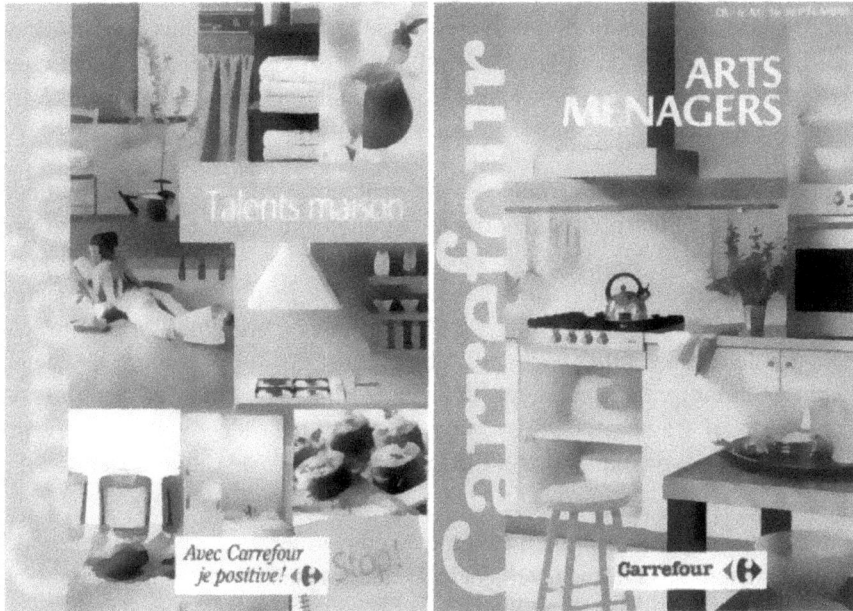

© Carrefour

## 4.1.2. La table des matières

La table des matières, qui influence, en partie, le comportement d'ouverture de l'imprimé et les modalités de lecture de celui-ci, est désormais assez fréquemment utilisée par les annonceurs. Possédant une table des matières, l'imprimé prend ainsi de plus en plus des allures de magazines.

La présence d'une table des matières donne au lecteur une vue d'ensemble des produits et des rubriques qui figurent au sein de l'imprimé. La table des matières est un moyen d'attirer son attention et oriente directement sa lecture en fonction de ses centres d'intérêt. Elle le motive ainsi à poursuivre sa lecture en lui présentant de manière immédiate les rubriques susceptibles de l'intéresser.

La présence de la table des matières est nécessaire lorsque l'imprimé est très volumineux : à l'instar de catalogues généralistes des sociétés vépécistes, il est en effet indispensable de guider le lecteur dans le catalogue afin de faciliter ses recherches et de l'amener rapidement au produit faisant l'objet de ses convoitises. L'absence de table des matières serait mal vécu par lui dans un catalogue épais et risquerait de le démotiver dans ses recherches. Cela le conduirait inexorablement à refermer le catalogue et à en être foncièrement insatisfait.

L'inconvénient essentiel de la table des matières est qu'elle contribue à limiter la lecture à certaines rubriques qui intéressent le lecteur. De ce fait, il ne feuillette pas l'imprimé pour y découvrir l'ensemble de l'offre commerciale, mais seulement certaines pages. Il n'a pas ainsi l'opportunité de découvrir d'autres offres commerciales de l'annonceurs (nouveaux produits, promotions…).

L'annonceur est alors confrontée à une problématique qui est fréquemment rencontrée en VPC : comment orienter le client vers des catégories de produits auxquelles il n'a pas l'habitude de s'intéresser au sein du catalogue ? Des techniques existent pour « faire naviguer » le plus possible le lecteur d'une rubrique à une autre : renvoi à d'autres pages, présentation plus précise d'un article à une autre page… L'objectif est de faire circuler le lecteur devant un nombre maximal de produits et de rubriques. En effet, comme pour un magasin, il s'agit de favoriser le déplacement du lecteur dans l'imprimé pour maximiser son exposition à l'offre commerciale de l'annonceur.

Comme pour la première et la quatrième de couverture, la table des matières doit indiquer clairement et immédiatement les bénéfices que le lecteur retirera du temps qu'il consacre à feuilleter l'imprimé. Rappelons que les motivations à feuilleter un catalogue sont multiples et qu'elles ne se limitent pas à prendre connaissance d'une offre marchande : se tenir au courant des modes ou des nouveaux produits, apprendre des choses, prendre du plaisir à lire seul ou en famille un document qui fournit des stimulations sensorielles et émotionnelles… sont autant d'éléments susceptibles de motiver le consommateur à poursuive sa lecture, et qui doivent donc être présents au sein de la table des matières. Le choix du textuel doit ainsi être tout à fait vendeur, au même titre qu'il l'est dans la plupart des magazines.

En ce qui concerne la table des matières, notons qu'elle est parfois positionnée à différents endroits de l'imprimé. Certains annonceurs optent même pour la mettre sur la première de couverture pour stimuler l'ouverture de l'imprimé et inciter à sa lecture. Par exemple, Hypermédia indique immédiatement le contenu de son imprimé à travers une table des matières présentée en première de couverture. Le respect des codes couleurs indique parallèlement le type de produit que le lecteur trouvera au sein du catalogue.

### 4.2.1. Le découpage de l'imprimé

Une fois que le destinataire a décidé d'ouvrir l'imprimé qui lui a été remis, il importe de retenir son attention au moment de la lecture, grâce à une décomposition judicieuse de l'imprimé et à l'instauration d'un certain rythme au sein de celui-ci.

● *Les critères de decoupage de l'imprimé publicitaire*

Les critères de découpage sont multiples et ils varient en fonction des objectifs de l'annonceur et de l'image qu'il souhaite véhiculer.

Citons, parmi les différents critères possibles :
- la catégorie de produits (produits informatiques, textile, produits alimentaires, produits d'entretien ménagers…) ;
- l'âge et le sexe des utilisateurs du produit (homme, adulte, femme, enfants, bébé) ;
- l'usage du produit (produit pour soi, produit pour offrir ; produit à consommer seul ou en famille ; produit à consommer à certains instants de la journée…) ;
- le style de vie (plusieurs catégories de produits répondant à un même style de vie) ;
- la marque ou les types de marques (marques biologiques, marques à petit prix, marques de distributeurs, grandes marques) ;
- le thème (thèmes spécifiques tels que « le coin des bonnes affaires », le « coin des nouveautés ») ;
- l'univers d'achat (univers d'achat petit déjeuner, univers d'achat « bébé ») ;
- la catégorie de besoin auquel les produits permettent de répondre (produit pour « prendre soin de soi », pour « se cultiver », pour se « divertir » pour la « maison »…) ;
- etc.

Le choix de la cible, ses attentes, sa façon de rentrer dans l'imprimé conditionnent bien évidemment l'organisation de l'imprimé. Chaque type de présentation possède ses avantages et ses limites qu'il convient d'analyser précisément. Par exemple, la présentation par univers d'achat ou par catégorie de besoin favorise la découverte d'autres produits dans un univers qui intéresse le prospect : il est ainsi possible de lui faire découvrir d'autres offres et de favoriser les ventes croisées. Par ailleurs, un tel rapprochement entre produits participe à créer un espace de communication agréable pour le lecteur. Il est envisageable de développer la créativité et d'y faire, par exemple,

**231**

« entrer des scènes de vie » parce que les produits se complètent, « s'apportent » réciproquement dans le cadre de leur présentation, ou qu'ils correspondent, ensemble, à une réalité de vie du lecteur. L'espace « petit déjeuner » regroupe le café, les croissants, le lait… et il met, par exemple, en scène des éléments de la vie courante, d'une vie familiale, auxquels le lecteur peut s'identifier ou qui le font rêver. Ces critères de rapprochement offrent donc une alternative à une simple présentation linéaire et basique de produits présentés par catégorie de produits. Elle crée de la valeur ajoutée autour du produit et permet une communication davantage orientée vers l'affectif.

Notons que le rapprochement doit également assurer une harmonie visuelle à la double page ; les couleurs des produits et leur style doivent donc s'intégrer de façon agréable à l'œil. L'objectif est, comme pour les linéaires des points de vente, d'éviter les cacophonies visuelles en rapprochant sur des pages des propositions commerciales peu harmonieuses.

Le désir de le rendre attractif, d'étonner et de surprendre les lecteurs peut amener un annonceur à proposer un mode original d'organisation de son imprimé. Deux écueils sont alors à éviter :

• une organisation pas très logique qui perturbe le lecteur ou le désoriente ;
• une organisation tellement peu en accord avec la marque ou l'enseigne et ses modes de communication habituels que le lecteur ne s'y retrouve plus.

### ● Le choix de la succession des thèmes

La principale difficulté de l'organisation d'un imprimé réside, comme nous l'avons déjà mentionné, dans le choix de la succession des thèmes, et ce notamment pour les catalogues généralistes :

➢ Est-il préférable de présenter d'abord le textile, puis les produits informatiques, puis les produits ménagers et, enfin, alimentaires ou faut-il opter pour une autre organisation de l'imprimé ?

➢ Est-il judicieux de présenter l'univers « pour soi », puis l'univers « pour offrir » ou faut-il inverser le hiérarchie ?

➢ Préférera-t-on d'abord se « cultiver », puis « s'occuper de soi », puis se « divertir », puis, enfin, « s'occuper de la maison » ?...

➢ Présente-t-on d'abord le coin des « bonnes affaires », puis celui des « produits nouveaux » et des produits biologiques ?

➢ Fait-on figurer les grandes marques avant les petits prix ou l'inverse est-il préférable ?

Une réflexion systématique doit être engagée sur l'ordre de parution des thèmes fédérateurs, parce que l'ordre influence considérablement la perception que le lecteur aura des produits qui apparaissent dans la page suivante : la présentation de produits de marque avant celle de produits de « petit prix » donne l'impression au lecteur que les « "petits prix" sont effectivement des prix très bas », en raison des écarts de prix constatés. Un présentation inversée risque de dévaloriser les grandes marques (qui passent après les premiers prix), tout en ne profitant pas de cet effet de levier induit par la différence perçue en terme de prix.

Le choix de l'ordre de succession est guidé par le positionnement de la marque et de l'enseigne et par les objectifs de l'imprimé : une présentation des produits « bio » avant celle des produits nouveaux et des « bonnes affaires » n'induit pas la même perception de l'imprimé par le lecteur qu'une présentation où l'accent est d'abord mis sur les « bonnes affaires ».

La succession des produits, thèmes, usages, univers... participe à valoriser l'offre commerciale de l'annonceur ou au contraire à la dévaloriser et à la décrédibiliser. Un soin tout particulier doit donc être accordé au choix de l'ordre.

* Le décalage entre la proposition commerciale de l'imprimé et celle du magasin

Une autre difficulté rencontrée lors de l'élaboration d'un imprimé publicitaire par un point de vente réside dans l'existence éventuelle d'un décalage perceptuel entre l'offre présentée dans le dépliant et celle proposée en magasin. Un produit est présenté différemment selon qu'il figure sur un imprimé ou qu'il est présent dans les linéaires d'un point de vente. Dans tous les cas, il importe d'éviter de créer des incohérences en terme de perception entre le produit présenté sur l'imprimé et celui disponible en magasin.

À titre d'illustration, une mise en scène sophistiquée des produits sur imprimé couplée à une présentation basique des produits en magasin (simple tête de gondole) entraîne parfois chez le lecteur qui s'est déplacé pour se procurer le produit une réelle déception. La valorisation du produit dans l'imprimé se traduit par un niveau d'attente plus élevé du lecteur, attente qu'il convient de satisfaire au moment de sa visite en magasin.

Par ailleurs, l'imprimé ne doit pas augmenter la difficulté du consommateur à trouver le produit dans le magasin parce que sa présentation dans celui-ci laisse présager qu'il se trouve dans tel rayon alors même que la réalité est différente.

Décalage entre publicité et réalité perçue, difficulté à trouver en rayon les produits présentés en magasin constituent autant de sources d'insatisfaction pour la clientèle qu'il convient de minimiser.

### 4.2.2. La densité des produits par page

Les vépécistes, spécialistes de la construction des catalogues, utilisent le terme de « densité » pour désigner « le nombre de produits offerts par unités de surface ». L'unité habituellement utilisée par les vépécistes pour mesurer la densité d'un catalogue est la page ou les 100 cm$^2$.

Un imprimé comporte plus ou moins d'articles par page, et donc une plus ou moins grande densité. La densité par page d'un imprimé publicitaire est conditionnée par de nombreux éléments classiques, parmi lesquels la stratégie de la marque ou de l'enseigne (positionnement), les objectifs et la nature de l'imprimé, les caractéristiques des produits présentés, des critères de rentabilité et le type de communication utilisé dans le cadre de l'imprimé. Le rôle du produit dans l'imprimé publicitaire conditionne également largement la place qui lui sera allouée au sein de l'imprimé. Il convient par ailleurs de noter que la densité influence la lisibilité de l'imprimé.

* *Le positionnement de la marque ou de l'enseigne*

Un imprimé qui est diffusé par une marque ou une enseigne ayant un positionnement « qualité » ou « luxe » a intérêt à présenter un nombre de produits par page plus limité qu'un annonceur qui a opté pour un positionnement « prix ». Une faible densité valorise les produits, véhicule une image de rareté, et donc traduit une certaine qualité des produits. À l'inverse, une densité par page plus importante semble être associée à une offre prix intéressante.

* *Les objectifs et la nature de l'imprimé publicitaire*

La densité est fonction des objectifs de l'imprimé et, corrélativement, de la nature de celui-ci. Si le catalogue s'inscrit dans une démarche promotionnelle ou, si au contraire, il a pour objectif de participer au développement de l'image de la marque ou de l'enseigne, il n'aura pas la même densité par page. À l'extrême, lorsque l'imprimé s'inscrit dans le long terme et qu'il vise surtout à développer une relation de confiance et/ou de proximité avec ses lecteurs (comme c'est le cas pour le *consumer magazine*), la mesure de la densité par page n'a que peu de signification puisque l'objectif de cet imprimé n'est pas, prioritairement, de présenter l'offre commerciale de

© Éditions d'Organisation

l'annonceur. On peut alors, à l'inverse, compter le nombre de pages sur lesquelles aucun produit de l'enseigne n'est présenté.

Certains produits techniques, complexes ou novateurs nécessitent une démonstration ou une information détaillée. À ce titre, il convient de leur allouer un espace plus important au sein du dépliant. Par ailleurs, certains produits impliquants supposent une mise en scène plus sophistiquée et exigent une place plus importante au sein de l'imprimé pour être effectivement valorisés. D'autres produits, en revanche, dont le choix ne s'opère que sur des critères simples tels que le prix ou la marque, n'ont pas besoin d'occuper un espace important parce qu'ils sont bien connus du public et que leur processus d'évaluation est simple. Leur présentation n'exige en effet pas d'information complémentaire.

L'un des principes de base utilisés par les sociétés vépécistes lors de l'élaboration de leur catalogue est que l'offre présentée sur une page doit dégager un chiffre d'affaires suffisant pour présenter une marge après publicité positive. Les imprimés publicitaires, lorsqu'ils ne sont pas émis par les sociétés vépécistes, présentent la particularité de ne permettre que très difficilement une évaluation *a posteriori* de la rentabilité effective de l'espace alloué à chaque produit. En effet, un imprimé émis par une marque ou une enseigne est un accélérateur de vente ou de trafic, mais il n'est pas à l'origine de l'ensemble des ventes réalisées par la marque ou l'enseigne. S'il est délicat d'appliquer à la lettre ce principe, on peut considérer que la faible densité est adaptée aux produits à prix élevé parce qu'elle pourra « se payer » au travers de ces produits. En revanche, elle n'est pas adaptée aux articles courants ayant des niveaux de prix faibles.

Le type de communication utilisé et l'importance que l'on souhaite accorder à la mise en scène, à l'événementiel, influencent également le nombre de produits par page.

Le rôle qui est affecté au produit dans le document détermine la place qui lui sera allouée au sein de celui-ci. Comme il l'a déjà été dit, dans un imprimé cohabitent généralement des produits ayant des rôles différents : produits d'appel, produits leaders (connus et appréciés des consommateurs), produits tactiques dont la présence vise à gêner les actions des concurrents, produits d'image qui ont pour mission de valoriser la marque ou l'enseigne, produits qui préparent l'avenir (nouvelles technologies…), produits qui créent de la stimulation et de la variété pour le consommateur (produits exotiques, produits locaux, produits originaux, produits nouveaux…).

La densité dépend des principaux types de produits figurant dans l'imprimé. En effet, certains produits nécessitent plus d'espace pour être valorisés, tandis qu'un espace moins important peut être consacré à d'autres. Comme il l'a été dit préalablement, les produits de grande marque ne demandent pas d'espace très important parce qu'ils sont déjà connus et appréciés des consommateurs. Leur présence dans l'imprimé d'un distributeur vise simplement à leur indiquer leur disponibilité ainsi que leurs conditions de vente au sein du magasin. Leur mission est d'être un accélérateur de trafic. Il en est de même pour les produits d'appel, produits à petit prix qui visent à faire venir les consommateurs au sein du point de vente. En revanche, les produits peu connus ou très valorisants pour l'enseigne ou la marque pourront bénéficier d'un espace de communication plus important.

* La problématique des distributeurs : présence des MDD au sein de l'imprimé

Lorsque l'émetteur du document publicitaire est un distributeur et qu'il souhaite y présenter à la fois des marques nationales et ses marques propres, il convient de s'interroger sur leur rôle respectif au sein de l'imprimé avant de décider de la place qui leur sera dédiée.

Si une marque de distributeur a une capacité à créer du trafic, la place allouée doit être la même que celle des marques nationales, puisqu'elles poursuivent le même type d'objectif. En revanche, si la présence de la marque de distributeur au sein de l'imprimé a pour objectif de la faire connaître et de la faire apprécier du consommateur, c'est-à-dire de développer son attractivité auprès de celui-ci, un espace plus important devra lui être consacré afin de bien présenter le produit, ses modalités de fabrication, ses origines… Le rôle de l'imprimé n'est pas, alors, d'indiquer au consommateur que le produit est effectivement disponible au sein du point de vente mais de développer sa confiance envers la marque de distributeur.

Le type de marques de distributeur et le rôle qui leur est associé conditionne également la place qui leur sera accordée au sein du document publicitaire : la place des marques premiers prix, des marques drapeaux, des marques d'enseigne ou des contre-marques dépend en priorité de la stratégie générale qui est adoptée par le distributeur en matière de marque propre.

● *Lisibilité de l'imprimé publicitaire et densité par page*

La densité de l'imprimé publicitaire affecte la lisibilité d'un prospectus. Un trop grand nombre de produits présentés sur une même page se traduit par une moins grande lisibilité et une surcharge du document. L'impact de la communication risque alors de s'en trouver réduit.

● *La variation de la densité*

Un imprimé ne possède pas nécessairement une densité qui est homogène d'une page à l'autre. Au contraire, le rythme de l'imprimé est déterminé par la variation de sa densité. La variation de la densité d'un imprimé maintient l'attention du lecteur et permet d'éviter la monotonie de la lecture.

Il convient, à ce titre, de noter que, si les premiers dépliants diffusés par les distributeurs, et les prospectus actuellement distribués dans certains pays tels que les pays de l'Est présentent leurs produits avec une densité constante, la tendance semble être à une variabilité de la densité, se rapprochant ainsi du mode de fonctionnement des catalogues élaborés par les vépécistes.

Faire alterner forte et faible densité peut être une décision judicieuse : un annonceur pourra ainsi consacrer une page entière à un produit particulièrement innovant, avec une mise en scène adaptée, parce que celui-ci est fortement vecteur d'image. Dans ce cas, l'annonceur ne recherche pas, en effet, une rentabilité immédiate de l'espace alloué au produit. Au contraire, la présence du produit sur l'imprimé traduit une orientation à long terme de l'annonceur, son objectif étant avant tout de développer une image favorable de la marque ou de l'enseigne et non pas de contribuer immédiatement aux résultats commerciaux de l'entreprise.

## 5. La stratégie créative

L'organisation de l'imprimé, en lui donnant un rythme, guide et oriente la lecture qu'en fera son destinataire. Elle détermine donc la circulation au sein de l'imprimé publicitaire. Mais l'enjeu, une fois que le lecteur a décidé de parcou-

rir le document, consiste pour l'annonceur à faire en sorte qu'il s'arrête sur chaque double page et qu'au sein de chaque double page, il prenne effectivement
connaissance des différents articles proposés. Chaque produit doit donc attirer
l'attention du lecteur de manière à être vu. Comment orienter le parcours du
regard du lecteur sur une double page ? Telle est la question que se pose
l'annonceur au moment de la création de chacune de ces doubles pages.

D'autres questions viennent compléter celle-ci à savoir :

➢ Comment assurer une harmonie visuelle à la double page ?

➢ Comment maintenir l'attention du lecteur sur la page et éviter sa
lassitude ?

➢ De quelle manière favoriser l'exposition du lecteur à certains éléments
clefs de l'offre commerciale de l'annonceur ?…

Le choix du visuel et du texte, l'importance consacrée à chacun d'entre eux et
leur position respective au sein de la double page orientent très largement le parcours du regard, et donc le sens de lecture sur la double page. Par ailleurs, ce
choix influence l'image que le lecteur se fera de l'imprimé, et donc de l'enseigne
et/ou de la marque qui en est à l'origine. Enfin, le choix des éléments visuels et
du texte et l'espace qui leur est respectivement alloué au sein de l'imprimé traduisent souvent la volonté des annonceurs de recourir à des registres publicitaires
différents : une part prépondérante de texte témoignerait d'une approche peut
être plus rationnelle, tandis que la présence de nombreuses photographies (bien
que cela soit, bien entendu, largement conditionné par le choix de la photographie) exprimerait le désir de mettre en place une approche plus affective.

## 5.1. Le choix des éléments visuels

### ● Animé et nature morte

Le choix des éléments et des accroches visuelles au sein de l'imprimé est fondamental puisqu'il conditionne l'attrait de l'imprimé, et donc sa capacité à
maintenir l'attention du lecteur. Les éléments visuels représenteront soit des
animés, soit des natures mortes. L'animé implique des mannequins et des
mises en ambiance, la nature morte, en revanche, est une simple photographie
ou un simple dessin du produit, sans que celui-ci soit présenté en situation
avec des mannequins ou des personnages.

L'animé offre l'avantage de jouer sur le registre de l'affectif et de communiquer sur des valeurs de l'annonceur : la famille, le sport, l'environnement, les

**238**

amis… La nature morte présente les produits, les articles et les caractéristiques tangibles de ces produits. Elle permet plus difficilement de signifier au lecteur les valeurs subjectives ou imaginaires du produit ou de la marque.

Le type de produit présenté conditionne bien évidemment fortement la décision de recourir à l'utilisation de l'animé ou à la nature morte. Le recours à l'animé et les mises en situation des produits fournissent une valeur ajoutée au produit si celui-ci est fortement impliquant et s'il est porteur d'émotion. L'animé est également judicieux s'il présente un individu en situation d'utilisation du produit et si cette présence participe à faire comprendre les modalités d'utilisation du produit.

Pour un même produit, il est possible de recourir à une nature morte ou à de l'animé. Une simple photographie du produit peut être utilisée pour démontrer l'intérêt ou la supériorité du produit et indiquer d'une manière rationnelle les mécanismes de fonctionnement de celui-ci. Les avantages du produit peuvent également être mis en valeur par le recours à de l'animé, en montrant, par exemple, les avantages personnels qu'un utilisateur semble retirer de son utilisation. À l'extrême, le produit peut n'occuper qu'une place très limitée de la photographie, une place fondamentale étant affectée à l'utilisateur et « au mieux-être » que lui procure l'utilisation du produit, sans que les caractéristiques techniques à l'origine de ce bien-être ne soient présentées.

La coexistence d'éléments visuels animés et de nature morte est tout à fait possible dans le cadre d'un imprimé publicitaire. Cette solution est fréquemment utilisée par les vépécistes qui ont recours à la nature morte pour présenter les différents coloris d'un produit, produit qui est par ailleurs présenté dans la même page sous forme animée pour un coloris donné.

§ L'intégration des éléments visuels au sein de l'imprimé publicitaire

Une fois que les éléments visuels ont été sélectionnés par l'agence de communication et/ou l'annonceur, comment les intégrer au sein du dépliant publicitaire afin qu'ils puissent retenir efficacement l'attention du lecteur ?

Différentes études ont analysé le cheminement naturel du regard sur un document. Le professeur Vögele, en particulier, a étudié le parcours du regard en utilisant des appareils d'enregistrement. L'analyse de « la courbe de lecture naturelle » d'un document indique, d'une part, que la découverte d'un imprimé par son lecteur s'effectue de manière globale, c'est-à-dire par double page, et, d'autre part, que la page de droite constitue le premier élément d'attention du lecteur.

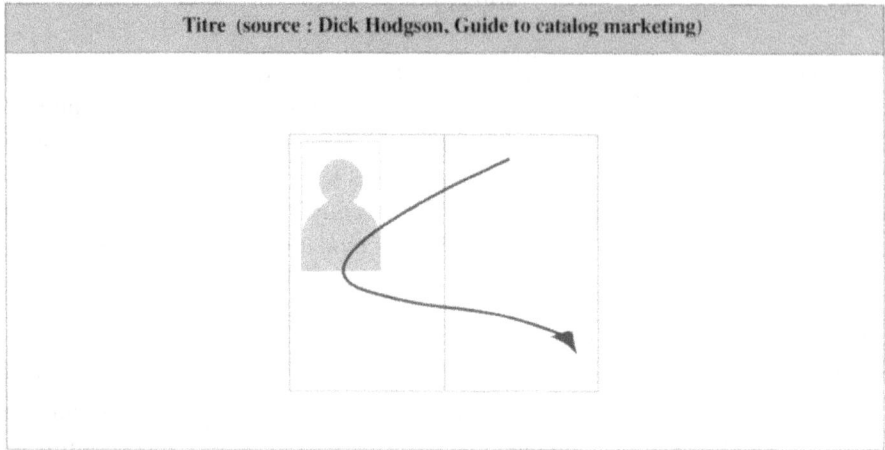

Titre (source : Dick Hodgson, Guide to catalog marketing)

Ce double constat permet, comme le fait Delbecq, de poser deux principes de base pour la présentation des produits et des différentes rubriques au sein de l'imprimé :

- la visualisation s'effectuant par double page, il est important d'y assurer une certaine unité visuelle et de proposer un thème unificateur par double page ;
- l'attention se focalisant surtout sur la page de droite, et plus particulièrement sur le haut de la page de droite, des accroches visuelles à gauche doivent favoriser la lecture de la page de gauche. L'objectif est ainsi d'éviter une interruption prématurée du parcours de lecture, de favoriser un cheminement optimal du regard et de soutenir la lecture.

### L'organisation des visuels au sein de la double page

L'organisation des éléments visuels sur la double page oriente le parcours du regard et permet de soutenir l'attention du lecteur. Consacrer des espaces rigoureusement identiques aux produits figurant sur une même double page (comme cela est encore largement pratiqué, dans les imprimés des distributeurs notamment) engendre une certaine monotonie de lecture. De plus, ceci n'attire pas l'attention du lecteur sur les éléments les moins visibles de la double page, à savoir ceux de la page de gauche.

La difficulté lors de la conception de la double page réside, en fait, dans la nécessité d'éviter la monotonie du lecteur tout en assurant un relatif équilibre de la double page. En effet, la double page doit éviter une trop grande symétrie, source de lassitude. Mais elle doit également éviter de tomber dans un désordre complet, auquel cas elle désorienterait le lecteur.

Le schéma suivant présente deux organisations possibles d'un même visuel. Ces deux organisations présentent un même nombre d'éléments, mais l'espace consacré à chaque produit diffère dans les deux cas.

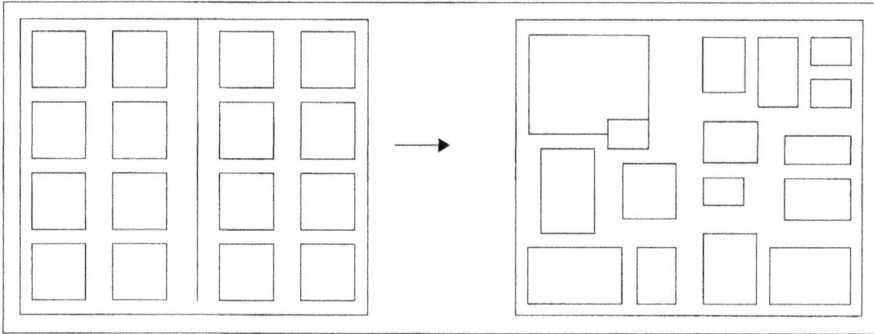

La première organisation du visuel ne fait ressortir aucun produit en particulier puisque tous occupent le même espace, la seconde présentation, plus dynamique, donne plus de vie au visuel tout en étant relativement équilibrée. Par ailleurs, sa présentation retient l'attention du lecteur sur la page de gauche, parce que moins de produits y sont présentés mais que davantage de place leur est accordée.

Bien sûr il existe d'autres moyens et des techniques bien connus des publicitaires pour orienter le cheminement du regard sur une double page : flèche, position du mannequin, organisation des éléments… constituent autant d'éléments qui conditionnent le parcours des yeux sur le document.

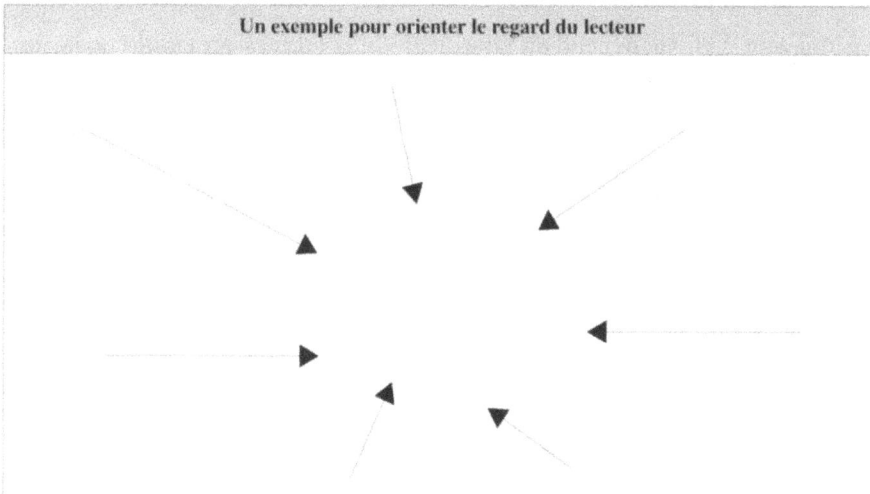

Un exemple pour orienter le regard du lecteur

Les couleurs utilisées dans l'imprimé doivent être étudiées avec attention parce qu'elles influencent la perception qu'en aura le consommateur. Elles déterminent donc son envie ou non de lire le document. Le choix des couleurs dépend du positionnement de l'enseigne et du message que l'annonceur souhaite faire passer. Des codes couleurs existent en matière publicitaire que l'annonceur pourra respecter dans le cadre de l'élaboration de son imprimé. À chaque couleur est associée une signification symbolique. Le choix des couleurs peut également être guidé, comme nous l'avons déjà mentionné, par les codes couleurs de l'entreprise ou de la marque. Un annonceur pourra souhaiter reprendre dans l'imprimé des couleurs qui sont habituellement associées à sa marque et/ou à ses produits.

## 5.2. Le choix du textuel

Comme dans la publicité, le texte constitue un élément qui donne une impression d'ensemble au lecteur et qui l'incite à acheter un produit ou une marque, ou à se rendre en magasin. Différentes questions se posent en ce qui concerne le choix du texte de l'imprimé publicitaire. Ces questions sont relatives à :
• la longueur du texte et son contenu,
• le style utilisé,
• la typographie.

● *La longueur du texte et son contenu*

La longueur du texte dépend du type de produit et des informations que celui-ci nécessite. Ainsi, un produit technique pourrait-il nécessiter des informations plus précises qu'un produit de base et simple d'utilisation.

Mais la longueur du texte dépend également de la cible visée, de l'importance qu'elle accorde à l'information et de sa capacité à traiter l'information. Ainsi, un dépliant publicitaire multi-marques présentant des produits informatiques ne développera pas de la même manière les aspects techniques du produit selon que celui-ci s'adresse à des néophytes ou des initiés.

Dans le second cas, les prospects possèdent une certaine expertise du domaine, leur évaluation des alternatives de choix repose sur un certain nombre d'aspects techniques et ils sont capables d'analyser et de traiter des informations tout à fait spécifiques dont ils sont même extrêmement demandeurs.

Leurs critères de choix sont clairement définis et ils souhaitent avoir de l'information sur ces critères précis pour les différentes marques présentées.

Dans le premier cas, en revanche, les prospects ont une faible connaissance de la catégorie de produits. Leurs critères de choix sont mal définis et ils ont une faible confiance en eux-mêmes quant à leur capacité à opérer un choix. Une information trop détaillée sur des aspects techniques du produit risque d'inquiéter le prospect et de lui donner l'image d'un produit complexe, difficile d'utilisation et qui suppose un apprentissage important. Une information trop extensive et mal comprise pourrait alors constituer un frein à l'achat. Les informations données doivent avoir pour mission de rassurer le prospect, soit en lui donnant des informations qui lui sont compréhensibles, soit en lui donnant les moyens d'accéder à la compréhension de ces informations. C'est, dans ce dernier cas, l'objectif des imprimés qui sont développés pour servir de guide à l'achat pour le consommateur. Dans tous les cas, il semble capital pour l'annonceur d'obtenir un réelle crédibilité et une expertise dans la catégorie de produits, afin de rassurer le prospect et de réduire le risque qu'il associe à l'achat de tels produits.

Mais la longueur du texte est déterminée non seulement par les caractéristiques de la cible marketing mais également, comme nous l'avons dit précédemment, par le mécanisme de persuasion utilisé : une approche rationnelle pourrait induire un texte plus long permettant une démonstration, tandis qu'une approche davantage émotionnelle supposerait un texte peut-être plus court, quelques mots très évocateurs suffisant à accompagner une photographie dûment choisie.

## ● Le style utilisé

En ce qui concerne le style utilisé, il sera déterminé par les mêmes éléments que ceux qui ont été cités précédemment, à savoir : cible et positionnement. Le style doit être adapté à la cible de communication et le ton ne sera pas le même selon que l'on s'adresse à une cible de jeunes ou de seniors. La façon dont seront présentés les produits au travers du texte contribuera par ailleurs au positionnement de l'enseigne.

## ● La typographie

En ce qui concerne la typographie, elle devra être choisie en fonction de sa lisibilité, de son intégration au sein de la double page et de sa cohérence par rapport à la photographie choisie. Texte et photographie doivent s'harmoniser pleinement et contribuer ensemble à renforcer l'impact des messages.

À titre d'exemple, si un annonceur souhaite donner une impression de douceur, il pourra choisir des photographies et des couleurs qui véhiculent ce sentiment. Parallèlement, la typographie doit être choisie de manière à conforter cette impression, la rondeur de l'écriture devant alors être privilégiée. À l'inverse, s'il élabore un imprimé publicitaire qui vise à donner l'impression d'une grande efficacité, d'une grande rigueur, il pourra opter pour une typographie plus droite, plus anguleuse.

## 5.3. Les différentes approches de la persuasion

Il existe différents moyens de présenter une offre, de la valoriser, de convaincre ou de séduire le lecteur d'un message publicitaire. Sans le faire de manière exhaustive, cette partie se propose de présenter quelques approches classiques utilisées en matière de persuasion publicitaire. Par ailleurs, elle présente une grille d'analyse sémiologique qui permet d'analyser de ce qu'une annonce communique véritablement.

### 5.3.1. Les approches publicitaires

#### • L'approche rationnelle de la créativité

Lorsque l'on adopte une approche rationnelle, c'est à la raison du lecteur que l'on cherche à s'adresser, l'objectif étant de lui démontrer clairement l'intérêt d'une offre commerciale. Le lecteur auquel le message est envoyé est considéré comme un être rationnel, qui opère ses choix en comparant les produits sur des données objectives. Dans cette optique, il recherche activement de l'information, son but étant avant tout de maximiser l'utilité retirée du produit à partir de ses attributs tangibles. L'imprimé publicitaire bâti sur une approche rationnelle privilégie les explications et les démonstrations. Il comporte des informations détaillées et il démontre de manière précise les sources d'avantages du produit ou du service. L'objectif est de donner les informations nécessaires à la prise de décision du consommateur ou lecteur rationnel.

#### • L'approche affective de la créativité

Le lecteur n'est pas un être purement rationnel, doté de sa simple raison. Ses choix sont parfois affectifs et guidés par ses émotions. Ainsi, les états affectifs et émotionnels sont-ils des facteurs explicatifs du choix des individus. Marc Filser (1996) note, à ce titre, que « l'achat par le consommateur d'un produit précis ne saurait être expliqué par la supériorité perçue de ce produit sur tous les produits concurrents. Il peut être aussi la conséquence d'un processus de choix guidé par des facteurs affectifs prépondérants ». Ainsi, le choix des photographies, des couleurs, de la mise en page d'un imprimé publicitaire est-il susceptible d'entraîner des réactions émotionnelles chez son lecteur. Cette réaction émotionnelle peut être source de plaisir et être à l'origine d'une satisfaction au moment de la lecture du catalogue. Une satisfaction lors de la lecture du catalogue se traduirait par le développement d'une attitude favorable du lecteur envers la marque ou l'enseigne à l'origine de l'imprimé. Holbrook et Hirschman ont particulièrement développé leur recherche quant à l'influence des états affectifs sur le choix des individus. À ce titre, ils ont proposé en 1982 un modèle de recherche d'expérience de la part du consommateur fondée sur la séquence : imaginaire ⇒ émotion ⇒ plaisir. Il est possible d'élaborer un imprimé qui joue sur l'imaginaire du lecteur, suscite des émotions et entraîne du plaisir au moment de sa lecture.

### ❋ L'approche behavioriste de la créativité

L'approche behavioriste repose sur les recherches de Pavlov qui explique le comportement de l'homme grâce au phénomène stimulus-réponse. Ainsi, le comportement du consommateur serait-il le résultat d'un conditionnement scientifiquement démontrable. L'utilisation de cette approche dans le cadre de l'élaboration d'un imprimé suppose que l'annonceur tente, à travers sa publicité, soit de créer des réflexes conditionnés, soit de récupérer des réflexes comportementaux déjà acquis par le poids des lois sociales ou de l'éducation. La création de réflexes conditionnés peut, bien entendu, être renforcée en cas de stratégie de couplage avec d'autres médias. Dans ce cas, un média principal – télévision, radio ou affichage – tente de créer une forme de conditionnement en répétant à différentes reprises une accroche ou un logotype, le but de l'imprimé étant alors de reprendre ces éléments sur lequel l'annonceur a particulièrement insisté, afin de provoquer l'achat ou le déplacement.

### ❋ L'approche psychologique et psychosociale

La psychologie peut bien sûr servir de point de départ à la création d'un imprimé publicitaire. Comprendre les motivations du lecteur à lire un imprimé et les motivations du consommateur à se déplacer et/ou à acheter un produit constitue un enjeu fondamental lors de la conception d'un imprimé. Certaines recherches et théories fournissent un cadre intéressant pour analyser les besoins et les motivations des individus. Citons, à ce titre, la pyramide des besoins développée par Maslow, qui, en dépit de son ancienneté, permet d'améliorer la compréhension du consommateur, et donc du lecteur de l'imprimé. Ainsi l'imprimé publicitaire tente-t-il parfois de répondre à un ou plusieurs niveaux de besoins présentés dans la pyramide de Maslow : besoin physiologique, de sécurité, d'appartenance, d'estime des autres ou d'accomplissement. À des besoins physiologiques, il proposera une présentation basique du produit, en utilisant une nature morte par exemple. À des besoins d'appartenance, il montrera de quelle manière le produit permet, grâce à sa possession ou à sa consommation, d'appartenir à un groupe et de créer des interactions sociales. Le recours à des éléments animés apparaît ici plus judicieux. Enfin, à des besoins d'estime des autres ou d'accomplissement de soi, il montrera comment le produit permet de se valoriser auprès des autres ou de s'accomplir personnellement.

L'approche pyschosociale, selon laquelle la personnalité de l'individu et son comportement seraient fonction de l'environnement socioculturel dans lequel il évolue, constitue également une orientation possible pour la création publicitaire. La référence à un groupe d'appartenance ou de référence, ou à des normes sociales, dans un imprimé, sert de guide au moment de la création. Par ailleurs, la connaissance des rôles impartis par la société et du conflit de rôle induit par la multiplicité des rôles auxquels est confronté un individu peut être utilisée au sein d'un imprimé : il s'agit de démontrer de quelle manière un produit permet de résoudre un conflit entre plusieurs rôles. Être femme, mère, épouse, maîtresse de maison et travailler…, c'est tenter de concilier de multiples rôles ! À l'imprimé de montrer que des rôles parfois en conflit peuvent être menés parallèlement grâce aux produits, aux marques, aux services d'une enseigne…

* *Choix de l'approche créative*

Il existe d'autres approches sur lesquelles peut être développée la création publicitaire : analyse transactionnelle, psychanalyse… L'imprimé publicitaire pourra se construire à partir d'une ou plusieurs des approches qui ont été développées dans le cadre de cette partie. Le choix des modalités de la création doit, nous semble-t-il, être guidé par les objectifs de communication, par le profil du lecteur et ses attentes par rapport à l'imprimé ainsi que par la catégorie de produits présentée.

### 5.3.2. L'analyse sémiologique

Une grille d'analyse sémiologique d'un message publicitaire a été proposée par J. Gritti[4] et elle permet d'analyser ce qu'une annonce communique véritable-

---

4. Brochand B. et Lendrevie J., *Le Publicitor*, Dalloz, 1993.

ment. Cette grille est intéressante pour analyser la première et la dernière de couverture qui conditionnent l'entrée du lecteur dans l'imprimé publicitaire.

Cette grille se présente sous forme de questions qui peuvent être posées à l'issue de la création (cf. le tableau suivant).

| Grille simplifiée d'analyse sémiologique d'un message publicitaire (J. Gritti dans *Le Publicitor*) |
|---|
| **Question 1.** Niveau des informations : quels sont les objets de communication, quels sont leurs supports, de quoi est-il question (tout ce qui est nommable et découpable) ? DÉNOTATIONS. |
| **Question 2**. Quelles sont les évocations, les idées, les suggestions qu'évoquent tous ces objets ? CONNOTATIONS. |
| **Question 3.** Si je ne devais retenir qu'un seul élément dénotatif, lequel ? Si je ne devais retenir qu'un seul élément connotatif, lequel ? |
| **Question 4**. Comment s'opère l'organisation des connotations ? Cette organisation est-elle puissante, faible, équilibrée ? |
| **Question 5.** Comment l'émetteur et/ou le récepteur sont-ils présents dans le texte (pronom, allusion, déclaration) ? |
| **Question 6.** Comment le texte est-il personnalisé ? |
| **Question 7.** Le texte et l'image sont-il de redondance, d'ancrage, de contrepoint ? |
| **Question 8.** Qu'est-il mis en avant ? Qu'est-il laissé dans l'ombre ? |
| **Question 9.** Où se situent les différents éléments de communication dans ce cadre ? <br> ◆ Y a t-il cohérence ? <br> ◆ Complémentarité ? |
| 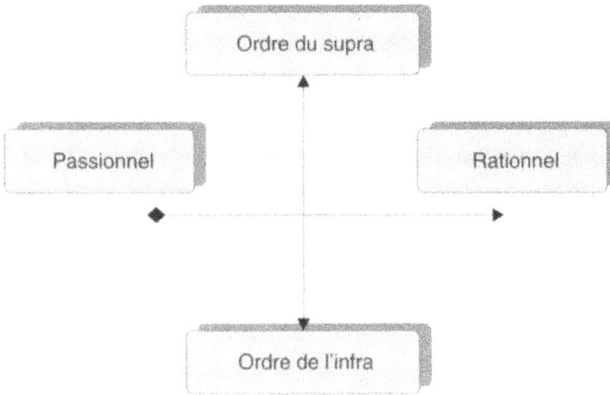 |
| **Question 10** : qu'y a t-il dans l'annonce et qu'on devine t-on hors champ ? |
| **Question 11 :** quelle est l'unité organisatrice de l'ensemble des éléments ? |

# 6. L'évaluation de l'imprimé publicitaire

## 6.1. Les pré-tests publicitaires

Une fois conçue, la qualité de la création peut être évaluée. Le pré-testing consiste à évaluer la pertinence d'un support publicitaire avant même que celui-ci ne soit effectivement diffusé auprès des consommateurs et des lecteurs.

Lors du pré-test, il est, par exemple, possible :
- d'identifier les éléments de l'imprimé qui attirent et retiennent l'attention au moment de la lecture,
- de mesurer la mémorisation de l'imprimé par son lecteur,
- d'évaluer l'appréciation de celui-ci par le lecteur.

### ● Le suiveur de regard

L'*eyes tracking* ou « suiveur de regard » est un outil qui enregistre le parcours de l'œil sur un document publicitaire. À ce titre, il peut être utilisé pour analyser les points qui retiennent l'attention au moment de la lecture. À l'issue de l'*eyes tracking*, certaines modifications pourront être effectuées par l'annonceur. À titre d'exemple, il est possible de procéder à une réorganisation du visuel afin de renforcer l'impact des parties que l'annonceur souhaite particulièrement mettre en valeur.

Ainsi l'annonceur déplacera-t-il l'endroit où est apposé le nom de sa marque ou de son enseigne parce que le regard du lecteur ne s'y arrête pas et que l'imprimé risque donc de posséder un faible taux d'attribution, c'est-à-dire que le consommateur n'identifiera pas clairement l'entreprise qui est à l'origine de l'offre commerciale. De la même manière, il modifiera l'organisation de son visuel pour en améliorer, par exemple, son attractivité, son esthétisme ou son incitativité.

### ● Une évaluation comparative des documents publicitaires

De manière générale, l'évaluation de l'imprimé peut porter sur un seul imprimé ou, au contraire, si elle est comparative, porter sur plusieurs documents publicitaires. Il est ainsi possible pour un annonceur de :
- comparer plusieurs créations distinctes, l'objectif étant de sélectionner celle ayant la meilleure attribution et/ou la meilleure mémorisation et/ou la meilleure appréciation de la part du lecteur ;
- évaluer l'impact du visuel par rapport à d'autres visuels diffusés par les concurrents ;
- mesurer l'impact de la publicité face au contenu réel de la boîte à lettres.

Médiamétrie, par exemple, a mis en place un outil d'optimisation de la conception des imprimés sans adresse dénommé ISAtest, qui permet d'évaluer les éléments qui retiennent l'attention du lecteur, sa mémorisation de l'imprimé et son appréciation de celui-ci. L'évaluation de la création d'un ISA se fait, d'un point de vue méthodologique, en deux phases :

◆ Dans un premier temps, l'utilisation d'un « suiveur de regard » permet de mesurer ce que les individus ont réellement vu. Ce « suiveur de regard » également dénommé *eyes tracking* est un outil qui enregistre le parcours de l'œil sur un document publicitaire. En ce qui concerne l'ISAtest, le « suiveur de regard » enregistre milli-seconde par milli-seconde la position de l'œil sur le prospectus qui est présenté durant 10 secondes.

◆ Dans un second temps, l'individu est soumis à un questionnaire dont l'objet est d'évaluer sa mémorisation, à la fois spontanée et assistée, de l'imprimé publicitaire mais également son appréciation de celui-ci. À cet égard, différents critères ont été retenus par la société d'étude.

### Les principaux indicateurs retenus par Médiamétrie dans le cadre de l'évaluation des imprimés sans adresse

**« SUIVEUR DE REGARD » :**

◆ **Le temps de fixation.** C'est le temps passé sur la zone, ramené au temps total passé sur le prospectus à 10 secondes.

◆ **La part de vue.** C'est le temps passé sur la zone ramené au temps total passé sur le prospectus à « x » secondes.

◆ **L'audience cumulée.** C'est le nombre d'individus par zone, ramené au nombre total des individus.

**INDICATEURS ISSUS DU QUESTIONNAIRE :**

◆ Les taux de mémorisation spontanée et assistée.

◆ **Les notes d'appréciation selon 7 critères** :
   -- attractivité,
   -- conservation,
   -- envie de lire,
   -- esthétisme,
   -- incitativité,
   -- adéquation avec les besoins du moment,
   -- format.

## 6.2. Les post-tests publicitaires

Outre les pré-tests publicitaires présentés précédemment, l'annonceur peut mettre parfois en place des post-tests publicitaires, c'est-à-dire des tests qui auront lieu après la distribution effective de l'imprimé publicitaire auprès de leur destinataire. Ces post-tests mesurent la performance d'une opération de non-adressé. Comme dans les pré-tests, différents points clefs sont analysés pour évaluer l'opération tels que, par exemple :

• la reconnaissance, la mémorisation et l'attribution des imprimés publicitaires,

• la perception des imprimés et l'attitude des destinataires envers ces imprimés,

• le comportement du destinataire suite à la réception et à la lecture du document publicitaire.

La mémorisation est mesurable, notamment grâce aux indicateurs classiquement utilisés par les autres médias. Il est ainsi possible, d'une part, d'analyser si les individus se souviennent de l'imprimé et, d'autre part, de vérifier qu'ils l'attribuent au bon annonceur.

À cet égard, deux indicateurs peuvent être utilisés :
• **le score de reconnaissance** qui indique le pourcentage de personnes déclarant reconnaître l'annonce, et donc l'ayant déjà vue ;
• **le score d'attribution** qui représente le pourcentage d'individus identifiant correctement un annonceur dont le nom aurait été caché dans le message qui lui a été soumis.

Un score de reconnaissance satisfaisant signifie que le dépliant ou le catalogue a laissé un souvenir important dans l'esprit du prospect. Un score d'attribution élevé indique que le lecteur se souvient précisément du nom de la marque ou de l'enseigne qui a édité le catalogue ou le prospectus. L'imprimé est ainsi attribué au bon annonceur.

Une mauvaise évaluation sur l'un de ces indicateurs suppose la mise en place d'actions correctrices. Un rapprochement entre score de reconnaissance et score d'attribution permet de présenter quatre cas possibles, qui sont présentés dans la figure qui suit.

Ce tableau indique de façon synthétique le type d'actions correctrices à envisager pour améliorer l'impact de l'imprimé, en fonction de la ou des déficiences observées.

| Score de reconnaissance | Score d'attribution | |
| --- | --- | --- |
| | **Fort** | **Faible** |
| **Fort** | Des résultats favorables.<br>⇒<br>Aucune mesure à prendre. | Une bonne reconnaissance mais un score d'attribution faible.<br>Ce qui signifie que la publicité dont on se souvient est certainement associée dans l'esprit de l'acheteur à un concurrent !<br>⇒<br>Augmenter la visibilité du nom de l'annonceur sur le catalogue ou le dépliant (la taille du nom de l'annonceur, l'endroit où le nom de l'annonceur est mis, la couleur…). |
| **Faible** | Peu d'impact de l'ISA.<br>Mais, parmi les gens qui s'en souviennent, l'ISA est bien attribué.<br>⇒<br>Revoir le fond ou la forme de l'ISA de manière à en accroître la mémorisation | Campagne de communication à revoir. |

Des études sont également parfois effectuées pour évaluer non seulement la mémorisation de l'imprimé mais également la perception que le destinataire a de l'imprimé et son attitude envers celui-ci. Il s'agit donc d'analyser la manière dont le lecteur a perçu la publicité reçue et de s'assurer que celle-ci a été appréciée. Comme pour les pré-tests, l'évaluation de l'imprimé peut être effectuée sur différents critères, l'objectif étant, alors, de cerner les points forts et les points faibles de celui-ci.

Des informations sont alors collectées auprès du lecteur afin de déterminer :
• les éléments qu'il a appréciés (produits, promotions, informations, rubriques) dans l'imprimé ;
• ceux qu'il aurait aimé voir paraître dans le cadre de l'imprimé ;
• ceux qu'il juge superflus.

L'étude peut également avoir pour but de comparer l'attractivité du dépliant par rapport à ceux émis par la concurrence. Qu'il soit ou non comparatif, le post-test vise à mesurer l'appréciation du lecteur, et ce dans une perspective d'amélioration du fond et de la forme des imprimés à venir.

Le post-test a également pour but d'étudier le comportement du destinataire suite à la réception et à la lecture du document. Dans cette perspective, des informations sont collectées, d'une part, sur son comportement vis-à-vis de l'imprimé lui-même et, d'autre part, sur le comportement induit par l'imprimé. En ce qui concerne le premier point, différentes questions seront posées quant à son comportement d'ouverture, de lecture et de conservation de l'imprimé. Par ailleurs, des informations relatives à la circulation de l'imprimé au sein de la famille seront également les bienvenues. En ce qui concerne le second point, il s'agira d'identifier la nature des comportements induits par l'imprimé : déplacement au point de vente, achats, utilisation des coupons…

# Les intervenants sur le marché du marketing direct non-adressé

Le marché du non-adressé évolue rapidement et il se structure progressivement. En effet, face aux besoins nouveaux des annonceurs en matière d'imprimés, les prestations offertes se multiplient. Ce chapitre a pour objectif de décrire l'organisation du marché du marketing direct non-adressé et de présenter les principaux acteurs qui y proposent leurs services.

## 1. L'organisation du marché du marketing direct non-adressé

### 1.1 Les intervenants sur ce marché

L'élaboration d'un imprimé publicitaire résulte du souhait de l'annonceur de communiquer directement avec ses prospects ou ses clients. L'imprimé lui permet d'entrer en relation avec sa cible marketing, afin de la tenir informée du contenu de son offre commerciale et/ou de valoriser l'image de sa marque ou de son enseigne.

Afin de rendre possible cette communication, des services sont proposés par un certain nombre de prestataires :

**253**

➤ **Les sociétés de distribution de l'imprimé.** Elles ont pour rôle d'acheminer physiquement le message publicitaire, depuis l'annonceur jusqu'à leur destinataire.

➤ **Les sociétés de géomarketing.** Elles offrent l'opportunité de mettre en place une opération ciblée, dès lors que la distribution des imprimés s'effectue en boîte à lettres. L'annonceur, en recourant aux prestations offertes par ces sociétés, augmente la probabilité d'atteindre sa cible tout en limitant la diffusion de ses imprimés publicitaires. Ces fonctions du géomarketing sont parfois intégrées au sein des entreprises qui assurent la distribution des imprimés. Les sociétés de géomarketing travaillent avec des **fournisseurs de données** de différente nature.

➤ **Les organismes d'étude.** Ils permettent de mieux connaître les destinataires de l'imprimé ainsi que leur attitude et leur comportement face à celui-ci.

➤ **Les organismes de contrôle.** Ils ont pour mission de vérifier la bonne réalisation des prestations payées par les annonceurs. Citons, à ce titre, les sociétés de contrôle de la distribution des imprimés publicitaires.

➤ **Les agences de communication.** Elles interviennent sur le marché de l'imprimé publicitaire dès lors qu'elles intègrent l'imprimé publicitaire dans le plan média proposé aux annonceurs et/ou qu'elles participent aux aspects créatifs de l'imprimé.

➤ **Les sociétés spécialisées** dans certains types d'imprimé. Elles ont pour but de mettre en place des offres spécifiques telles que les bus-mailing ou les échantillonnages.

D'autres acteurs interviennent, de manière plus ou moins directe, sur le marché de la publicité non-adressée. On peut, à ce titre, citer :

• **les organismes qui réglementent l'utilisation de données,**

• **des sociétés assurant des prestations dans la gestion des bases de données,**

• **des entreprises assurant la logistique de retour,** c'est-à-dire la remontée des coupons, des cartes de bus-mailing… en vue d'un traitement et d'une réponse au consommateur.

## 1.2. Une vision synthétique de l'organisation du marché

Avant de présenter de manière plus précise les principaux prestataires sur le marché, le schéma suivant présente de manière synthétique l'organisation de ce marché ainsi que les interactions entre les différents acteurs qui y sont présents.

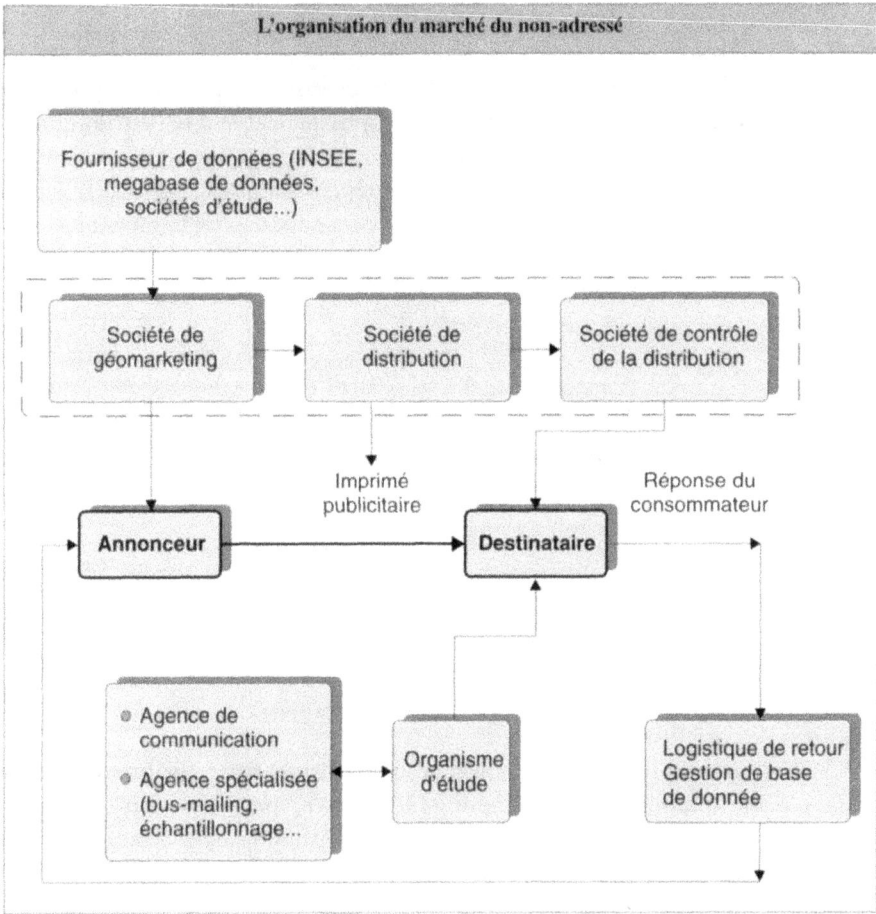

L'organisation du marché du non-adressé

**Fournisseur de données (INSEE, megabase de données, sociétés d'étude...)**

- Société de géomarketing
- Société de distribution
- Société de contrôle de la distribution

Imprimé publicitaire

Réponse du consommateur

**Annonceur** → **Destinataire**

- Agence de communication
- Agence spécialisée (bus-mailing, échantillonnage...)

Organisme d'étude

Logistique de retour Gestion de base de donnée

## 2. Les sociétés de distribution des publicités et de contrôle de la distribution

### 2.1. Les sociétés de distribution des publicités en boîtes à lettres

Le marché de la distribution des imprimés en boîte à lettres est partagé entre près de 450 prestataires. Trois intervenants (Delta Diffusion, La Poste et sa filiale Médiapost, ADREXO) se partagent 55 % du marché de l'imprimé sans adresse en France. Une distinction peut être opérée entre les opérateurs nationaux et les opérateurs locaux.

Le savoir-faire des opérateurs nationaux réside surtout dans leur aptitude à mettre en œuvre tout le dispositif logistique indispensable à la distribution de la publicité en boîte à lettres et ce, sur des zones géographiques très étendues : acheminement et gestion des stocks de documents, comptage, enliassage, organisation des tournées, contrôles… Ces opérateurs nationaux s'appuient en effet sur une structure logistique importante. Ce qui leur permet la mise en œuvre de campagnes de publicités non-adressées sur des périodes très courtes.

Par ailleurs, les moyens logistiques disponibles au niveau national permettent d'effectuer des opérations en boîte à lettres sur l'ensemble du territoire français, et non pas simplement de limiter les interventions à un niveau local. Il devient ainsi possible d'organiser des opérations d'envergure et de coupler la mise en œuvre du non-adressé avec l'utilisation de médias ayant une portée nationale.

| Les structures des trois principaux distributeurs d'imprimés | |
|---|---|
| Delta Diffusion | 9 000 salariés répartis dans 120 centres de distribution |
| Groupe La Poste | Le réseau de distribution du groupe La Poste. |
| ADREXI | 7 700 distributeurs salariés répartis dans 120 centres de distribution. |

Les opérateurs nationaux proposent une distribution des imprimés selon un ciblage géographique mais ils offrent généralement aux annonceurs la possibilité de mettre en place des opérations ciblées, sur la base de différents critères tels que des critères socio-démographiques ou comportementaux. Les critères de ciblage sont nombreux et, chez certains distributeurs d'imprimés, il est désormais possible d'effectuer des ciblages sur la base de variables tels que l'équipement du foyer, les habitudes de consommation ou des critères de possession de certains produits. La segmentation du marché est, comme nous l'avons déjà dit, possible grâce aux techniques du géomarketing.

• *Les opérateurs locaux*

À côté de ces intervenants nationaux, de nombreux petits et moyens distributeurs sont présents sur le marché de l'ISA. Ce sont des opérateurs régionaux ou locaux.

Contrairement aux nationaux, ces opérateurs travaillent sur une zone bien délimitée. En effet, ils travaillent souvent pour le compte des commerçants situés dans la localité et s'inscrivent ainsi dans une communication de proximité. Le positionnement généralement adopté par ces entreprises locales est un positionnement prix et de proximité. Les prestations offertes sont généralement une distribution géographique, sans ciblage sociodémographique ni comportemental.

Les annonceurs veulent sécuriser le portage des dépliants vers leur destinataire. Ils souhaitent s'assurer que la distribution de l'imprimé publicitaire ait effectivement eu lieu et s'assurer du niveau de qualité de cette distribution. Pour la distribution des imprimés en boîte à lettres, le contrôle apparaît particulièrement bien organisé, différentes sociétés offrant, à ce titre, leur service.

Les besoins des annonceurs en matière de contrôle se justifient, comme nous l'avons dit dans cet ouvrage, par le coût qui peut être associé à une distribution déficiente (perte de chiffre d'affaires à court et à long terme) et par l'absence de visibilité des imprimés distribués en boîte à lettres.

Les attentes des annonceurs en matière de contrôle de la distribution peuvent être doubles. Le contrôle doit leur permettre :
• d'effectuer une mesure de la qualité de la distribution, l'objectif étant de mesurer la qualité de la distribution afin de la comparer à une moyenne nationale ; l'attente est alors statistique puisqu'il s'agit de réaliser une évaluation des imprimés qui sont parvenus dans de bonnes conditions à leur destinataire ;
• d'opérer un management de la qualité de la distribution en temps réel, le but étant d'améliorer, en temps réel, la qualité de la distribution ; le contrôle n'a donc pas uniquement une vocation statistique puisqu'il peut s'inscrire dans un objectif de pilotage de la distribution : le constat d'une défaillance de la distribution se traduit par des actions correctrices immédiates.

Le contrôle de la distribution des publicités en boîte à lettres peut être effectué en interne par les sociétés qui sont elles-mêmes chargées de la distribution des imprimés publicitaires. Mais le contrôle peut être également réalisé par une société externe :

- certains annonceurs sont prêts à majorer le prix d'une campagne de publicité en boîte à lettres en y intégrant une phase de contrôle et en faisant appel à une société spécialisée ;
- certaines sociétés de distribution d'imprimés font appel à d'autres sociétés pour opérer le contrôle et évaluer la qualité de la distribution, le recours à des prestataires extérieurs leur permettant, en effet, de crédibiliser les résultats fournis auprès de leurs clients.

### Les modalités de contrôle de la distribution en boîte à lettres

L'organisation des sociétés de contrôle de la distribution est conditionnée par le choix de la ou des procédures de contrôle qu'elles proposent à leurs clients : contrôle par visualisation, contrôle par enquête, contrôle par panel.

Un contrôle de la distribution de l'imprimé par visualisation nécessite la mise en place d'une équipe chargée de quadriller le territoire concerné. Le rôle de cette équipe peut être non seulement de contrôler la distribution de l'imprimé mais également de faire du *reporting* de sa mission en temps réel. Son objectif est alors de transférer rapidement l'information afin de remédier à d'éventuelles défaillances en temps réel. On peut ajouter que dans certaines sociétés de contrôle, il existe des procédures de re-vérification, c'est-à-dire des procédures qui ont pour mission de contrôler les personnes ayant effectué le contrôle.

La méthode par enquête exige la présence d'une équipe d'enquêteurs. Enfin la réalisation du contrôle par panel nécessite la mise en place de tous les éléments classiques nécessaires à la constitution d'un panel : choix des panélistes, interrogation des panélistes sur la réception des documents reçus, traitement de l'information obtenue.

## 3. Les sociétés de géomarketing et les sociétés d'études

Les méthodes et les techniques utilisées pour la réalisation d'opérations de publicité en BAL se sont considérablement affinées sous l'impulsion du géomarketing et des sociétés d'étude visant à une meilleure connaissance à la fois de l'offre des imprimés et des lecteurs de ces imprimés. Les techniques de géomarketing permettent d'opérer un ciblage des opérations réalisées en boîte à lettres ; les études constituent un support fondamental de réflexion pour l'adaptation de l'imprimé aux attentes et aux goûts des lecteurs, et ce dans un souci de différenciation avec la concurrence.

## 3.1. Les sociétés de géomarketing

### ● Historique et mission des sociétés de géomarketing

Le géomarketing s'est initialement développé dans les pays anglo-saxons. La société Line Data Coref, devenue aujourd'hui Experian, fut la première à introduire le géomarketing en France. Cette société a, par ailleurs, été la première à commercialiser des géotypes et des îlotypes[1], permettant de qualifier un foyer selon le « profil sociodémographique » de la commune, du pâté de maisons, auquel il appartient.

Si le géomarketing constitue un support d'aide pour les décisions marketing intégrant une dimension géographique (aide à l'implantation des points de vente, à la réalisation d'un plan média comprenant l'affichage, à l'organisation d'une force de vente…), il peut être très judicieusement utilisé dans le cadre d'une opération de publicité en boîte à lettres.

### ● Les informations nécessaires à la pratique du géomarketing

De manière générale, la mission des sociétés de géomarketing est de combiner des données de type géographique avec d'autres types d'informations, l'objectif étant de permettre un ciblage des opérations menées. Des informations géographiques pourront ainsi être enrichies par :

- le recours à des **données géographiques** par le biais de l'IGN ou de Michelin ;
- l'utilisation de **données socio-démographiques** par l'intermédiaire de l'INSEE qui fournit ce type d'information à partir des recensements ;
- l'accès à des **données socioéconomiques et comportementales** par un rapprochement avec des méga bases de données telles que Consodata ou Claritas, ou d'autres fournisseurs de données tels que Fichier téléstyle ;
- l'usage d'informations relatives **aux habitudes de consommation**, à **l'équipement des foyers**, à **la possession de produits financiers**, informations fournies par des sociétés telles que par exemple Secodip ou la Sofres.

---

1. Données INSEE.

| L'exemple d'une société de géomarketing : supports et résultats |
|---|
| **Les supports aux études géomarketing de Line Data Coref**<br>La base de donnée Géodata : une base qui regroupe les données socio-démographiques de l'ensemble de 36 000 communes et de 217 000 îlots dont se compose le territoire ainsi que leurs géotypes et îlotypes.<br>Un ensemble d'outils de traitements statistiques de données et de représentations cartographiques |
| **Les segments obtenus**<br>Les îlotypes et les géotypes : ce sont des groupes typologiques homogènes représentant les communes et les îlots par une association des types d'habitat à des profils socioéconomiques dominants.<br>Nombre de segments obtenus : 16 îlots types regroupés en 9 groupes. |

## ● Les prestataires du géomarketing

Le géomarketing peut être mis en œuvre par des sociétés spécialisées dans cette activité. Par ailleurs, certaines sociétés ont décidé d'intégrer cette activité en interne. Par exemple, certains grands opérateurs de distribution des publicité en BAL ont développé leur propre structure de géomarketing.

De la même façon, certaines enseignes de distribution qui sont fortement utilisatrices des publicités en BAL et/ou soucieuses de tenir compte des spécificités locales dans leur merchandising (notion de géomerchandising) se sont dotées de cellules compétentes dans le domaine du géomarketing. L'acquisition d'une telle compétence leur permet d'avoir une meilleure maîtrise des enjeux financiers associés à l'imprimé sans adresse.

## 3.2. Les sociétés d'études

Aux besoins de ciblage auxquels a permis de répondre le géomarketing, s'ajoute le besoin des annonceurs de mieux connaître, d'une part, les destinataires de leur message, d'autres part, les imprimés publicitaires émis par les concurrents. Des sociétés d'étude se sont spécialisées dans l'un ou l'autre de ces aspects, permettant d'opérer avec une grande rigueur lors de la mise en place et de l'évaluation de l'opération publicitaire. Certaines d'entre elles ont même développé ou mis en place des outils d'aide à la décision.

## ● Une meilleure connaissance des destinataires des publicités

Mieux connaître les destinataires du message permet, en premier lieu, d'aider l'annonceur ou son agence de communication à sélectionner les supports les plus aptes à faire parvenir le message à la cible de communication. À ce titre, comme nous l'avons déjà mentionné, Médiamétrie a développé un ensemble d'indicateurs relatifs aux lecteurs de l'ISA appelé ISAmétrie. L'intérêt de ces indicateurs est de rendre possibles les comparaisons de l'ISA avec les autres médias et de permettre son intégration dans le plan média.

L'évaluation du profil des lecteurs de l'imprimé permet de sélectionner le support le mieux adapté. Il devient ainsi possible, à partir d'informations précises et fiables, de choisir la publicité non-adressée si les mesures indiquent qu'elle apparaît mieux adaptée à la cible marketing que ne le sont les autres médias. Par ailleurs, cet outil non seulement permet d'opérer une comparaison entre la publicité en boîte à lettre et les autres moyens de communication à la disposition des entreprises mais également d'effectuer la meilleure sélection possible parmi les différentes formes d'ISA.

Pour mieux connaître les destinataires des messages, leur attitude et leur comportement face à la publicité en boîte à lettres, des études ad hoc sont également réalisées par des sociétés spécialisées. Ces études permettent d'évaluer la performance de l'imprimé publicitaire, les points positifs et négatifs associés à l'imprimé et l'évaluation qu'en font leur destinataire.

* Une meilleure connaissance de l'offre en boîte à lettres

L'absence de visibilité de l'ISA a également conduit certaines sociétés d'étude à effectuer une pige des documents déposés dans les boîtes à lettres. Elle permet de faire une analyse comparative des documents émis par la concurrence.

# 4. Les sociétés spécialisées et les agences de communication

## 4.1. Les sociétés spécialisées

Il existe des sociétés qui sont spécialisées dans l'élaboration de certaines formes d'imprimés publicitaires. Notons à ce titre que certaines entreprises proposent leurs services dans le domaine de l'échantillonnage (échantillon mono-marque ou multi-marques) ou du bus-mailing. La mission de ces entreprises est de conseiller l'annonceur dans le cadre de la réalisation de son opération de non-adressé et de lui proposer un support de communication pour ses produits ou services. Par ailleurs, ces agences réfléchissent et organisent le regroupement de différents annonceurs au sein d'un même vecteur de communication. C'est le cas des entreprises qui proposent des échantillonnages multi-marques ou des cartes de bus-mailing.

## 4.2. Les agences de communication

Outre ces sociétés spécialisées dans une forme de publicité non-adressée, les agences conseils en communication interviennent et pourraient intervenir de plus en plus souvent dans la réalisation d'une opération de publicité non-adressée et la conception de l'imprimé publicitaire. Pourtant, dans les faits, la publicité non-adressée semble être encore faiblement intégrée dans les plans médias proposés par les agences de communication. En effet, la mise en œuvre d'opérations de non-adressé est encore fréquemment effectuée à l'initiative des annonceurs.

L'approche n'est pas intégrée, même en cas de couplage avec d'autres médias : les agences semblent, pour la plupart d'entre elles, davantage se préoccuper des médias traditionnels que de la mise en œuvre d'une opération de non-adressé. L'annonceur doit alors prendre en charge cette partie de la communication.

L'attitude des agences de communication vis-à-vis de l'imprimé publicitaire s'explique par la perception qu'ils ont de ce support de communication. En effet, ils appréhendent souvent ce média comme un outil purement opérationnel, voire comme un simple outil de communication de la promotion des ventes. Par ailleurs, ce média est parfois associé à ce qu'il était à l'origine, à savoir un simple tract promotionnel, sans aucune possibilité de ciblage ni possibilité de mesure de retour sur investissement.

Les agences de communication n'intègrent pas ce moyen de communication dans la stratégie des annonceurs parce qu'elles le considèrent, dans certains cas, comme un média local plutôt que national. De plus, elles ne perçoivent pas toujours la complémentarité possible de ce support avec les autres médias.

Enfin, aucun outil de mesure et support d'aide à la décision n'ayant été développé dans ce domaine (contrairement aux autres médias), les agences ne pouvaient sélectionner et mettre en place de manière rigoureuse une opération de non-adressé.

**262**

Les évolutions observées sur le marché de la publicité non-adressée et décrites dans le cadre de cet ouvrage permettent de penser que l'on devrait aboutir à une intégration progressive du non-adressé dans les stratégies médias proposées par les agences de communication. Différents facteurs permettraient d'expliquer une telle évolution :

➢ Le non-adressé n'est pas un outil exclusivement orienté vers le court terme. Sa vocation n'est plus, comme à l'origine, de communiquer uniquement sur des actions promotionnelles de l'enseigne ou de la marque. Au contraire, l'imprimé publicitaire s'inscrit de plus en plus fréquemment dans une perspective de valorisation et de construction de l'image d'une marque ou d'une enseigne. L'évolution de la forme et du contenu de l'imprimé témoigne du positionnement beaucoup plus qualitatif de ce support de communication. Le développement des catalogues et des *consumer magazines* en est une illustration.

➢ Le non-adressé offre des possibilités de ciblage de plus en plus importantes. Les techniques du géomarketing en constituent le support.

➢ Les moyens logistiques mis en œuvre permettent d'effectuer efficacement les opérations de non-adressé au niveau national et non plus seulement au niveau local.

➢ Le non-adressé est, comme nous l'avons vu dans ce livre, un outil de communication qui offre une réelle complémentarité par rapport aux autres moyens de communication, que ceux-ci fassent partie du domaine du média ou du hors média.

➢ Enfin, le marché du non-adressé s'organise. Différentes sociétés proposent leurs services : mesure d'audience, analyse des lecteurs de l'imprimé sans adresse, pige des boîtes aux lettres, contrôle de la distribution des imprimés sans adresse, outil d'évaluation de la création des ISA. L'ensemble de ces prestations permet de gérer, de façon rigoureuse, la publicité non-adressée durant les différentes étapes de sa réalisation. Les agences de communication ont désormais à leur disposition des outils qui leur permettent de mener à bien leur rôle de conseil dans le domaine du non-adressé.

Par ailleurs, étant donné l'enjeu associé à la publicité non-adressée, les annonceurs peuvent être particulièrement intéressés par l'expertise offerte par les agences conseils en communication. Dans la mesure où l'objectif est de différencier l'imprimé d'un annonceur de celui des concurrents et de véhiculer une image de marque ou d'enseigne forte, il convient d'avoir une réflexion marketing très approfondie au moment de l'élaboration de l'imprimé. De plus, la créativité, qui favorise la lecture et la conservation de l'imprimé devient un enjeu fondamental pour les annonceurs. Autant d'éléments sur lesquels les agences pourront apporter leur savoir-faire.

# BIBLIOGRAPHIE

AAKER D. A., *Le Management du capital-marque*, Dalloz, 1994.

BENOUACH Y., *Les Consumer magazine*, Les presses du management, 1999.

BROCHAND B. et LENDREVIE J., *Le Publicitor*, Dalloz, 1993.

CHETOCHINE G., *Marketing stratégique de la distribution*, Éditions Liaisons, 1992.

CHIROUZE Y. et TARRIT J.-M., *La communication*, Chotard Éditeurs, 1992.

DELBECQ A., *Vendre sur catalogue*, Éditions d'Organisation, 1996.

DESMET P., *Marketing direct, concepts et méthodes*, Nathan, 1995.

DUCROCQ C., JASMIN N. et LAGRANGE S., *La Distribution*, Vuibert Entreprise, 1994.

ENGEL J.-F., BLACKWELL R.D. et MINIARD P.W., *Consumer Behavior*, The Dryden Press International Edition, Sixth edition, 1990.

Ouvrage collectif, *Faire de la recherche en marketing ?* Vuibert Fnege, 1999.

KAPFERER J.-N. et LAURENT G., *La Sensibilité aux marques, marché sans marques, marché à marques*, Éditions d'Organisation, 1992.

KAPFERER J.-N. et THOENIG J.-C., *La Marque, moteur de compétitivité des entreprises et de la croissance des économies*, Mc Graw Hill, 1989.

JALLAIS J., ORSONI J. et FADY A., *Marketing distribution*, Vuibert gestion, 1987.

VANHEEMS R., *Étude des transferts de clientèle dans les systèmes de distribution duale*, thèse de doctorat, Institut d'administration des entreprises, université de Lille-1, 1995.

## A  REVUES PROFESSIONNELLES ET DE RECHERCHE

CB News
Décisions Marketing
Direct Marketing News

Journal of Consumer Research
Journal of Retailing
Les dossiers du marketing direct
Libre Service Actualités
Linéaires
Marketing direct
Points de vente

## B   RAPPORTS D'ÉTUDE

Les chiffres du marketing direct, évaluation des investissements publicitaires en marketing direct, année 1998, Union française du marketing direct.

Étude Sofres pour la Poste/Médiapost.

Étude d'audience Médiamétrie.

Rapport Soreho pour l'ADEME.

GAUTIER V., rapport de stage, Mercuriale, 1998.

# GLOSSAIRE

### « Balophile »

Consommateur qui apprécie la publicité en boîte à lettres (BAL).

### « Balophobe »

Consommateur qui une opinion défavorable envers le média « boîte à lettres » (BAL).

### « Magalogue »

Est qualifié de « magalogue » un faux *consumer magazine*, c'est à dire un journal qui, sous des allures de *consumer magazine*, a en fait moins de 50 % de sa pagination qui est consacrée à des informations générales. Le « magalogue » est un prospectus « déguisé » qui a avant tout pour objectif de présenter l'offre commerciale de l'entreprise.

### Audience hors boîte à lettres

Indicateur qui mesure le nombre moyen de contacts hebdomadaires entre un individu de la cible choisie et un type de publicité en boîte à lettres, en dehors du moment d'ouverture de sa boîte à lettres (indicateur utilisé par Médiamétrie dans le cadre de l'ISAmétrie).

### Audience

Indicateur qui mesure le nombre moyen de contacts hebdomadaires entre un individu de la cible et un type de publicité en boîte à lettres (indicateur utilisé par Médiamétrie dans le cadre de l'ISAmétrie).

### BAL

Publicités en Boîte À Lettres.

## Bus-mailing, mailing groupé ou paquets de carte individuelles

Support de communication qui a pour but de réunir plusieurs annonceurs au sein d'un ensemble de cartes destinées à une même cible de communication. Les cartes de bus-mailing sont destinées à être directement renvoyées à l'annonceur dans la perspective d'une demande de documentation complémentaire ou d'achat. Une alternative au bus-mailing est le chéquier.

## Bus-solo

Forme de bus-mailing dans lequel toutes les cartes individuelles sont réservées à un même annonceur.

## Catalogue

Imprimé publicitaire plus volumineux qu'un simple dépliant et qui comporte nécessairement plus de six pages selon la classification de Médiamétrie.

## Consumer magazine, customer magazine, magazine de clientèle, magazine de consommateur, distri-mag

« Supports de presse créés à l'initiative de certaines marques et enseignes de distribution qui présentent un contenu éditorial riche en information. Celles-ci peuvent porter à la fois sur l'enseigne, sur les produits, ainsi que sur les loisirs et sujets de société » (définition de G. Michel et de J.-F. Vergne). Selon certains, si moins de 50 % de la pagination est consacrée aux informations générales, le journal ne peut être qualifié de *consumer magazine* ou de magazine de consommateur.

## Coût au mille contacts

Coût pour 1 000 contacts effectués sur la cible choisie (indicateur utilisé par Médiamétrie dans le cadre de l'ISAmétrie).

### Couverture cible potentielle

Pourcentage des personnes de la cible potentielle (sur la zone distribuée) ayant été exposées au moins une fois à l'ISA distribué x fois (indicateur utilisé par Médiamétrie dans le cadre de l'ISAmétrie).

### Couverture totale

Pourcentage des personnes de la cible totale (France entière) ayant été exposées au moins une fois à l'ISA distribué x fois (indicateur utilisé par Médiamétrie dans le cadre de l'ISAmétrie).

### Dépliant

Imprimé publicitaire ayant en principe entre quatre pages et huit pages selon la classification Médiamétrie.

### Dépliant événementiel

Dépliant qui a pour but de faire connaître un événement organisé par une enseigne et/ou qui contribue à donner à une opération commerciale un véritable statut d'événement.

### Dépliant promotionnel

Imprimé publicitaire qui a pour objectif de faire connaître l'offre promotionnelle d'une marque ou d'un point de vente.

### Dépliant thématique

Dépliant qui s'inscrit dans un thème et qui participe à créer de la diversité dans la vie de l'enseigne de distribution (nouvel an chinois, fête des mères, vacances...).

### Dépliants spécialisé

Dépliant publicitaire qui est consacré à une catégorie de produits.

## Échantillon

Représentation miniature d'un produit qu'elle est censée représenter tant sur la forme que sur le fond. Une distinction peut être opérée entre les échantillonnages mono-marque et multi-marques. Les modes de distributions des échantillons sont multiples : échantillonnage en boîte à lettre, échantillonnage naissance, échantillonnage gares, autoroutes, vacances.

## Eyes tracking

Instrument qui permet de suivre le regard du lecteur sur une publicité afin d'identifier les éléments qui retiennent son attention au moment de la lecture.

## Géomarketing

Démarche qui consiste à considérer que le lieu d'habitation d'un individu ne résulte pas du hasard et que les gens qui habitent dans une même zone géographique possèdent un certain nombre de caractéristiques communes. L'habitat est structurant par rapport au profil du consommateur et il est donc possible de « localiser » le lieu d'habitation des personnes appartenant à la cible marketing de l'annonceur. La démarche du géomarketing consiste à combiner des données géographiques et socio-démographiques pour élaborer et définir des plans opérationnels d'action commerciale.

## GRP cible potentielle

Nombre total de contacts générés par la distribution de x ISA, rapporté à la population potentielle de la cible sur la zone distribuée et multiplié par 100. Cet indicateur est mathématiquement égal au taux de contacts (indicateur utilisé par Médiamétrie dans le cadre de l'ISAmétrie).

## GRP total

Nombre total de contacts générés par la distribution de x ISA, rapporté à la population totale de la cible (France entière) et multiplié par 100 (indicateur utilisé par Médiamétrie dans le cadre de l'ISAmétrie).

## Indice d'affinité cible potentielle

Un indice de 100 signifie que la cible est représentée à son poids dans l'audience par rapport à son poids dans la population de la zone distribuée ; un indice supérieur à 100 indique que la cible est surreprésentée dans l'audience du support, et qu'elle est donc en « affinité » avec le support (indicateur utilisé par Médiamétrie dans le cadre de l'ISAmétrie).

## Indice d'affinité

Un indice de 100 signifie que la cible est représentée à son poids dans l'audience par rapport à son poids dans la population totale ; un indice supérieur à 100 indique que la cible est sur représentée dans l'audience du support et qu'elle est donc en « affinité » avec le support (indicateur utilisé par Médiamétrie dans le cadre de l'ISAmétrie).

## ISAmétrie

Étude d'audience des publicités en boîte à lettres effectuée par Médiamétrie.

## ISAtest

Forme de pré-test publicitaire qui vise à analyser le parcours du regard sur une publicité. L'ISAtest, qui est similaire à l'*Eyes Tracking*, a été développé par la société Médiamétrie.

## Nombre total de contacts

Nombre total de contacts générés par la distribution de x ISA.

### Publicité en boîte à lettres

Publicités destinées à des particuliers qui ne comporte ni le nom, ni l'adresse de leur destinataire. Les technique de géomarketing permettent d'effectuer des opérations ciblées de publicités en boîte à lettres. La publicité en boîte à lettre est également appelée ISA (imprimé sans adresse) ou PNA (publicité non adressée).

### Prospectus

Imprimé publicitaire se composant d'une seule page.

### Répétition

Nombre moyen de contacts parmi les personnes de la cible ayant été exposées au moins une fois, c'est à dire appartenant à la couverture (indicateur utilisé par Médiamétrie dans le cadre de l'ISAmétrie).

### Taux d'incitativité

Pourcentage d'individus lecteurs de publicité en boîte à lettres incités à se renseigner, se déplacer ou acheter le ou les produit(s) proposé(s) (indicateur utilisé par Médiamétrie dans le cadre de l'ISAmétrie).

### Taux d'intention d'achat

Pourcentage d'individus lecteurs de publicités en boîte à lettres incités à acheter le ou les produit(s) proposé(s) (indicateur utilisé par Médiamétrie dans le cadre de l'ISAmétrie).

### Taux de conservation

Indicateur qui mesure le nombre d'imprimés publicitaires déposés en BAL qui sont conservés par les ouvreurs de boîte à lettres au moment de leur ouverture, et ce, pour 100 imprimés distribués (indicateur utilisé par Médiamétrie dans le cadre de l'ISAmétrie).

### Taux de contacts hors boîte à lettres

Indicateur qui mesure le nombre de contacts hors boîte à lettres générés par 100 ISA distribués dans les boîtes de la cible choisie (indicateur utilisé par Médiamétrie dans le cadre de l'ISAmétrie).

### Taux de contacts

Indicateur qui mesure le nombre de contacts générés par 100 ISA distribués dans les boîtes à lettres de la cible choisie (indicateur utilisé par Médiamétrie dans le cadre de l'ISAmétrie).

### Taxi-mailing

Forme de bus-mailing ou mailing groupé mais qui est prévu pour trois ou quatre annonceurs qui ont une cible identique et qui présentent des produits complémentaires.

### Video-bus

Forme de bus-mailing sous forme de vidéo. Plusieurs annonceurs se partagent une cassette vidéo, quelques minutes étant réservées à chacun d'entre eux pour présenter leur offre commerciale.

# INDEX

**275**

www.ingramcontent.com/pod-product-compliance
Lightning Source LLC
Chambersburg PA
CBHW080517220326

41599CB00032B/6110